불국사에서 만난 예수

불국사에서 만난 예수

그리스도교의 한반도 전래 역사

최상한 지음

2012년 10월 29일   초판 1쇄 발행

펴낸이 한철희 | 펴낸곳 주식회사 돌베개 | 등록 1979년 8월 25일 제406-2003-000018호
주소 (413-756) 경기도 파주시 회동길 77-20(문발동)
전화 (031)955-5020 | 팩스 (031)955-5050
홈페이지 www.dolbegae.com | 전자우편 book@dolbegae.co.kr

책임편집 이경아
디자인 이은정·박정영 | 제작·관리 윤국중·이수민 | 마케팅 심찬식·고운성·조원형
인쇄·제본 한영문화사

ISBN 978-89-7199-504-4 (03900)

그리스도교의 한반도 전래 역사

불국사에서 만난 예수

최상한 지음

돌베개

이 책은 예수의 이야기가 아니다. 이 책은 예수가 십자가에 처형당한 후 제자들에 의해 탄생한 그리스도교가 고대 한반도 땅에 전래된 역사를 살펴본 것이다. 필자는 그리스도교 역사를 전공한 신학자나 역사학자가 아니다. 필자는 예수를 안 뒤부터 그리스도교가 한국에 언제, 어떻게 들어왔는가에 대해 흥미를 갖게 되었다. 그리고 한국 천주교와 개신교의 공식 설립년도인 1784년과 1885년에 의문을 품기 시작했다.

인도에서 기원전 6세기에 시작된 불교가 기원후 4세기 말에 한반도에 전래되었다면, 1세기 중엽에 시작된 그리스도교 또한 고대 한반도에 유입되었을 것이다. 필자는 이러한 사실을 여러 고문헌에서 확인하고, 한국 그리스도교 역사에 대해 더욱 관심을 갖게 되었다. 옛기록을 보면 이슬람교도인 무슬림은 신라, 고려, 조선 초기까지 한반도 역사에 꾸준히 등장하지만, 그리스도교에 대한 분명한 기록은 임진왜란 이후에야 조금씩 보인다. 이슬람교보다 600여 년 앞서서 발생한 그리스도교가 고대 한반도에 유입되지 않았다면, 이것은 아이러니가 아닐 수 없다.

예루살렘에서 시작된 그리스도교는 동방 그리스도교와 서방 그리스도교로 나뉜다. 시리아, 터키, 그리스, 스페인, 아프리카, 유럽, 그리고 남미와 북미로 퍼져 나간 그리스도교는 서방 그리스도교이다. 동방 그리스도교는 예루살렘에서 시작하여 시리아, 터키, 중앙아시아, 중국, 몽골, 그리고 한국까지 전파되었다. 북미를 통해 우리나라에 유입된 서방 그리스도교보다 1천여 년 빨리 동방 그리스도교가 한반도에 들어왔다.

필자는 본격적으로 고대 한반도에 전래된 그리스도교를 찾아나섰다. 조선, 고려, 발해, 신라 순으로 역사를 거슬러 올라가면서 한국 그리스도교의 전래를 살펴보았다. 조선 지식인과 민중 들이 예수를 만나고, 고려인들이 십자가 군대를 목격하고, 개성에는 조지라는 그리스도교인이 살았다. 발해 사람들은 보살에게 십자가 목걸이를 걸어 주고, 신라인들은 불국사와 석굴암에 그리스도교 문화를 남겼다. 이 책을 통해서 필자는 조선 시대부터 남북국시대까지 그리스도교의 끈질긴 생명력이 한반도 땅에 살아있었음을 확인하고자 한다.

이 책에서 필자는 천주교와 개신교를 통칭해서 '그리스도교'로 쓴다. 이는 천주교와 개신교에서 말하는 설립년도보다 훨씬 이전의 그리스도교 역사를 이야기하기 때문이다.

그러나 천주교와 개신교가 들어오기 전에 한반도 땅에 유입된 그리스도교는 교회의 성립 조건을 갖추지 못했기 때문에 그리스도교로 인정되지 않는다.

천주교의 최소한의 교회 성립 조건은 사도적 계승에 따라 서품을 받은 주교와 믿음 안에서 세례성사를 받은 신자들의 공동체를 들고 있다. 개신교의 교회 성립 조건도 천주교와 별반 다르지 않다. 신학대학을 나와서 안수를 받은 목사와 세례 교인이 있으면 교회가 성립된다. 이러한 최소한의 조건은 교회의 성립 조건이지 그리스도교의 기원 조건은 아니다.

오늘날의 교회는 이런 조건을 갖추고 설립되었지만 참다운 교회를 찾아보기 힘들다. 그리스도교인들조차도 참다운 교회가 없다고 말한다. 예수의 사랑과 희생이 없는 그리스도교는 진정한 그리스도교라고 할 수 없다. 예수는 서른세 살이라는 젊은 나이에 가시면류관을 쓰고 십자가에서 처형되었다.

그리스도교는 예수가 십자가에서 흘린 피의 능력 때문에 존재할 수 있다. 조선인 기리시탄들과 천주교 신자들의 피 값으로 이루어진 한국 그리스도교 역사 때문에 오늘날의 그리스도교인들은 배부른 신앙을 만끽하고 있는 것일지도 모른다. 고대 한반도에 들어왔던 그리스도교가 비록 교회의 성립 조건을 갖추지 못했다 해도, 그리스도교가 이 땅에 남긴 신앙은 우리 역사 속에서 민중과 함께 유유히 흐르고 있었다.

우리 역사에는 예수를 따랐던 수많은 사람들의 순교의 피가 응고되어 있다. 끈질긴 생명력으로 부활에 부활을 거듭한 한국 그리스도교사史 뒤에는 목숨 바쳐 순교한 신앙의 선열들이 있었다. 임진왜란 때 일본에 포로로 끌려가 그리스도교로 개종한 조선인들과 18세기 중엽 그리스도교를 신앙으로 믿었던 조선인들은 순교의 피를 흘렸다. 그리스도교 신앙 때문에 집안이 몰락한 다산 정약용은 조선 그리스도교인들에 대한 기록을 남겼다. 필자는 이 책을 통해 그들을 만나보고자 한다.

또한 이 책을 통해 우리 역사에 흐르는 그리스도교의 정신과 교훈이 무엇인지를 살펴보고자 한다. 조선 지식인들은 중국 북경에서 만난 예수를 통해 조선 사회에 일대 개혁을 시도했다. 개혁은 성공하지 못했지만 서학西學이 조선 사회에 일으킨 파문은 엄청났다. 구시대의 질서를 허물 수 있는 파괴력을 가진 서학의 중심에 그리스도교 신앙이 있었다. 그리스도교 신앙을 믿었던 많은 조선 지식인들은 그 신앙을 조선 민중들에게도 전파했다.

조선 사회의 신분 질서는 북학파의 벗 사귐으로 해체되고 있었다. 그리스도교의 벗 사귐은, 예수를 따르는 자는 신분과 직위의 높고 낮음에 관계없이 친구가 된다는 것이다. 수직적 신분에서 수평적 신분으로의 변혁이다. 신분이 바뀌는 예수의 혁명적 벗 사귐을 조선 지식인들이 실행에 옮기고 있었다. 비록 그들 중에는 예수 그리스도를 믿지 않는 이들도 있었지만 예수의 교훈은 거부감 없이 실천되었다. 필자는 조선 지식인들의 수평적 벗 사귐이 오늘날 한국 그리스도교인들의 실천 덕목이 되기를 소망한다.

이 책은 탈고 과정까지 여러 분들의 조언과 격려가 없었다면 완성될 수 없었다. 먼저 그분들께 진심으로 감사의 인사를 드린다. 서울대학교 김호동 교수님, 한국학중앙연구원 이강한 교수님, 그리고 강원대학교 신동규 교수님은 이메일로 역사적 사실에 대해 고증을 아끼지 않으셨다. 한문 독해에 어려움을 겪었던 필자에게 한국고전번역원의 고전종합 데이터베이스는 고문헌 인용의 보고였다. 한국

불국사에서 만난 예수

고전번역원의 번역 작업에 감사드리며, 학문적 발전을 기대한다.

인도의 비스바 바라띠 대학에서 인도티벳학과 교수로 재직하고 있는 신상환 님은 고대 불교에 관한 많은 정보를 필자에게 제공해 주셨으며, 부경대학교의 양위주 교수님은 책의 구상 단계에서 큰 도움을 주셨다. 귀한 자료를 제공해 주신 오륜대 한국순교자박물관 배선영 관장 수녀님과 벨테브레(박연) 동상의 제작자인 엘리 발튜스 Elly Baltus 님에게도 감사의 빚을 졌다. 그리고 돌베개출판사의 한철 희 사장님과 편집팀의 꼼꼼한 교정과 문장 수정으로 이 책의 완성도를 높일 수 있었다. 끝으로 필자 곁에서 모든 원고를 빠짐없이 읽고 자신의 생각을 가감 없이 전해 준 이 책의 첫 번째 독자 아내 최상옥 님에게 고마운 마음을 전한다.

필자는 고전 문헌과 자료의 참고에 많은 어려움을 겪었다. 그로 인해 발생하는 책의 오류는 전적으로 필자의 몫이다. 필자는 이 책에서 나오는 오류를 바로 잡고, 한국 그리스도교의 기원을 체계적으로 복구시킬 연구자들이 앞으로 더 많이 나오기를 기대한다. 18세기와 19세기에 전래된 서방 그리스도교가 아니라 고대 한반도 땅에서 우리 민족과 함께 숨쉬었던 동방 그리스도교를 찾아 나서기를 바란다.

차 례

일러두기

1. 천주교, 가톨릭, 기독교, 개신교, 경교, 네스토리안교 등은 각각의 종교 명칭을 구분하지 않고 '그리스도교'로 통칭하였다. 단, 각각의 종교 구분이 필요할 경우에만 명칭을 구분하였다.
2. '하나님'이라는 용어는 가톨릭과 개신교의 공동성경번역 작업에서 통일한 '하느님'이라는 말로 대체하였다. 상제上帝, 천주天主, 천신天神 등의 한문 용어는 하느님으로 통일하고, 한문을 병기하였다.
3. 직접 인용한 자료는 이 책에 맞추어 필자가 부분 수정을 하거나 괄호 설명을 달았지만, 의미의 변화를 주지는 않았다.
4. 따로 출처를 밝히지 않고 인용한 고전 문헌은 한국고전번역원의 고전번역총서에 의존하였다. 『조선왕조실록』 등이 이에 해당한다.
5. 성서에 나오는 인명과 구절은 개신교에서 사용하는 대한성서공회의 개역개정판을 따랐다. 천주교와 개신교에서 다르게 부르는 인명은 해당 종교의 인명을 따르고, 다른 종교의 인명을 괄호에 넣어 병기했다. 예: 사도 토마스(도마)

한국 그리스도교의 뿌리를 찾아서

한국 제1의 종교

한국 제1의 종교는 무엇일까? 불교일까 아니면 그리스도교일까? 그리스도교가 한국 제1의 종교라고 한다면 그리스도교는 언제쯤 우리 역사에 전래되었을까?

한국, 중국, 일본 등의 한자 문화권에서 그리스도교Christianity는 기독교基督敎라고 표현된다. '기독'은 '그리스도'의 한자 음역인 기리사독基利斯督의 준말이다. 중국은 포르투갈어 Cristo의 음역인 '지리스뚜'基利斯督(Jīlìsīdū)를 줄여서 '지뚜'基督(jīdū)로 표기하고 있다. Cristo는 '기름부음 받음'이라는 뜻인 그리스어 크리스토스의 음역이며, 영어로는 크라이스트Christ이고, 우리는 그리스도라고 부른다.

중국어 '지뚜'는 '지리스뚜'의 약자이기 때문에 엄밀히 말하면 '기독'이라는 말은 '그리스도'에서 '리스'가 생략된 '그도'가 된다. 기독교를 '그도교' 기독교인을 '그도교인'이라고 할 수 없듯이, 우리가 사용하고 있는 '기독교'라는 용어는 음운론적 의미에서 볼 때 잘못된 것이다. 그래서 이 책에서는 '기독교'라는 말을 '그리스도교'로 대체한다.

국내에서 그리스도교는 천주교와 개신교의 통칭이다. 16세기 마르틴 루터Martin Luther(1483~1546)의 종교개혁으로 구교와 신교가 분리된 뒤 구교를 천주교, 신교를 개신교라고 부른 것이 우리 생활에 정착되었다.

천주교는 가톨릭Catholic 교회를 말한다. '가톨릭'이란 '만국의',

'만민의', '만물의' '우주의'라는 뜻을 지닌 영어 'universal'의 의미가 있다. 그리고 '전체에 따른'according to the whole이라는 의미를 지닌다. 고대 교회는 이단 종교와 분파들을 구별하기 위해서 교회를 가톨릭이라고 불렀다. '전체에 따른'이라는 의미는 예수를 쫓았던 제자들의 모든 증거를 내포한다. 그러나 시간이 흐르면서 '가톨릭'이란 의미는 사도 베드로라는 한 개인의 권위에 집중되었다.[1]

개신교는 프로테스탄트Protestant 그리스도교를 가리킨다. 개신교는 구교인 가톨릭교에 저항protest하면서 발생했기에 프로테스탄트 그리스도교라고 불린다. 프로테스탄트 그리스도교는 장로교, 감리교, 침례교, 성결교 등의 다양한 교단을 낳았다.

교단끼리의 신앙관과 교리가 다른 것처럼, 천주교와 개신교 간의 신앙관과 교리의 차이 또한 복잡하고 다양하다. 그러나 예수의 죽음과 부활이 인류 구원을 위한 사랑이었다는 믿음에 대해서만은 천주교와 개신교가 일치한다.

그리스도교를 천주교와 개신교로 분리할 때, 우리는 한반도와 다른 나라에 전해진 그리스도교를 하나로 바라볼 수 없다. 천주교와 개신교를 하나의 그리스도교로 인식해야만 고대 한반도에 전래된 그리스도교를 한눈에 조망할 수 있다. 그래서 이 책에서 말하는 그리스도교는 천주교와 개신교 전체를 의미한다.

예수가 십자가에서 죽은 지 2천여 년이 지난 지금, 그리스도교는 세계 제1의 종교가 되었다. 2009년 기준 세계 인구 65억 2천만 명 중 그리스도교인은 천주교, 개신교, 정교회 등을 포함 22억 명으로 세계 인구의 33%를 차지한다. 그러면 한국 제1의 종교는 무엇일까? 통계청의 '2005년 인구주택조사 인구부문 전수집계결과'에 따르면, 개신교인은 861만 명이고 천주교인은 514만 명이다. 개신교와 천주교를 합치면 1,375만 명으로 전체 인구 4천7백만 명 중 29.2%를 차지한다. 불교는 전체 인구의 22.8%를 차지하고 있다. 따라서 인구만으로 보면 그리스도교가 한국 제1의 종교다. 그러나 그리스도교를 천주교와 개신교로 분리하는 경향 때문에, 한국 제1의 종교는 여전히 불교다.

가시 면류관을 쓴 우리 역사

우리나라에 그리스도교가 최초로 전래된 해는 천주교회의 공식 설립년도인 1784년이라고 한다. 개신교회의 공식 설립년도는 1885년이다. 한국 그리스도교가 228년의 짧은 기간 동안 역사가 깊은 다른 종교보다 급성장하여 제1의 종교가 된 이유는 무엇일까? 어떻게 그리스도교가 1500년의 유구한 역사를 간직한 불교보다 더 많은 수의 교인을 둔 제1의 종교가 될 수 있었을까?

1784년에 한국 그리스도교가 최초로 설립되었다는 고정관념은 그보다 1천여 년 전에 그리스도교가 우리 역사에 남겼던 발자취를 망각해 버리는 행위이다. 일찍이 김교신金教臣(1901~1945)은, "종교를 무시하는 자는 우선 조선 역사를 상고詳考하여 볼 것이다. 종교로써 설 때에 반도에 위대한 민족이 살았던 것이다. 종교 없이 설 때에 그 존속 여부가 위태하리만큼 소약小弱한 백성이다"라고 외쳤다.[2]

한반도에 민족 공동체가 뿌리를 내린 순간부터 종교는 우리 역사와 함께 흐르는 큰 물줄기였다. 한반도의 반만년 역사 속에 종교는 우리 민족과 함께 기쁨과 슬픔과 고난을 빚어내면서 성장했다. 나라가 위기에 처할 때 종교가 뿜어내는 힘으로 나라를 구했고, 나라가 일어설 때 종교가 지닌 사상으로 문명과 개혁을 일궈냈다.

함석헌咸錫憲(1901~1989)은 그의 저서 『뜻으로 본 한국역사』에서 우리의 역사는 고난의 반복이며 고난이야말로 우리가 쓰는 가시 면류관이라고 하였다. 그는 가시 면류관을 쓴 고난의 우리 역사야말로 하느님의 섭리라고 단언했다. 그의 주장처럼 고난의 가시 면류관을 쓴 우리 역사가 하느님의 섭리라면 왜, 하느님과 예수를 믿는 그리스도교는 그것이 생긴 지 1,800년이나 지난 뒤에야 한반도에 전래되었다는 것일까? 천주교가 이 땅에 전래되기 이전의 우리 역사에는 그리스도교가 과연 없었는가? 고대 우리 역사에 그리스도교가 전래되었다고 확신할 때, 가시 면류관을 쓴 고난의 우리 역사라는 말이 이치에 맞지 않을까?

그리스도교 전래의 수수께끼

『성경』은 하느님께서 하늘과 땅을 창조하시고, 동물, 식물, 인간을 만들었으며, 처음부터 끝까지 만물을 주관하신다고 한다. 만물을 주관하고 계시는 하느님께서 그와 예수를 믿는 그리스도교를 왜 그토록 늦게 한반도에 보내셨을까? 불교, 유교, 이슬람교는 발생한 지 100년에서 600년 만에 한반도에 들어왔는데, 유독 그리스도교만 1,800년이 지나서 이 땅에 전래되었다고 한다.

기원전 6세기경에 석가모니가 창시한 불교는 1세기 중엽 무렵 지금의 경상남도 김해시 일대에 형성되었던 가야국에 전래되었다. 그 후 4세기 중엽부터 고구려, 백제, 신라에 불교가 국가 종교로 번창하기 시작했다. 불교와 비슷한 시기에 시작된 유교는 기자조선에 들어왔으며, 삼국시대에는 국가 형성의 기초가 되었다.

7세기 중엽 아라비아 반도에서 일어난 이슬람교는 8세기 말엽 통일신라의 국제무역항이었던 울산에 모습을 드러냈다. 고려 속요 「쌍화점」에서 무슬림의 존재가 확인되고, 세종대왕이 무슬림에게 조선 복장을 입으라고 명했던 것을 보면[3] 무슬림들은 신라, 고려, 그리고 조선 초기에 한반도에 살았음을 알 수 있다.

불교, 유교, 이슬람교는 실크로드를 통해서 한반도에 들어왔다. 대륙 실크로드와 해상 실크로드는 기원전부터 아시아의 서쪽 끝과 동쪽 끝의 문물이 상호 교류하는 문명의 대동맥이었다. 실크로드의 동쪽 끝인 한반도는 이 길을 통해서 세계와 소통했다.

『삼국사기』三國史記에 따르면 가야국의 불교는 인도 아유타국의 공주인 허황옥許黃玉(33~89)이 해상 실크로드를 통해서 배를 타고 가야에 도착할 때 전해진 것이라고 한다. 고구려, 백제, 신라의 불교는 북인도와 중국을 연결하는 대륙 실크로드를 타고 들어왔다. 이슬람교는 해상 실크로드와 대륙 실크로드를 교차하면서 신라, 고려, 조선에 소개되었다.

7세기 중엽 고구려의 사신은 대륙 실크로드를 통해 우즈베크 사

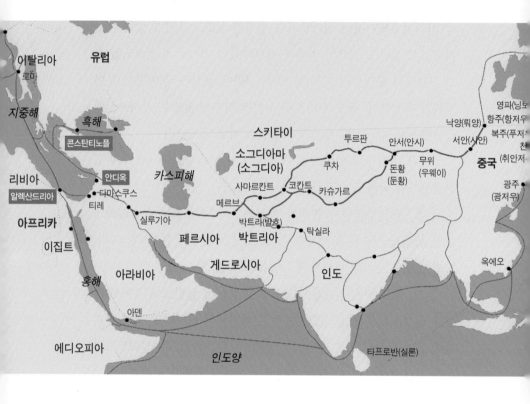

대륙 실크로드와 해상 실크로드

불교, 유교, 이슬람교는 실크로드를 통해서 한반도에 들어왔다. 대륙 실크로드와 해상 실크로드는 기원전부터 아시아의 서쪽 끝과 동쪽 끝의 문물이 상호 교류하는 문명의 대동맥이었다. 실크로드의 동쪽 끝인 한반도는 이 길을 통해서 세계와 소통했다.

마르칸트에 가서 그곳 왕을 알현했다.[4] 8세기 초 승려 혜초慧超(704
~787)는 4년 동안 실크로드를 통해 중국, 인도, 페르시아, 아라비아
일대를 여행하고, 중앙아시아 여러 나라를 지나 파미르 고원을 넘어
중국으로 돌아오는 성지순례를 했다. 혜초는 그의 여행기 『왕오천
축국전』往五天竺國傳에 각 나라에 산재해 있는 불교, 힌두교, 조로아
스터교, 이슬람교 그리고 동로마 제국에 대해 기록했다.

지금으로부터 1,300여 년 이전에 고구려 사신과 혜초는 대륙과
해상 실크로드를 통해 페르시아와 중앙아시아까지 여행을 하였고,
이슬람교 또한 이 길을 경유하여 고대 한반도에 들어왔다. 그렇다
면 이슬람교보다 600년 이전에 생겨난 그리스도교는 왜, 이 땅에
그토록 늦게 전래되었을까? 불교와 이슬람교가 알고 있는 실크로
드를 그리스도교는 찾지 못하고 미로에서 헤맸을까?

이에 대한 한 가닥 실마리를 실크로드의 서쪽 끝 지중해에 자리
잡은 시리아의 안디옥에서 찾을 수 있다. 안디옥은 지중해를 통해
유럽의 그리스와 로마 문명을 아시아 대륙에, 페르시아와 중국의
문명을 유럽 대륙에 전하는 실크로드의 요충지였다. 예수가 십자
가에 못 박혀 죽고, 부활 후 얼마 되지 않아 안디옥에는 교회가 생
겼는데, 이곳에서 예수를 믿던 사람들을 크리스천Christian이라고 불
렀다.

사라진 동방 그리스도교

서기 47년경, 안디옥 교회에서 파송된 사도 바울은 67년에 로마에서 순교할 때까지 지중해, 터키, 그리스, 로마, 스페인 일대에 그리스도교를 전파했다. 그런데 놀라운 사실은 바울이 로마에 그리스도교를 전파하기 이전에 예수를 믿는 사람들이 이미 로마에 정착하고 있었다는 사실이다. 사도 바울이 이탈리아의 작은 항구 도시인 푸데올리에 도착했을 때도 그리스도교인들이 있었다.

역사에 이름을 남기지 않고 사라진 상인과 노예 들이 각 나라를 이동하면서 예수의 가르침을 전파함으로써 이스라엘을 지나 시리아, 중동, 이탈리아까지 자연스럽게 그리스도교인들이 생겨났다.[5] 이렇듯 그리스도교는 선교사가 교리를 전파하기 이전부터 이름을 알 수 없는 수많은 사람들에 의해 여러 나라로 퍼져 나갔다.

물론 예수의 열두 제자들도 예수의 가르침을 여러 나라에 전파하였다. 사도 빌립은 지금의 터키 수도인 이스탄불에서 설교를 하였다. 사도 요한 또한 터키의 에베소서에서 그리스도교를 전하고 그곳에서 운명하였다. 스페인의 그리스도교인들은 사도 베드로와 사도 야고보의 사절단이 스페인에 그리스도교를 전했다고 믿고 있다.[6]

예수의 제자들과 이름을 알 수 없는 사람들에 의해 터키와 유럽 일대에 예수의 가르침이 전파된 후, 그리스도교는 1세기 후반에서 4세기 초반까지 로마 제국에 의해 많은 박해를 받게 된다. 우상을 만들고 다신교를 숭배하던 로마 제국에게 유일신 하느님을 믿는 그

중기 로마의 황제 콘스탄티누스 1세(재위 306~337)의 초상(좌)과
대리석 석상(우, 높이 2m 60cm, 카피톨리니 미술관 소장)

리스도교는 눈엣가시였다. 일제 강점기에 일본인이 조선인들에게
신사참배를 강요한 것처럼, 로마 제국은 그리스도교인들에게 다신
교 숭배를 강요했다. 다신교 숭배를 거부하는 사람들은 감옥에 가
거나 순교했다. 그리스도교인들은 자신의 믿음을 지키기 위해 세대
와 세대를 뛰어넘어 가시 면류관을 써야 했다.

  그리스도교인들에 대한 로마 제국의 박해는 콘스탄티누스 1세
(재위 306~337)가 서기 313년 밀라노 칙령을 발표함으로써 종결되었
다. 그후 그리스도교는 로마 제국의 공식 종교가 되었다. 콘스탄티
누스 1세의 밀라노 칙령은 그리스도교의 대전환점이었다.

콘스탄티누스 1세는 로마 제국의 모든 병사들에게 한 주가 시작되는 첫 번째 날에 하느님을 경배하도록 칙령을 내렸다. 이날은 예수의 부활을 기념하는 날로 지금의 일요일이다. 그리스도교에서 매주 일요일에 예배를 드리는 것이 이때 정착되었다. 또한 사제들의 사제복이 화려해지고, 성가대가 발달했으며, 성당의 표준 설계도가 장려되어 어디를 가나 성당의 내부 구조가 비슷해졌다.[7]

콘스탄티누스 1세는 유럽과 아시아의 경계인 지금의 터키 이스탄불에 새 로마 건설을 목표로 수도인 비잔티움을 세웠는데, 비잔티움은 후에 콘스탄티누스의 도시라고 불리는 콘스탄티노플이 되었다. 이로써 비잔티움이라고 불리는 동로마 제국 시대가 열렸으며, 콘스탄티노플로 수도를 이전함으로써 천 년 이상 서방 문화와 동방 문화가 만나서 융합하는 비잔티움 문화가 꽃을 피우게 되었다.

콘스탄티노플은 서방 그리스도교와 동방 그리스도교를 나누는 지리적, 문화적, 그리고 종교적 역할을 했다. 콘스탄티노플을 경계로 유럽 일대는 라틴어를 사용하는 서방 그리스도교로, 터키, 중동, 북아프리카 일대는 그리스어를 사용하는 동방 그리스도교로 점차 분리되어 갔다.[8]

동방 그리스도교의 중심지는 콘스탄티노플, 이집트의 알렉산드리아, 그리고 최초로 크리스천이라고 불린 안디옥 교회가 있던 시리아의 안디옥이었다. 콘스탄티노플에 있는 대부분의 주교들은 안디옥 교파 출신들이었다. 동방 그리스도교의 한 분파인 네스토리안교Nestorian Christianity의 대부분의 지도자 또한 안디옥 교파였다.

마르틴 루터(좌) 독일 화가 루카스 크라나흐Lucas Cranach
가 그린 마르틴 루터의 초상화
마르틴 루터의 성서(우) 마르틴 루터가 번역한 구·신약 성
서. 1844년 독일 출판 (오륜대 한국순교자기념관 소장)

　네스토리안교는 마리아가 예수의 어머니라는 것은 인정하지만,
하느님의 어머니라는 주장에는 반대했다. 이러한 교리 논쟁으로 이
단으로 몰리게 된 안디옥 교파들은 중동 지역으로 넘어가 페르시아
교회 형성에 많은 영향을 끼쳤다. 그러나 네스토리안교는 서양 종
교가 된 그리스도교에서 비주류로 역사 속에 남게 되었다. 네스토
리안교는 서방 그리스도교의 정점인 교황의 교권을 불신했기 때문
에 동방의 프로테스탄트라고도 불린다.[9]
　동방 그리스도교가 쇠퇴함으로써 로마 가톨릭은 서양의 대표적
종교가 되었다. 서양 종교의 대명사가 된 로마 가톨릭은 중세기 동
안 각종 부패에 휩싸였다. 이에 저항하여 1517년에 마르틴 루터가
종교개혁을 일으켰다. 이로 인해 개신교의 모태인 프로테스탄트가
탄생했으며, 유럽의 프로테스탄트 교도들은 종교의 자유를 찾아
미국 대륙으로 항해하여 그곳에 정착하면서 그들의 신앙을 지켜
나갔다.

언더우드(좌)와 아펜젤러(우)

　종교의 자유를 되찾은 프로테스탄트 교도들은 아시아 대륙에 선
교 활동을 펼쳤다. 이런 결과로 1885년 4월 5일, 미국 장로교회의
파송을 받은 언더우드Horace G. Underwood(1859~1916) 선교사와 미
국 감리교회의 파송을 받은 아펜젤러Henry G. Appenzeller(1858~1902)
부부가 우연하게도 같은 배로 같은 날에 인천 제물포항에 도착했다.
언더우드와 아펜젤러의 선교 활동을 통해 한국에 그리스도교가 공
식적으로 설립되었다는 것이 한국 개신교의 통념이다. 하지만 이런
통념으로는 우리 역사 속에 숨어 있는 그리스도교를 알 수 없다.

동양인 예수와 동양인 제자들

　'예수'Jesus라는 말은 그리스어로 '세상을 구제하는 주'라는 뜻
이다. 히브리인들은 예수를 메시아 혹은 구세주라고 불렀다. '메시
아'는 히브리어로 '하느님으로부터 부름을 받은 왕'을 뜻한다. 메시

아의 그리스어가 '그리스도'Christ이다. 그러므로 예수를 예수 그리스도라고 칭함은 '세상을 구제하는 왕'이라는 의미이다. 예수 그리스도는 왕 혹은 구세주라고 불렸지만 그는 짧은 33년 생애 동안 왕으로서의 지위와 특권을 철저히 거부했다.

예수는 이스라엘의 베들레헴이라는 시골 마을에서 태어난 동양인이다. 동양 사람인 예수가 동양에서 탄생시킨 그리스도교는 동양의 종교이다. 우리는 이 사실을 망각하고 있다. 서양 영화나 서양화를 통해 예수가 백인이며, 서양인이라는 고정관념에 빠져 있다. 서양의 색안경으로 예수를 바라보면 서양의 예수밖에 보이지 않는다. 할리우드식 영화는 예수를 금발에 하얀 얼굴로 분장한다. 간혹 검은 머리의 예수도 있지만 여전히 백인이다. 서양의 관점에서 바라볼 때 그리스도교는 서양의 종교이며, 예수는 서양 사람이 된다.

그러나 예수는 지리학적으로나 인류학적으로 보아도 아시아에서 태어난 동양 사람임에 틀림없다. 예수의 시조는 아브라함이다. 아브라함은 지금의 이라크 남부 지역인 갈대아 우르에서 태어난 동양 사람이다. 서양의 색안경을 벗고 동양의 망원경으로 예수를 바라보면 우리 눈앞에 동양인 예수가 나타난다. 예수의 열두 제자 또한 모두 동양 사람이었다. 최초로 크리스천이라고 불린 안디옥 교회도 지중해 연안의 아시아 서쪽 끝에 자리를 잡고 있다. 그리스도교의 발상지가 동양이기에 동양의 시각으로 바라보지 않으면 그리스도교의 한반도 전래를 제대로 파악하기 어렵다.

그리스도교 역사에는 신학과 교리 발전에 지대한 영향을 끼친 동양 사람들이 많이 존재한다. 열두 제자를 계승한 그리스도 교회

의 아버지라고 불리는 초대 교부 이그나티우스Ignatius와 폴리캅
Polycarp은 안디옥 출신이다. 예수와 그의 열두 제자 대부분이 사형
장의 이슬로 사라졌던 것처럼 이그나티우스와 폴리캅도 자신들의
목숨을 신앙 때문에 던져야 했다.

폴리캅의 제자로서 초대교회의 변증가인 이레니우스Irenaeus는
터키의 옛 지명인 소아시아 출신이었다. 위대한 갑바도기아인the
Great Cappadocian으로 불리는 니사의 그레고리Gregory of Nyssa, 그의
동생인 나지안주스의 그레고리Gregory of Nazianzus와 가이사리아의
바실Basil of Caesarea도 아시아인이었다. 갑바도기아는 지금의 터키
중앙에 위치해 있으며, 그리스도교 성지 중의 하나이다. 가이사리
아는 이스라엘 북부에 위치한 지중해의 항구 도시이다.

나지안주스의 그레고리와 가이사리아의 바실은 친구 사이로, 이
들은 325년 니케아 공의회에서 채택한 '성부聖父, 성자聖子, 성신聖
神은 하나다'라는 그리스도교의 삼위일체론에 신학적 이론을 제공했
다. 이 공의회에서 삼위일체 신앙을 고백한 니케아신조The Creed of
Nicaea가 생겨났다. '신조'信條라는 뜻의 영어 '크리드'creed는 '나는
믿는다'I believe라는 뜻의 라틴어 '크레도'credo에서 유래한 말이
며, 사도신경에서 '신경'信經은 '신조'를 높여 표현한 말이다.

니케아신조는 원래 동방 그리스도교에서 그리스어로 사용되었
다. 9세기경에 서방 그리스도교는 라틴어로 니케아신조를 번역하
면서 '성령은 하느님 아버지에게서 나온다'는 구절에 '아들에게서'
를 삽입하여 '성령은 하느님 아버지와 아들에게서 나온다'로 바꾸
었다. 동방 그리스도교는 니케아 공의회에서 채택한 신조와 삼위일

체론을 함부로 변경한 서방 그리스도교를 이단이라고 주장하였다.

이를 계기로 서방 그리스도교는 니케아신조보다 짧고 간결한 로마신조를 채택했다. 이것이 대부분의 『성경』 첫 장에 주기도문과 함께 있는 사도신경이다. 로마 가톨릭의 영향력이 커짐에 따라서 니케아신조는 사도신경으로 대체되었고, 그로 인해 사도신경이 서방 그리스도교에 가장 널리 사용되는 신앙 고백이 되어 갔다.

지금도 동방 그리스도교의 분파인 그리스 정교회, 아르메니아 교회, 네스토리안교는 니케아신조만으로 신앙을 고백하고 있다. 반면에 로마 가톨릭과 성공회는 미사나 세례 시에 니케아신조와 사도신경을 같이 사용하고 있으며, 개신교는 사도신경을 주일 예배에서 고백하고 있다.

위대한 갑바도기아인 세 명은 모두 4세기 무렵의 동양인이었다. 그들이 죽고 약 200년 뒤에 무슬림의 영향으로 서방 그리스도교는 지중해 연안의 영국, 프랑스, 이탈리아 일대를 남북으로 가로질러 발전하면서 콘스탄티노플을 중심으로 한 동방 그리스도교와 서서히 분리되어 갔다.[10] 4세기부터 13세기까지 동방 그리스도교는 아라비아, 페르시아, 인디아, 중국, 몽골 대륙으로 아시아 동북쪽 끝을 향해 서서히 전파되어 갔다.

그리스도교를 서양의 종교로 보게 되면 중세기를 전후해서 중국과 몽골 대륙에 퍼져 있던 동방 그리스도교가 한반도에 전래된 것을 이해할 수 없다. 동방 그리스도교는 서방 그리스도교가 들어오기 천 년 이전에 고대 한반도에 전래된 그리스도교의 수수께끼를 푸는 열쇠이다. 가톨릭과 개신교로 대표되는 서방 그리스도교의 관점에서 보면 신라의 불국사와 석굴암에 남겨진 예수의 흔적은 해괴한 전승에 지나지 않는다. 물론 동방 그리스도교의 시각으로 볼 때, 서방 그리스도교의 서양화된 예수도 우스꽝스러운 것은 마찬가지이다.

정약용의 『조선복음전래사』

동방 그리스도교 형성에 결정적 영향을 미친 사람은 예수의 열두 제자 중 한 명인 사도 토마스(도마)St. Thomas였다. 토마스는 1세기 중엽, 인도에 그리스도교를 전하고, 실크로드를 걸어서 중국 내륙에 들어갔다고 한다. 조선 후기의 실학자 이규경李圭景(1788~1856)은 그의 저서 『오주연문장전산고』五洲衍文長箋散稿에서 토마스가 중국에 들어가기 약 250년 전 한漢나라 때부터 '천주'天主라는 말을 사용하는 하느님을 믿는 종교가 중국에 있었다고 말한다.

7세기 중엽부터 당唐나라 황실에서 네스토리안교를 장려했다. 중국 사람들은 네스토리안교를 경교景教라고 불렀다. 경교란 '빛나는 종교'라는 뜻이다. 실크로드를 통해 7세기 이전부터 중국에 그리스도교가 전파되었다면, 중국의 문명 영향권에 있는 한반도에도 그리스도교가 들어왔을 개연성은 상당히 높다. 불교, 유교, 이슬람교 모두가 실크로드를 타고 중국을 거쳐 한반도에 전래되었는데, 유독 그리스도교만 유입되지 않았다면 이는 모순이다.

경주 불국사에서 7~8세기 유물로 보이는 돌 십자가상과 마리아상이 발굴되었다. 2009년에는 남한산성에서 병자호란 때 임시로 이용되었던 조선 왕의 궁궐 터를 복원하기 위한 발굴 조사에서 통일신라 시대의 유물로 보이는 초대형 기와가 무더기로 출토되었다. 그중에는 '천주'天主라는 한문이 새겨진 기와도 나왔다. 발해 땅이었던 남만주 일대에서는 발해 시대 유물인 기와 십자가도 상당수 발굴되고 있다. 이러한 유물들은 역사의 수수께끼로 남아 있는 동방 그리스도교의 한반도 전래를 푸는 단서를 제공한다.

그러나 그 유물들을 뒷받침해 줄 문헌이 남아 있지 않아 동방 그리스도교의 한반도 전래는 의문을 증폭시키고 있다. 이러한 유물들은 부활한 예수가 불국사를 찾아가서 기념으로 놓고 간 것일까? 유물과 그것의 사료적 근거는 역사의 사실을 증명하는 지렛대 역할을 한다. 그러면 우리 역사에서 조선, 고려, 발해, 신라에 전래된 그리스도교를 기록한 고문헌은 존재하지 않을까? 그러한 사실을 기록한 선조들은 없었을까?

현재 조선 시대 이전의 그리스도교 역사에 대한 고문헌은 전해지지 않고 있다. 그러나 1592년부터 1871년까지 약 300년 동안 전래된 한국 그리스도교의 역사를 집대성한 달레Dallet(1829~1878) 신부의 『한국천주교회사』Histoire de l'Église de Corée에서 사료적 근거의 단서를 찾을 수 있다. 이 책은 1874년에 파리에서 출간되었다. 이 책이 참고 자료로 활용한 책은 1844년에 입국하여 1866년 병인박해 때 순교한 다블뤼Daveluy(1818~1866) 주교가 쓴 『조선순교자역사비망기』Notes pour l'histoire des Martyrs de Corée이다.

『한국천주교회사』와 『조선순교자역사비망기』는 조선 중엽 이후

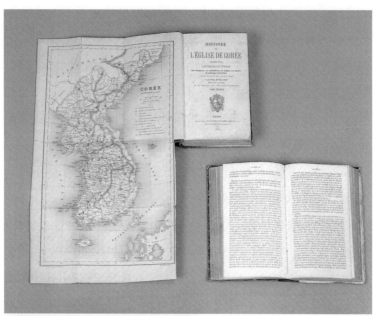

『한국천주교회사』(상) 1874년에 달레 신부가 프랑스어로 간행한 한국 천주교회사 통사通史인 『한국천주교회사』 초판본으로, 상하 2책으로 이루어져 있다. (오륜대 한국순교자기념관 소장)
달레(하) 『한국천주교회사』의 저자인 달레 신부

불국사에서 만난 예수

부터 조선 말까지 그리스도교가 전래된 기원과 역사를 각종 자료와 서신을 수집하여 편집함으로써 조선 시대 그리스도교 역사를 연구하는 토대를 마련했다. 특히 흥미로운 사실은 이 두 책 모두 참고 자료로 다산茶山 정약용丁若鏞(1762~1836)의 『조선복음전래사』를 활용했다는 것이다. 이로 미루어 보면 한국 그리스도교 전래사를 최초로 저술한 이는 다산 정약용이라고 할 수 있다.

다산 정약용은 1784년에 세례를 받았으며, 그의 세례명은 요한이다. 이때 다산의 나이는 23세였는데, 성균관에 진사로 들어간 지 1년이 지난 때였다. 다블뤼 주교는 『조선순교자역사비망기』에서 다산의 그리스도교 신앙에 대해 이렇게 회고한다.

조선의 천주교 기원에 관하여 우리가 대부분의 사실을 인용한 자료들은 자주 언급되는 정약용에 의하여 수집되었다. 그는 세례 때 요한으로 불렸다. 그는 시초부터 천주교의 거의 모든 사건에 관계하였고 또 거의 모든 주요 지도자들은 그의 친척이거나 친구였다. 그는 문학과 관직에서 뛰어난 사람으로, 천주교를 배반하는 나약함을 보였다. 그것으로 1801년의 그의 유배가 모면되지는 못했다. 수년 후 특별 사면으로 풀려난 그는 천주교를 열심히 믿으면서 그리스도교인답게 사망하였다. 그는 또 약간의 종교 저술을 남겼다. 우리는 불행히도 너무 간략한, 그러나 매우 잘 작성된 이 기록들을 베끼고 연결하는 데 그쳤다.[11]

잘 작성된 이 기록들이란 다산의 『조선복음전래사』를 뜻한다.

달레 신부는 그의 책『한국천주교회사』에서 다블뤼 주교보다 더 상
세하게 다산의 말년을 묘사했다.

수년 후에 특사를 받은 정요한은 자기 죄에 대하여 오래고도 진실한
참회를 하였고 또한 모범적인 그의 열심과 극기로써 신도들을 위로
하였고 마침내 교화적인 임종을 하였다. 그는 여러 종교적 저술을 남
겼으며 특히 조선에 복음이 전래된 비망기를 남겨 놓았는데 지금까
지 이야기한 대부분의 사실이 거기에 수집되어 있다.[12]

1801년에 다산이 유배 길에 올랐다고 함은 천주교 박해의 서막
이었던 신유사옥辛酉邪獄으로 인한 것이었다. 이때 다산의 막내 형
정약종丁若鍾(1760~1801)은 끝내 천주교 신앙을 버리지 않아 서소문
사형장에서 참수를 당했다. 다산의 자형이자 천주교 최초 영세자인
이승훈李承薰(1756~1801)도 같은 날 참수당하고 말았다. 신유사옥으
로 300여 명의 신도와 청나라 사람인 주문모周文謨(1752~1801) 신부
가 사형을 당했다. 이들은 예수의 제자들처럼 그리스도교 신앙을 지
키기 위해 자신들의 고결한 목숨을 서슴없이 바쳤다.
    달레 신부와 다블뤼 주교가 다산이 천주교를 배반했다고 한 것
은, 다산이 전라도에서 발생한 진산사건珍山事件에 충격을 받고 천
주교를 버린 사실을 말한다. 1791년 전라도 진산에서 다산의 이종
육촌인 윤지충尹持忠(1759~1791)과 권상연權尙然(1751~1791)이 예수
를 믿고 나서 부모의 신주를 불태우고 제사를 폐지하여 조선 양반
사회를 큰 충격의 도가니에 빠뜨렸는데, 이것을 진산사건이라고 한

불국사에서 만난 예수

다. 이 사건을 계기로 다산은 천주교를 배교했지만 한번 믿었다는 것을 빌미로 18년간의 기나긴 유배 생활을 겪어야 했다.

유배 기간 동안 다산은 『목민심서』, 『경세유표』 등 수많은 저서를 집필했다. 유배에서 풀려난 다산은 향리에서 저술 활동을 계속하는 동안 배교한 것을 뉘우치면서 속죄의 삶을 살며 천주교 신앙을 굳게 지켜 나갔다. 다산은 1836년에 중국 사천 출신으로 이탈리아 나폴리 신학교에서 공부를 한 유방제劉方濟 신부에게 마지막 성사를 받으면서 그의 험난한 생애를 끝마쳤다.[13]

다산 정약용은 500여 편의 책을 저술했다. 달레 신부와 다블뤼 주교가 그들의 책에 인용한 다산의 『조선복음전래사』는 임진왜란 이후부터 19세기 초반까지 한반도에 전래된 그리스도교 역사를 자신의 개인적 경험과 함께 기록한 책으로 추측된다. 안타깝게도 현재 이 책은 전하지 않는다. 천주교 박해를 피해서 땅 밑에 감춰진 이 책은 어쩌면 발굴될 날만을 기다리고 있을지도 모른다.

다블뤼 주교는 1856년에서 1858년 사이의 어느 때에 다산의 『조선복음전래사』를 수집했고, 다른 많은 자료와 함께 이 책을 보관했는데, 1863년 그가 살던 집에 불이 나서 모든 자료가 타 버리고 말았다.[14] 달레와 다블뤼의 책들을 살펴보면 임진왜란 이후 조선 그리스도교인의 전기傳記, 이벽李檗(1754~1786)의 천주교 토론회, 조선에 그리스도교 서적들이 유입된 이야기 등이 나오는데, 다산의 『조선복음전래사』를 인용했다고 밝히고 있다. 500여 편의 저술을 남긴 다산의 필력으로 미루어 보면 그는 달레와 다블뤼의 기록보다 더 구체적으로 조선의 그리스도교 전래사를 집필했을 것이다.

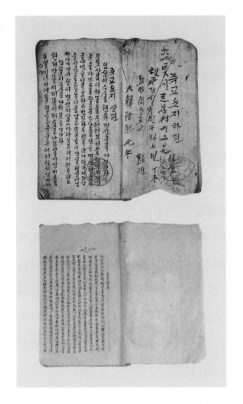

정약종의 『주교요지』(상)와 정하상의
『상재상서』(하) (절두산 순교성지 소장)

그러나 현재까지 알려진 다산의 문헌에는 이 책의 존재가 확인
되지 않고 있다. 단지 『여유당전서』與猶堂全書와 『다산시문집』茶山詩
文集 등에 천주교에 관한 단편적 기록만 전해지고 있다. 신유사옥으
로 가족과 동지를 잃고, 자신도 모진 유배 생활을 한 터라 책의 존
재를 다른 문헌에 소개하지 않았을 수도 있다.

참수 당한 다산의 막내 형 정약종이 한국 천주교회의 첫 한글
교리서인 『주교요지』主敎要旨를 남겼고, 조카인 정하상丁夏祥(1795~

불국사에서 만난 예수

1839)은 천주교 박해가 부당하다며 천주교의 자유를 주장한 『상재상서』上宰相書를 집필했다. 정하상은 다산이 임종하고 3년 뒤인 1839년에 일어난 기해사옥己亥邪獄 때 참수를 당했다. 형과 조카의 책이 전해져서 초기 한국 천주교사에 귀중한 자료로 활용되는 것에 비추어 보면, 『조선복음전래사』의 행방은 아쉬움을 더한다.

『조선복음전래사』가 현존한다면 그리스도교가 1784년 이전에 어떻게 조선에 유입되었고, 다른 종교들과는 어떻게 융화되고, 조선 사회에서는 이를 어떻게 수용했는지에 대한 소중한 문헌이 될 것이다. 그러나 다산의 이 책이 현존하지 않는다 할지라도 다행히 그리스도교가 조선, 고려, 신라, 발해에 전해진 징후들을 고문헌에서 찾아볼 수 있다.

예수, 불국사에 오다

고문헌과 여러 외국 문헌에 나오는 한국 그리스도교를 재구성해 보면, '예수, 불국사에 오다'라는 말은 허튼 소리가 아니다. 한반도에 흩어져 있거나 그동안 발굴된 그리스도교 유물도 이러한 사실을 뒷받침하고 있다. '예수, 불국사에 오다'란 그리스도교가 고대 한반도 땅에도 전래되었음을 말한다. 불국사에 남겨진 예수의 흔적은 그리스도교가 한반도에 전래된 시기를 신라 시대 이전으로 거슬러 올라가게 한다.

그 동안 신학계와 역사학계에서는 단군 신화에 나타난 그리스도교 사상, 당나라에 의한 그리스도교 전래설, 임진왜란을 통한 그리스도교 전래설 등을 연구하면서 한국 그리스도교의 기원을 재해석하는 시도를 해 왔다. 이러한 노력에도 불구하고 한국 그리스도교의 기원은 단편적으로 연구되어 과거와 현재를 연결하고 미래를 내다보는 시야를 잃어버렸다. 다시 말해서 고대 실크로드를 타고 대륙에 전파된 그리스도교가 한국의 전통과 만나서 어떻게 융합되어서 한국적 그리스도교로 재탄생했는가를 밝히는 역사적 통찰력이 부족했다. 천주교와 개신교의 분열이 한국 그리스도교 역사를 한눈에 볼 수 없게 만든 중요한 요인이 아닐까 생각한다.

이 책은 우리 역사에 파묻혀 깊이 잠든 한국 그리스도교의 전래를 파헤쳐, 천주교와 개신교로 나뉜 역사를 한 줄기로 뽑아서 한국 그리스도교의 끊어진 사진들을 파노라마로 펼친다.

그리스도교는 천주교와 개신교의 공식 교회 설립년도보다 훨씬 이전에 한반도에 전래되었다. 서방 그리스도교가 아시아 대륙에 들어오기 10여 세기 전에 동방 그리스도교가 한반도에 뿌리를 내렸다.

예수의 흔적은 강인한 생명으로 고대, 중세, 현대를 이어 한반도에 신앙의 싹을 키우고 있다. 이 책은 한반도에 씨를 뿌렸던 그리스도교를 추적하기 위해서 조선, 고려, 발해, 그리고 신라 시대로 거슬러 올라간다. 이렇게 할 때만이 한국 그리스도교가 제1의 종교가 된 배경을 조금이나마 이해할 수 있기 때문이다.

1장

야소교 신드롬

'야소'란 말은 언제 사용되었을까?

1930년대, 조선을 강점한 일본 제국주의가 만주를 점령하고, 중국과 태평양을 향한 무력 침략을 본격적으로 준비하고 있을 때였다. 일제는 대륙 침략을 위해 조선을 병참기지로 만들었고, 조선인을 일본국민으로 동화시키기 위해 무자비한 탄압을 가했다.

이러한 일제의 탄압에 그리스도 정신으로 저항했던 대표적 인물이 김교신金教臣(1901~1945)이다. 김교신의 짧은 45년의 삶은 '조선혼을 지닌 그리스도교'의 골격을 세우는 데 바쳐졌다.

김교신은 1927년에 그가 주필이 되어 창간한 『성서조선』聖書朝鮮지에서, 잡지 제목을 '성서조선'이라 짓게 된 이유를 다음과 같이 말한 바 있다.

'조선'이라는 애인에게 보낼 최진最珍의 선물은 '성서' 한 권뿐이어서 둘 중 하나를 버리지 못하여 된 것이 그 이름이었다.

『성서조선』지 창간 동인
앞줄 왼쪽부터 유석동, 정상훈, 김교신, 송두용. 뒷줄 왼쪽부터 양인성, 함석헌.

그가 『성서조선』지에 쓴 「조선지리 소고」는 함석헌咸錫憲(1901~
1989)이 그 잡지에 기고한 「성서적 입장에서 본 조선역사」와 쌍벽을
이루는 글이었다. 함석헌의 이 글은 1966년에 『뜻으로 본 한국역
사』로 개정되었다. 김교신은 「조선지리 소고」의 마지막을 이렇게
끝맺고 있다.

동양의 범백凡百 고난도 이 땅에 주집注集되었거니와, 동양에서 산출
해야 할 바 무슨 고귀한 사상, 동반구의 반만년의 총량을 대용광로
에 달여 낸 엑기스는 필연코 이 반도에서 찾아보리라.

김교신이 말한 엑기스는 조선과 조선인의 혼에 남아 있는 그리
스도의 정신이었다. 그는 양정고등보통학교(현 양정고등학교)에서 교
직 생활을 할 때도 학생들에게 조선혼을 일깨우고, 조선의 정서를
담은 김치 냄새 나는 그리스도교를 전파하기 위해 혼신의 힘을 다
하였다.

그렇다면, 조선인의 혼에 남아 있는 그리스도교 정신이란 무엇
을 말하는 것일까?

한국 근현대사를 소재로 한 소설을 보면 종종 야소 신자라는 말
을 볼 수 있다. 야소 신자란 예수를 믿는 사람이란 말이고, 이들의
종교가 '야소교'耶蘇教이다. 야소는 예수를 한자로 쓴 것이다. 야소
교란 말은 1960년대 초반까지 우리 사회에서 널리 사용되다가, 그
이후 한글 표기에 따라 예수교로 불리게 되었다. 국어사전에서 야
소교는 예수교의 취음取音이라고 정의된다. 취음이란 본래의 뜻에

상관없이 그 음만 비슷하게 나는 한자로 적는 일을 말한다.

우리 사회에서 야소교라는 단어는 1960년 말까지 사용되었다. 1960년 12월 1일 『동아일보』 1면 「"장내각張內閣은 세 번 봐준다"고」라는 제목의 칼럼에는 "야소교가 우리의 국교도 아니다"라는 내용이 나온다. 1960년 이후부터 일간지에서 야소교라는 단어를 검색하기 힘든 것을 보면, 이 단어는 1960년대 초반까지 우리 사회에서 널리 사용되다가 그 이후 사라졌다고 볼 수 있겠다.

흔히들 야소교라고 하면 개신교인 기독교를 말하고, 천주교와 구별해서 사용하려는 경향이 있다. 야소라는 말이 '조선 야소교 장로교회', '조선 야소교 동양선교회 성결교회', '평양 야소교 숭실중학교' 등으로 사용되면서, 자연스럽게 야소교는 개신교로, 야소 신자는 개신교 신자로 통칭되었다. 이 때문에 야소교는 천주교가 아닌 개신교라는 고정관념이 우리에게 고착화되었다.

그러면 야소교란 말은 언제부터 사용되었으며, 정말 개신교를 뜻하는 것일까? 역사를 거슬러 올라가면 야소교란 말이 개신교만을 뜻하는 것이 아님을 알 수 있다. 야소교란 말은 개신교가 조선에 들어오기 250여 년 전부터 조선 사회에 회자되었다. 이는 천주교가 공식 창립된 1784년보다도 150년이나 전의 일이다. 다시 말하면 야소교란 말은 17세기 중엽부터 20세기 중엽까지 300년 이상 우리 사회에서 회자된 그리스도교를 통칭하는 용어였다. 더욱이 다산 정약용은 1580년 이전에 이미 조선에 야소교가 알려져 있었다고 하였다.[1] 이렇게 보면 야소교라는 말은 천주교와 개신교를 모두 포괄하는 용어인 셈이다.

송병선 초상

천주교와 개신교가 공식적으로 조선에 창설되기 이전에 야소교라는 용어가 어떻게 조선 사회에 널리 사용될 수 있었을까? 조선에 또 다른 그리스도교가 있었다는 것인가? 개신교가 전래되기 전에 이미 조선 사회에는 야소교 탄압에 관한 상소문이 들끓고 있었다.

1881년 11월, 송병선宋秉璿 (1836~1905)은 고종에게 8개 조의 상소문을 올렸다. 송병선은 1905년 11월 17일 일본이 무력으로 을사늑약을 체결했을 때, 조약의 철폐와 을사오적의 척결을 고종에게 진언하고, 같은 해 12월에 자결로써 을사늑약의 철폐를 주장한 인물이다.

송병선이 고종에게 상소한 '신사봉사辛巳封事 8개조'를 보면 제8조에 "왜국과의 화의를 배척하고 야소교를 단절할 것"이라고 하여, 야소교 탄압에 관해 말하고 있다. 그의 야소교 탄압 주장은 일본을 배척함으로써 서양과의 외교 통상을 단절해야 한다는 것과 직결되어 있었다. 그는 일본에 의해 나라가 망할 것이라고 하면서 일본과 서양과의 단절을 위해서는 야소교를 배척해야 한다고 했다. 그의 주장에는 야소교에 대한 서슬 퍼런 칼날이 도사리고 있었다.

신은 외국倭國을 배척하는 것이 바로 서양과 단절하는 것이라고 생각합니다. ……삼가 바라건대, 크게 분발하고 힘써서 야소교의 남은 종자들을 베어 죽이고 잡아 죽여서 먼저 위엄을 장대하게 하여 굳은 뜻을 보이십시오. 『승정원일기』 고종 18년 11월 30일

송병선보다 15년 앞선 1866년에 박주운朴周雲(1820~?)은 고종에게 양이洋夷를 대적할 계책을 시급히 마련해야 한다는 상소를 올렸는데, 이 상소에서 야소교가 백성에게 백해무익함을 주장했다.

야소교의 괴이한 설은 우리 우주가 생긴 이래 천하의 이제二帝·삼왕三王·주공周公·공맹孔孟·정주程朱의 도를 바꾸려 하고 있는데, 지혜로운 자는 금은으로 꾀고 어리석은 자는 생각을 미혹케 만들어, 장차 지혜롭거나 어리석은 인민을 모두 자신들을 위해 쓰려 합니다.

『승정원일기』 고종 3년 9월 3일

순조의 재위기인 1827년 7월 22일, 경복궁 인정전에서 왕세자가 직접 야소교를 거론했다. 그날 왕세자는 백관들을 이끌고 인정전으로 나아갔다. 왕세자는, "야소교와 같은 사악한 학문이 인륜을 어지럽히고 교화를 그릇되게 하자, 왕께서 확고한 결단을 내려 어두운 그림자를 제거하셨습니다"라고 말하면서 아버지인 순조의 덕을 칭송했다. 『순조실록』 27년 7월 22일

개신교가 이 땅에 정식으로 창설되기 58년 전에 궁궐에서는 이미 왕세자가 임금에게 야소교를 거론하고 있었다. 그렇다면 이는

조선 사회에 이미 야소 신자들이 있었고, 야소교란 용어가 널리 회자되었음을 의미한다. 그 당시 조선 사회에 있었던 야소교는 천주교를 말한다. 이로 미루어 보면 야소교란 말은 조선 사회에서 천주교를 지칭하는 보편적 용어였다. 그러므로 야소교를 개신교와 같은 의미로 인식한다면, 이는 잘못된 생각이다.

19세기 말 위정척사의 기치 아래 쇄국정책으로 반도를 닫아 버린 조선 왕조에 서양을 통해 유입되는 야소교는 위험한 종교였다. 그러나 죽어서 천국 간다는 야소교의 부활 신앙은 생활고를 달래려던 조선 민중들에게는 희망의 종교였다. 조선 왕조가 신유사옥(1801), 기해사옥(1839), 병인사옥(1866)을 통해 야소 신자들에게 끊임없는 탄압과 박해를 가했지만 야소교 신앙은 조선 민중들의 마음에 타오르는 불꽃을 지폈다.

박은식朴殷植(1859~1925)의 『한국통사』韓國痛史에 따르면, 병인사옥 때 조선에서 12만 명이 순교했다고 한다. 정설로는 병인사옥이 일어난 1866년부터 7년간 9명의 프랑스 신부와 8천여 명의 야소 신자들이 처형당했다. 야소 신자들은 탄압을 피해서 산과 들로 피신했는데, 이후 추위와 굶주림으로 죽은 사람들을 합치면 2만 명 정도의 야소 신자들이 순교를 당했다고 추정된다.[2]

천주교와 개신교가 짧은 시간 안에 부흥할 수 있었던 데에는 야소교를 죽음으로써 지켜 낸 조선 야소 신자들의 뜨거운 심장이 박동하고 있었다. 개신교가 1885년에 조선에 전래되었으며, 야소교를 개신교라고 보는 시각은 그보다 훨씬 오래 전 조선 사회에서 살아 있는 신앙이 되었던 야소교를 부정하는 것이다. 김교신의 말처

불국사에서 만난 예수

럼 조선혼이 살아 있는 야소교의 엑기스는 조선 반도에서 찾아야
한다. 조선 야소교의 엑기스는 성당과 교회가 없어도, 서양 선교사
가 없어도 야소교를 죽음으로써 지킨 야소 신자들의 신앙에서 조선
혼으로 농축되고 있었다.

북학파가 본 야소교

19세기에 야소교라는 말이 탄압의 명분으로 사용되었다면, 그
보다 앞선 17, 18세기에 야소교는 연구의 대상이었다. 조선 지식인
들은 중국 및 일본과 교류할 때, 야소교를 배우려는 지적 욕구로 가
득 차 있었다. 조선 지식인들의 야소교 연구가 성행하면서 조선에는
야소교가 퍼져 나가고 있었다. 천주교가 조선에 정식으로 창설되기
30여 년 전인 1753년경, 해서와 관동 지방의 상당수 백성들이 이미
사당을 부수고 제사를 지내지 않으며 야소교를 믿었다. 이 때문에
여러 지방 관청은 교리 확산에 전전긍긍했다는 기록이 있다.[3]
조선 지식인들과 민중들은 오늘날과 같은 교회와 신부와 목사
가 없어도 야소교를 연구하고 이를 수용했다. 조선 지식인들은 야
소교를 자신들의 책에 간단히 소개하거나 혹은 교리를 폭 넓게 연
구하면서 야소교를 알렸다. '북학파'北學派로 불리는 박지원朴趾源
(1737~1805)과 홍대용洪大容(1731~1783)은 야소교를 조선에 소개한
대표적 지식인이다. 북학北學은 청나라의 발전된 기술과 산업 문화
를 수용하여 부국강병富國强兵과 이용후생利用厚生을 실천하자는 것

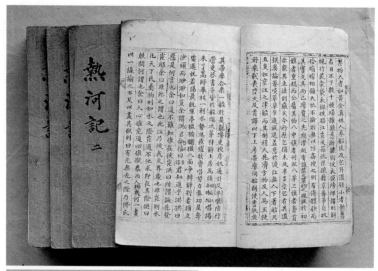

『열하일기』(상), 연암 박지원(하)

이었다. 홍대용과 박지원은 지적 호기심으로 야소교를 연구하고 알렸으나, 야소교에 대해서는 부정적이었다.

1780년(정조 5) 5월, 박지원은 44세의 나이로 8촌 형 박명원朴明源(1725~1790)을 따라 청나라 사절로 북경에 가게 되었다. 박명원은 영조의 딸인 화평옹주和平翁主의 남편으로 금성위錦城尉에 봉해진 인물이다. 그때 박지원이 중국에 가서 보고 들은 것을 기록한 책이 바로 조선 시대 기행 문학의 백미라고 하는 『열하일기』熱河日記이다.

박지원은 중국 여행 중에 중국 학자 왕민호王民皞를 만나 열여섯 시간 동안 철학, 정치, 경제, 천문, 지리, 풍속, 제도, 역사, 문화, 생물 등 거의 전 분야에 걸쳐 대화를 나누었다. 심지어 지구 원형설, 지동설, 생물의 기원 등에 대해서도 깊은 의견을 교환했다. 열여섯 시간 동안 종이를 서른 장이나 바꾸어 가면서 필담으로 주고받은 대화가 바로 왕민호의 호인 '곡정'鵠汀을 딴 『열하일기』의 「곡정필담」鵠汀筆談이다.

밤이 깊어 가면서 얼마나 잠이 왔던지 왕민호는 꾸벅꾸벅 졸면서 머리를 병풍에 들이받기도 했다. 대화가 길어지면서 그들의 주제는 야소교로 옮겨 갔다.

'야소'라는 말은 중국어에서 어진 사람을 군자라 하고, 티베트 풍속에서 승려를 라마라고 부르는 것과 같은 뜻의 말입니다. 야소는 한마음으로 하느님을 공경하여 가르침을 사방팔방에 세우다가 나이 삼십에 극형을 당했는데, 국민이 슬퍼하고 추모하여 야소회를 설립했습니다. 야소의 신주를 공경하여 천주라 하고, 야소회에 가입한 사람은 반드시 눈물 콧물을 흘리며 비통해하고, 천주를 잊지 않는답니다. 『열하일기』「곡정필담」[4]

왕민호는 야소교에 대해 자신이 알고 있는 것을 붓 끝에 적어 내려갔다.

명나라 만력 연간에 서방 땅에 살던 사방제沙方濟라는 사람이 월동粤東(광동)에 왔다가 죽었으며, 계속해서 이마두利瑪竇 등 여러 사람이 중국에 들어왔습니다. 그들의 종교는 일을 소상하게 밝히는 것을 으뜸으로 삼고, 자신을 수양하는 것을 요지로 삼으며, 충효와 자애를 공적인 임무로 삼고, 개과천선하는 것을 입문으로 삼으며, 생사의 대사에 대해서는 유비무환의 마음을 가지는 것을 가장 지극한 깨달음으로 삼습니다. 서방의 여러 나라들이 야소교를 받든 이래 천여 년 동안 크게 편안하고 성공한 정치를 이루었다고 합니다만, 그 말에는 과장되고 허튼 소리가 많아 중국 사람 중 이를 믿는 사람은 없답니다. 「곡정필담」

만력萬曆 연간이란 명나라 신종神宗 황제(재위 1573~1620)의 재위 기간을 말하며, 이마두란 마테오 리치Matteo Ricci(1552~1610) 신부의 중국 이름이다. 야소교의 유래에 대해 잘 알고 있던 박지원은 몇 가지를 확인해 보려고 왕민호에게 계속 물었다.

만력 9년(1581)에 이마두가 중국에 들어와 북경에 29년을 머물렀습니다. 그는 말하기를, 한나라 애제哀帝 원수元壽 2년(기원전 1)에 야소가 대진국大秦國(로마제국)에서 태어나 서해西海 밖으로 교를 전파했다고 하였습니다. 한나라 원수 연간부터 명나라 만력 연간에 이르기까지 1,500년간 이른바 야소라는 두 글자가 중국의 책에 나타나지 않았으니, 이는 야소가 바다 끝 너머 밖에서 태어났기 때문에 중국의 선비들이 혹 들어 보지 못한 탓이 아니겠습니까? 비록 들은 지 오래되었다 하더라도 그것이 이단이기 때문에 역사에 기록하지 않은 것 아니겠습니까? 「곡정필담」

박지원의 분석력은 대단했다. 1,500년 전에 야소가 로마제국 하에서 교를 전파했다면 그 동안 중국의 서적에는 왜 야소라는 두 글자가 나타나지 않았는지 의문스러웠다. 그래서 야소교가 이단이기 때문에 중국 기록에 나타나지 않는 것인가 하고 예리한 질문을 던진 것이다. 박지원의 질문과 왕민호의 대답은 계속되었다.

박지원 　대진국에서 처음부터 소위 야소교라는 것이 있었던 건 아닌데, 이마두가 처음으로 천주니 신이니 하는 말을 칭탁稱託하며 중국을 미혹하게 만든 것인가요? 불교의 윤회 사상을 독실하게 믿어서 천당, 지옥의 설을 만들어 놓고도 불교를 헐뜯고 배척하여 마치 원수처럼 공격하는 건 무슨 까닭인가요?

왕민호 　야소교는 본래 불교 이론의 껍데기만을 희미하게 얻어서 가졌습니다. 중국에 들어와서 중국의 문헌과 서적을 배우다가 비로소 중국에서 불교를 배척한다는 사실을 알고는 도리어 중국의 불교 배척을 본받게 된 것입니다. 중국의 문헌과 서적에서 상제上帝니 주재主宰니 하는 용어들을 들추어내서 스스로 우리 유가에 아부를 하였습니다. 「곡정필담」

왕민호는 박지원의 의문을 속 시원히 해결해 주지 못하고, 야소교가 불교와 유교 이론을 본뜬 것이라고 주장했다. 두 사람의 야소교에 관한 필담은 더 이상 진척되지 못하고 여기서 끝났다.

　두 사람이 필담을 나눈 때는 이승훈이 북경에서 그라몽Jean Joseph de Grammont(1736~1812) 신부에게 베드로란 영세명으로 조선 사람 최초로 세례를 받으면서 조선에 천주교가 본격적으로 창설된 1784년보다 4년이 앞선다. 박지원은 조선에 천주교가 창설되기 이전에 이미 야소교에 관해서 잘 알고 있었던 것이다.

　북경에서 돌아온 박지원은 관직에 나아가, 1797년에는 면천군수가 되었다. 그 당시 면천군(현 당진군 면천면)에는 야소교가 성행했다. 박지원이 군수로 부임한 이듬해인 1798년, 김필군이라는 한 평민이 야소교 책자 한 권을 바치며 자수했다. 박지원은 김필군에게 형벌을 내리지 않고 그 책만 불태우고 그를 방면해 주었다. 김필군은 야소교 신자가 아니었다. 다만 아들이 야소교를 믿는다는 이유로 처형당하자, 아들을 그리워하여 자신은 읽지도 못하는 아들의 손때가 묻은 야소교 교리서를 간직하고 있었던 것이다. 이 일로 박지원은 병영과 마찰을 빚게 되어, 당시 충청감사인 이태영에게 면천군수를 사직하는 내용을 담은 편지를 2통 썼다.

　편지에서 박지원은 중국 한나라 때에 '천주'라는 말을 사용한 것, 중국의 야소교 전래, 북경의 천주당 등에 관해 상술하고 나서, 야소교가 일본에 전래된 내용까지 다루었다. 박지원은 야소교를 믿는 평민들을 교화하지 않고 온갖 고문과 태형으로 굴복시키는 지방 관아의 작태를 비판했다. 이 편지에서 박지원은 야소교에 대해「곡정필담」보다 더 상세하게 쓰고 있다. 아마도 연암은 왕민호와 헤어진 뒤, 야소교를 더욱 연구하여 소상하게 알았던 듯하다.

박지원은 이 편지에서, 야소교 신자들이 예수의 뜻에 따라 죽음조차도 불사하고 있으니, 관에서 그들을 형벌로 다룰 것이 아니라 교화하는 것이 급선무라고 썼다. 이어서 그는 일본 야소교 신자들도 죽음을 두려워하지 않으면서 신앙을 지켰다고 썼다. 편지에 나오는 가토 기요마사加藤淸正(1562~1611)는 임진왜란 당시 일본의 제2군을 이끌던 장군이다. 박지원은 기요마사가 야소교 신자였음을 밝히고 있다.

일본 민중들이 그 설을 한번 듣고서 염세적인 생각에 휩쓸리어 제 몸뚱이 보기를 표류하는 뗏목이나 부러진 갈대 줄기처럼 여겨, 세상일에 구애받지 않고, 사는 것이 즐거운 줄도 모르며, 칼에 죽거나 형刑에 죽는 것을 도리어 자신의 영화로 여겼다. 가토 기요마사가 반역을 꾀하다가 일이 발각되자 이에야스가 기요마사에게 스스로 목숨을 끊게 하니, 기요마사가 마다하며 '스스로 야소교를 받드는 자가 자살한다면 영혼이 하늘로 올라가지 못하니 원컨대 칼날에 죽여 달라' 하므로, 마침내 베어 죽였다. 『연암집』제2권「순찰사에게 답함 1」[5]

1765년(영조 41), 홍대용은 숙부 홍억洪檍(1722~1809)이 청나라에 갈 때, 사신 일행을 수행했다. 박지원보다 15년 정도 빨리 청나라에 간 셈이다. 숙부 홍억은 서장관의 직임을 맡았는데, 서장관은 사신 일행 중 정사, 부사 다음인 서열 3위의 직책으로 외교 문서의 기록을 관장했다. 홍대용은 3개월여 동안 북경에 체류하며 보고 들은 것들을 소상히 기록하여 조선에 소개하면서 북학파의 거두가

〈연행도〉(부분) 조선 사신들이 말을 타고 북경성을 향해 가는 모습
(34.4×44.7cm, 숭실대학교 한국기독교박물관 소장)

되었다.

홍대용이 북경을 방문하고 돌아와서 쓴 『연기』燕記는 절친한 벗 박지원은 물론이고, 이덕무李德懋(1741~1793), 박제가朴齊家(1750~ 1805) 등 소위 북학파에게 지대한 영향을 미쳤다. 홍대용은 북경에 머무는 동안 중국의 여러 학자들 그리고 청나라 황실의 여러 인물들과 교류했다. 그때 홍대용은 북경 상인 진가陳哥의 소개로 종친宗親 유군왕愉君王의 작은아들이요, 강희康熙 황제의 증손인 양혼兩渾이란 인물을 만나게 된다. 홍대용이 진가, 양혼을 처음 만나 필담을 나눈 때는 1765년 1월 16일이었다.

그들의 대화 주제는 서학西學으로 이어졌다. 조선에서 서학은 서양 문물과 야소 신앙을 통칭하는 서양의 학문이지만, 이 필담에서 홍대용은 서학을 야소교라는 관점에서 보고 있었다.

"당신이 서학을 믿음에 있어 이렇듯 정성을 들이니, 장차 무엇을 하려는 것입니까?"
"예배를 하고 『성경』을 읽어서 후생後生의 복을 구하기 위한 것입니다. 그리고 서인西人의 교는, 사람이 악한 생각을 하지 못하게 만드는데, 말과 마음이 서로 맞는 것이 복을 구하는 요점입니다."

《담헌서》 외집 7권 『연기』 「양혼」兩渾

진가가 자신이 믿는 신앙의 핵심은 복을 구하는 데 있다고 하자, 홍대용은 유학儒學으로도 복을 구할 수 있다고 대꾸했다.

저는 유학을 숭상합니다. 공부자孔夫子의 가르침에도 사람으로 하여
금 이렇게 되도록 할 따름입니다. 참으로 마음에 악한 생각을 끊어
서 말에 망발妄發이 없다면 어디를 간들 복되지 않겠습니까? 「양혼」

진가와 양혼은 홍대용의 말을 듣고 모두 옳은 말이라고 칭송했
다. 홍대용이 『연기』에서 진가가 믿는 서학을 그릇된 학문인 사학邪
學으로 규정하여 야소교에 대해 부정적 생각을 드러냈지만, 야소교
를 믿는 진가의 굳은 신앙만은 잘 표현했다.

홍대용은 진가와 교류하는 동안 독일 선교사로 북경에 들어온
유송령劉松齡(August von Hallerstein), 포우관鮑友管(Anton Gogeisl) 신부
들과도 교류했다. 이들은 청나라의 관상기구를 관장하는 흠천감정
의 직책을 맡고 있었다. 홍대용은 그들과 필담을 주고받으면서 야
소교에 대해 좀더 자세히 알게 되었다. 그는 야소교와 천문학에 대
해 나눈 이 필담의 제목을 유송령의 '유'와 포우관의 '포'를 따서
「유포문답」劉鮑問答이라고 지었다.

홍대용은 유송령과 포우관을 한 차례 만난 뒤, 다시 그들을 찾
아갔다. 홍대용은 그들의 종교에 깊은 관심을 가지고 있었다. 그는
종이와 붓을 빌려서 궁금한 점을 써내려 갔다.

"무릇 사람이 어려서 배우고 장성해서 행함에는 임금과 어버이로 존
귀함을 삼는 것인데, 들으니 '서양 사람들은 그 존귀한 것을 버리고
따로 높이는 것이 있다' 하는데, 그것은 어떠한 학문입니까?"
"우리나라의 학문은 이치가 매우 기이하고 깊습니다. 선생께서는 어

떠한 것을 알고자 합니까?"

"유교에서는 오륜五倫을 숭상하고, 불교에서는 공적空寂을 숭상하고, 도교에서는 청정淸淨을 숭상합니다. 그런데, 당신 나라에서는 어떤 것을 숭상하는지 듣고자 합니다."

"우리나라의 학문은 사람들에게 사랑함을 가르칩니다. 하느님을 높이되 만유萬有의 위에 숭배하고, 남을 사랑하되 자기 몸처럼 합니다." 《담헌서》 외집 7권 『연기』「유포문답」

홍대용의 눈은 '사랑'이라는 말을 주시하고 있었다. 그리고 그는 다시 붓을 들었다.

"사랑이란 무엇을 말합니까? 특히 그러할 사람이 있습니까?"

"공자의 이른바 '교사郊社의 예는 상제上帝를 섬긴다'라고 할 때의 그것이고, 도교에서 말하는 '옥황상제'玉皇上帝는 아닙니다." 「유포문답」

유송령은 홍대용의 질문에 사랑의 대상은 상제라고 하면서, 상제는 하늘의 주재主宰라고 말했다. 홍대용은 더 이상 상제에 관해서 묻지 않고, 천문에 관해 묻는 것으로 이날의 만남을 끝냈다. 그리고 10여 일이 지난 후 홍대용은 다시 유송령을 찾아가 필담을 나누었다. 천문에 관해서 필담을 주고받은 후, 홍대용은 유송령에게 아들이 있느냐고 물었다. 홍대용은 환갑이 넘은 유송령이 아직 장가를 들지 않았다는 말에 의아했다.

"본래 장가를 들지 않았는데, 어떻게 아들을 두겠습니까."

"귀국의 종교에서는 장가를 들지 못하게 되어 있습니까?"

"그렇지는 않습니다. 우리들은 전교傳敎하기 위해 이곳에 왔으니, 한번 왔으면 다시 돌아갈 수 없으므로, 장가를 들고도 싶으나 되겠습니까."「유포문답」

홍대용이 유송령과 야소교에 대해 나눈 필담은 여기서 끝난다. 홍대용이 유송령, 포우관을 만나 야소교에 대해 필담을 나눈 때는 천주교가 이 땅에 창설되기 19년 전의 일이다.

성호학파가 본 야소교

박지원, 홍대용과는 다르게 야소교를 신앙으로 믿는 조선 지식인들도 있었다. 이익李瀷(1681~1763)에게 서학을 배운 제자들이 성호학파星湖學波를 형성하여 청나라를 통해 서양 문물을 적극 수용하면서 야소교에 눈을 뜨고 있었다. 이익의 『성호사설』星湖僿說은 홍대용, 박지원, 박제가, 이덕무에게 많은 영향을 끼쳤다. 실제로 그들은 『성호사설』을 애독하고, 북경에 다녀와서 서양 문물과 야소교에 대해 소개하면서 북학파를 형성하게 되었다. 또한 이익의 제자인 신후담愼後聃(1702~1761)은 「서학변」西學辯을, 안정복安鼎福(1712~1791)은 「천학고」天學考와 「천학문답」天學問答을 써서 야소교를 비판했다.

이익의 성호학파는 다른 말로 '경세치용經世致用 학파'라고도 하

불국사에서 만난 예수

는데, 현실 사회 문제에 대한 개혁을 표방한 학파이다. 경세치용 학파는 성호좌파와 성호우파로 나누어졌다. 분파의 배경에는 야소교에 대한 관점도 작용하고 있었다.

성호우파는 서양 문물을 수용하되, 야소교는 이단이라고 하여 배척했다. 성호우파의 대표적 인물이 안정복이다. 그는 천주교 신자라는 이유로 사형을 당한 권철신權哲身(1736~1801)과는 사돈지간이었다. 안정복의 사위인 권일신權日身(1742~1792)이 권철신의 동생이었다. 안정복은 1785년에 「천학고」와 「천학문답」을 지어 천주교를 맹렬히 비판했다. 이때 조정은 천주교를 사교로 규정하고, 북경으로부터 서학서西學書 수입을 금했다. 안정복은 야소교를 천학天學이라고 불렀다. 「천학고」의 서문은 이렇게 시작한다.

서학서는 선조宣祖 말년부터 이미 우리나라에 들어와서 저명한 벼슬아치나 큰 유학자들이 보지 않은 사람이 없었으나, 이를 보기를 제자諸子나 도가道家 또는 불가佛家의 글 정도로 여겨서 서재의 구색으로 갖추었으며, 거기서 취택하는 것은 단지 상위象緯와 구고句股의 기술에 관한 것뿐이었다. 연래에 어떤 사인士人이 사행使行을 따라 연경燕京에 갔다가 그에 관한 책을 얻어 가지고 왔는데, 계묘년(1783)과 갑진년(1784) 어름에 재기才氣 있는 젊은이들이 천학天學에 관한 설을 제창하여 마치 상제上帝가 친히 내려와서 일러주고 시키는 듯이 하였다. ……참으로 안타까운 일이다. 그래서 지금 남아 있는 전기傳記를 취하여 「천학고」를 만들어서 그들로 하여금 이 학문이 중국에 이른 것이 이미 오래고, 우리나라에 들어온 지도 오래이며 지금에 시작된 것이 아니라는 것을 알게 하는 바이다. 『순암선생문집』 제17권 「천학고」

안정복은 「천학고」에서 야소교가 조선에 들어온 것은 오래 전의 일이라고 하면서, 중국과 조선에 유래된 역사를 많은 고문헌을 통해 소상하게 밝혔다. 그는 또한 「천학문답」에서 대화체로 유학과 천학의 차이점을 정리했다.

"야소는 세상을 구제하는 사람을 부른 것이니, 성인이 도를 행한 뜻과 다른 점이 없을 듯합니다."
"그게 무슨 말인가. 야소의 세상에 대한 구원은 전적으로 후세에 관한 것으로서 천당과 지옥의 설을 통하여 이를 권면하고 징계하지만, 성인이 도리를 행하는 것은 전적으로 현세에 관한 것으로서 덕을 밝히고 백성을 새롭게 하는 것을 통하여 교화를 펼쳐 나간다. 그러니 그 공사公私의 차이가 자연히 같을 수 없는 것이다. 설사 그들이 말하는 것처럼 실제로 천당과 지옥이 있다고 하더라도, 사람이 현세에 살면서 선을 행하고 악을 제거하여 행실이 온전하고 덕이 갖추어진다면 틀림없이 천당으로 갈 것이며, 선을 버리고 악을 행하여 행실이 옳지 못하고 덕이 없다면 틀림없이 지옥으로 갈 것이다." 『순암선생문집』 제17권 「천학문답」

안정복은 야소가 세상을 구제하러 온 사람이라는 견해에 대해, 내세보다 현세에서 바르게 사는 것이 이치에 맞다고 하면서 천당지옥설을 비판했다. 안정복은 이미 '야소'라는 말이 세상을 구제하러

불국사에서 만난 예수

온 예수라는 것도 잘 알고 있었다. 야소 교리에 대한 두 사람의 대화는 계속되었다.

"야소가 세상을 구원하려고 십자가에 못 박혔는데, 능히 천지 만물을 흔들어 움직이면서도 자신을 못 박은 사람을 하나도 상하게 하지 않았으니, 지극한 인仁이 아니고서야 그럴 수 있겠습니까?"
"이것은 위에서 이른바 '원수를 잊고 원수를 사랑하라'는 것이다. 『기인서』畸人書에, '천주가 사람들에게 덕으로 원수를 갚고 원한으로 원수를 갚지 말라고 가르쳤다' 하였다. 그런데 원수에는 두 종류가 있다. 만약 나를 해친 원수라면 옛날의 군자 가운데 이렇게 한 자가 많이 있었다. 그러나 임금이나 아버지의 원수를 두고 이런 식으로 가르친다면 의리를 해치는 바가 클 것이다. 이것이 내가 겸애兼愛를 주장하는 묵자墨子의 부류라고 말한 까닭인데, 이들이 더 심한 자들이다." 「천학문답」

안정복은 예수가 원수를 사랑하라고 했으며, 십자가에 못 박혀 죽었다는 것도 알고 있었다. 그러나 안정복은 원수를 사랑하라는 것은 좋은 말이지만, 임금이나 아버지를 죽인 원수를 사랑하라는 것은 이단의 학설이라고 주장했다. 실학으로 조선 사회를 개혁하려고 했던 안정복은 유교의 근본 도덕 사상인 삼강오륜三綱五倫이 무너지는 것은 인정할 수 없었다. 그는 야소교가 조선 사회에 확산되는 동안 동문수학했던 지인들과 친척들이 야소교를 믿는 것을 한탄하며 시 한 수를 읊었다.

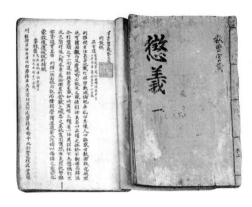

『사학징의』邪學懲義
1801년 신유사옥 때 포도청 및
형조의 기록을 수집·정리한 책
(절두산 순교성지 소장)

천당이니 지옥이니 그 무슨 황당한 소리	天堂地獄說荒唐
바꿀 수 없는 법이 우리 쪽에 있잖은가	自有吾家不易方
만약에 그 말이 허튼소리가 아니라면	若使此言眞不妄
악은 지옥으로 가고 선은 천당으로 가리	惡歸地獄善天堂

『순암선생문집』 제1권 「천주교가 크게 번지고 있다기에」聞天學大熾……

　성호학파가 좌파와 우파로 갈라져서 야소교에 대해서도 찬반으로 나누어진 것은 18세기 말과 19세기 초에 걸쳐 조선 사회에 몰아닥칠 천주교 박해의 비극을 예고한 것이었다. 우파인 안정복의 야소교 배척은 본인의 의사와 무관하게 조정의 야소교 탄압을 위한 명분을 제공했다.

　야소교를 신앙으로 받아들인 성호좌파 제자들은 1779년 겨울 경기도 광주에 있는 천진암天眞庵과 여주에 있는 주어사走魚寺에서 교리 연구 모임을 열었다. 그때 참여한 이들이 권철신, 권일신, 정

「황사영백서」黃嗣永帛書
황사영(1775~1801)이 1801년 당시 조선의 천주교 박해 현황과 그 대책을 북경의 구베아 주교에게 보고하려다가 압수당한 비밀 문서이다. (흰 명주, 62cm×38cm, 123행의 붓글씨, 오륜대 한국순교자기념관 소장)

약용 형제(약전·약종·약용), 이벽, 이승훈 등이며, 이들이 조선 천주교 창설의 핵심 인사가 되었다. 그러나 사학인 야소교를 믿는 것은 조선 사회에서 용납될 수 없는 것이었으며, 야소교에 심취했던 성호좌파 앞에는 형장과 유배만이 기다리고 있었다.

정조正祖(재위 1776~1800)가 급사한 다음 해인 1801년 신유사옥 때, 야소교를 믿었다는 이유로 정약용의 형 정약종과 이승훈은 같은 날 서소문 형장에서 사형을 당했다. 정약용은 강진으로, 그의 형 정약전丁若銓(1758~1816)은 흑산도로 기나긴 유배의 길을 떠나게 되었다.

정약종은 형장으로 끌려가면서 그를 비웃는 사람들에게 이렇게 외쳤다.

여러분은 우리를 비웃지 마십시오. 사람이 세상에 태어나서 천주님을 위하여 죽는 것은 당연한 일입니다. 대심판의 날이 오면 우리가 흘린 눈물은 진정한 기쁨으로 바뀌고, 당신네 기쁨과 웃음은 진정한 고통으로 변할 것이니, 당신들은 꼭 그렇게 서로 웃지는 마십시오.
「황사영백서」

정약종은 처형에 앞서 주위 사람들에게 단호하게 말했다.

당신들은 두려워하지 마십시오. 이것은 마땅히 행해야 할 일입니다.
당신들은 두려워 말고 후에 본받아서 행하십시오. 「황사영백서」

망나니의 칼에 정약종의 머리는 잘려 나갔지만, 그는 벌떡 일어
나 앉아 손을 크게 벌려서 십자 성호를 긋고 죽었다고 「황사영백
서」黃嗣永帛書는 전한다.

정약종의 큰형 정약현과 매제 처남 지간이었던 이벽은 1786년
33세의 젊은 나이로 요절했다. 이벽은 천주교의 요한세자라고 불렸
으며, 「성교요지」聖教要旨와 「천주공경가」天主恭敬歌를 남겼다. 이렇
게 정약용의 친척 일가는 야소교 신앙으로 인해 집안이 풍비박산이
났다.

성호좌파의 야소교 연구에서 『천주실의』天主實義와 『칠극』七克은
빠질 수 없는 교리서였다. 이들은 7일 중 하루는 하느님 공경에 온
전히 바쳐야 한다는 것에 따라, 매월 7일, 14일, 21일, 28일에는 다
른 일은 모두 쉬고 묵상에 전념했으며, 또 그날에는 육식을 피했다
고 한다.[6] 정약용은 이 모임을 다음과 같이 회상하였다.

아침 일찍 일어나 얼음 샘의 물을 두 손으로 떠서 세수하고 양치질

『**칠극**』 예수회 신부 판도자D. pantoja(1571~1618)의 저술로 1614년 북경에서 7권으로 간행된 일종의
수덕서修德書 (한글 고서 필사본, 오륜대 한국순교자기념관 소장)

을 하고는 숙야잠夙夜箴을 외웠다. 해가 뜨면 경재잠敬齋箴을, 정오
에는 사물잠四勿箴을, 해가 지면 서명西銘을 외웠는데, 엄정하고 공
손하여 법도를 잃지 않았다. 『다산시문집』 15 「선중씨 묘지명」

　이들의 모임이 한국 천주교회 설립의 바탕이 되었다는 천진암
주어사 강학회講學會이며,[7] '강학'이라는 단어의 정의가 『천주실의』
에 나오는 것은 우연의 일치가 아니었다.
　"강학講學이란 '옛 것을 온습하고 새로운 것을 배워서' 심오함에
통달하여 의문을 해소하고, 자기를 분발시키며 타인을 권면하여,
넓게 배워서 돈독하게 믿는 일이다. 선의 도리는 끝이 없다."
　몰락해 가는 조선 사회를 개혁하고자 했던 성호좌파는 강학을

통해 새로운 길을 모색하고 있었다. 서양 문물에 눈을 뜬 그들이 발전된 서양 문물의 바탕이 된 신앙에도 관심을 쏟아 붓는 동안, 야소교와 서학서를 금지시켜 달라는 상소는 빗발쳤다. 이런 상황에서 성호좌파의 목을 조이는 사건이 일어났다.

을사년(1785) 봄, 지금의 명동인 명례방 김범우金範禹(1751~1787)의 집에서 이벽의 주도 하에 이승훈과 정약용 삼형제, 권일신 등이 모여 천주교 교리를 공부하다가 형조의 순라군들에게 적발되었다. 형조에서는 사건을 조용히 무마하기 위해 양반들은 훈방 조치하고, 집주인인 평민 김범우만 단양으로 유배를 보냈다. 유배당한 지 얼마 되지 않아 김범우는 옥고로 죽었다. 김범우의 집이 있던 명례방 자리에는 현재 명동성당이 들어서 있다. 이것이 소위 말하는 '을사추조적발사건'乙巳秋曹摘發事件이다. 이 사건이 정약용 일가의 몰락과 이승훈을 비롯한 300여 명의 목숨을 앗아갈 신유사옥의 서막이 될 줄은 그 누구도 몰랐다.

이 사건 이후 야소교와 서학서 금지에 대한 상소는 벌떼처럼 일어났다. 그럼에도 불구하고 압록강을 넘은 서학서는 계속해서 인쇄되고 필사되면서 말보다 더 멀리 그리고 더 빨리 퍼지고 있었다. 여기에는 개혁 군주 정조의 정학正學을 바로 세우면 야소교는 저절로 사라질 것이라는 온건한 정책도 영향을 미쳤다. 그러는 동안 교회가 없어도, 신부와 목사가 없어도, 서학서는 꺼지지 않는 생명력과 운동력으로 조선 땅에 야소교의 길을 닦았다. 서학서를 읽고 야소교의 새벽을 열었던 젊은 지식인 이승훈과 이벽은 정약전, 정약용 형제에게 야소교를 이렇게 소개했다.

불국사에서 만난 예수

정약용의 초상(좌)과 그의 십자가(우) 십자가는 마재에 있는 다산의 묘에서 발굴된 것으로 4대 후손인 정바오로가 기증한 것이라 한다. (오륜대 한국순교자기념관 소장)

이것은 참으로 훌륭한 도리이고 참된 길이오. 위대하신 천주께서는 우리나라의 무수한 사람들을 불쌍히 여기셔서, 우리가 그들에게 구속의 은혜에 참여케 하기를 원하시오. 이것은 천주의 명령이오. 우리는 천주의 부르심에 귀를 막고 있을 수가 없소. 천주교를 전파하고 모든 사람에게 복음을 전해야 하오.[8]

이벽은 1784년(정조 8) 4월 15일 자기 누이의 기일을 맞아 경기도 양수리 옆 마재에 있는 처남 정약현의 집을 방문하고 돌아오는 배 위에서 정약전과 약용 형제에게 열정적으로 야소교를 전했다. 그 순간을 유배에서 돌아온 정약용은 형 약전의 묘지명을 쓰면서 이렇게 회상한다.

만형수의 제사를 지내고 나서 우리 형제와 이벽이 배를 타고 물길을 따라 내려왔다. 배 안에서 이벽에게 천지 조화의 시작과 육신과 영혼의 생사에 대한 이치를 듣고는 정신이 어리둥절하여 마치 은하수가 끝이 없는 것 같았다. 서울에 와서 또 이벽을 찾아가『천주실의』와『칠극』등 몇 권의 책을 보고는 비로소 마음이 혼연히 서교西教에 쏠렸다. 「선중씨 묘지명」

이벽과 정약전·정약용 형제의 선상 대화를 다블뤼 주교는 이렇게 전하고 있다.

그들은 천지와 인간의 창조, 영혼의 영성과 불멸성, 내세의 천당과 지옥에서의 상벌에 관한 교의들을 오랫동안, 또 상세하게 토의하였다. 모두 이 교의들이 진리임을 납득하고 또 그것들을 믿었다. 한편 그렇게 아름답고 위안이 되는 진리의 이야기를 들은 모든 승객들은 완전히 정신을 잃을 정도로 기쁨에 사로잡혔다.[9]

다블뤼 주교가 기록한 선상 대화의 출처는 "교우들이 쓴 최초의 보고서" 중 하나였는데, 이것이 바로 정약용의 『조선복음전래사』라고 한다.[10]

정약용은 이벽으로부터 『천주실의』와 『칠극』등의 서학서를 구해 읽으면서 야소교에 심취했다. 정약용 형제에게 야소교와 서학서를 소개한 이벽의 세례명은 세례 요한이었다. 이벽을 흠모한 정약용도 세례명을 세례 요한으로 지었다. 조선 최초의 세례자 이승훈

불국사에서 만난 예수

의 세례명은 베드로였다. 예수가 반석盤石이라는 뜻의 베드로 이름 위에 교회를 세우겠다고 한 것처럼, 세례 요한이 요단강가에서 예수의 길을 예비했던 것처럼, 이승훈과 이벽은 벌겋게 불타는 서학서와 함께 조선 야소교를 세우는 화목제和睦祭로 타올랐다.

조선·중국·일본의 야소교 마찰

1756년 4월, 이지항李志恒은 부산에서 배를 타고 강원도 연해로 가다가 동해 바다에서 배가 파손되어 일본의 홋카이도까지 표류했다. 이로 인해 이지항은 1년간 일본에 머물게 되었는데, 그때의 경험담을 일기체로 담은 것이 『표주록』漂舟錄이다.

이지항은 일본 사람들과 필담한 내용을 이 책에 기록했다. 일본 사람들은 이지항이 머무는 곳에 찾아와 어떻게 표류하여 일본까지 오게 되었는지 자세히 물었다. 말이 통하지 않아 한자로 필담하느라 몹시 분주했다. 이지항은 일본에서 야소교를 알게 되었다.

조선에서는 불법佛法을 믿습니까? 신에게 제사를 지냅니까? 유교를 존중합니까? 또 야소교 사람이 포교하고 있습니까? 『표주록』 27일

일본 사람들은 조선에 어떤 종교가 있으며, 야소교가 전파되고 있는지를 물었다. 이지항은 자신의 신분, 표류한 사연, 조선의 불교와 유교에 관해 소상하게 설명했으나, 야소교는 모른다고 대답했다.

일본에 야소교가 전해진 때는 1549년인데, 17세기 초부터는 일본 야소 신자에 대한 탄압이 시작되었다.[11] 지속적인 탄압으로 일본의 야소교는 1850년까지 약 250년간 기나긴 잠복기에 들어갔다. 이지항에게 조선에 야소교가 전해지고 있는가를 물은 속내에는 이러한 배경이 있었다.

1643년의 일본 사행 기록인 『계미동사일기』에는 일본 사람들로부터 전해들은 야소교 탄압에 대한 내용이 적혀 있다.

> 우리나라는 근래에 남만南蠻 야소耶蘇의 사법邪法을 믿는 무리가 있는데, 길리지단吉利支丹이라고 합니다. 그 우두머리라는 자가 천연밀天連密과 함께 와서 그 법을 퍼뜨리고 있습니다. 그래서 어리석은 백성들이 여기에 현혹되는 자가 가끔 있습니다. 우리 대군大君께서 엄한 제도를 내려서 굳게 금했기 때문에 대개는 모두 없어졌지만, 그래도 그 무리들이 혹 변방에 숨기도 하고 혹 해안으로 도망해 간 자도 있지요. 그러니 그 뿌리를 뽑은 것은 가까운 데뿐이지요. 귀국에도 역시 이런 미신迷信이나 사법邪法이 있으며 이것을 법으로 금하고 있습니까? 『계미동사일기』 7월 13일

사신 일행에게 조선에도 야소교가 성행하는가를 묻는 이 장면은 약 100년 후에 일본 사람들이 이지항에게 조선의 야소교 상황을 물었던 것과 매우 유사하다. 야소교란 말은 1세기라는 시간을 뛰어넘어 일본 사람에 의해서 조선 사람에게 알려지고 있었다. 조선에 천주교가 창설되기 약 150년 전의 일이다.

불국사에서 만난 예수

이덕무는 그의 글에서 이지항의 표류 사실을 언급한 후, 일본에서 야소교가 어떻게 박해를 받았는지 자세히 기록했다.

야소교가 민중을 광혹시켜 하늘에 기도하고, 일을 전폐하며, 살기를 싫어하고 죽는 것을 기뻐하니, 도쿠가와 이에야스가 이들을 잡아 죽였고 고니시 유키나가小西行長도 연좌되어 죽었다. 인조 16년(1638)에 유키나가의 가신家臣 다섯 사람이 나가사키 현의 시마바라島原로 도피한 사람들을 다시 선동하여 야소교 신자가 3만 6천 명에 달했다. 그들이 태수를 습격하여 죽이니, 관백關白(간파쿠)이 군사를 일으켜 초멸시킨 다음에 우리나라에 청하기를 그 남은 무리들로서 바다 연변에 오가는 자들을 염탐해 달라고 하였다. 《청장관전서》 제24권 「병지비왜론」 兵志備倭論

이덕무의 글에 나오는 일본 야소교 신자의 봉기를 '시마바라의 난'이라고 한다. 이 난은 시마바라 일대에 살고 있던 3만여 명의 농민들이 도쿠가와 막부의 야소교 탄압과 영주의 가렴주구에 대항하여 일으킨 종교적 성격의 농민 봉기였다. 도쿠가와 막부는 12만의 병력을 동원하여 약 3만 명의 농민들을 살해하고, 야소교에 대한 탄압을 더욱 강화했다.

그 후 도쿠가와 막부는 외국 선박의 내항 금지와 철통같은 해안선 경비로 쇄국 정책을 확립해 갔다. 일본 야소교 신자들은 탄압을 피해 바다를 떠돌았다. 그러자 일본 막부는 조선 조정에 바다를 건너는 야소 신자들에 대해 염탐을 요구했다. 이때는 임진왜란이 끝난 지 불과 40년이 지나지 않았기에 일본의 염탐 요구는 조선 조정에게 큰 골칫거리였다.

1644년 여름, 중국인 52명을 태우고 일본 나가사키로 항해하던 배가 전라도 진도 앞바다에 표류하는 사건이 발생했다. 전라감사 목성선睦性善은 지체 없이 파발을 보내어 조정에 이 사실을 보고했다. 그때 옆에 있던 신하가 인조仁祖에게 간청했다.

> 지난번 일본이 야소교도의 일로 우리에게 자못 소망한 것이 있었으니, 이 배가 원래 장기長崎(나가사키)로 갈 것이고 보면 여기에서 대마도를 거쳐 보내는 것이 순편할 듯합니다. 그러니 영리한 역관을 별도로 정하여, 그들을 풀어서 대마도로 넘겨주시고, 배는 돌아가게 하소서. 『인조실록』 22년 8월 8일

일본이 야소교도의 일로 조선 조정에 소망한 것이란 야소교를 금하고, 이상한 선박이 조선에 표류해 오면 부산 왜관으로 압송시켜 달라는 요청이었다. 조용히 듣고 있던 인조는 일본과의 외교 마찰을 피하기 위해서 그 말을 따랐다. 그리하여 중국인들은 일본으로 인도되었다. 이후 일본은 압송되어 나가사키로 간 중국인 중에 5명의 야소교 신자가 있었음을 조선 조정에 알려 왔다.[12]

그 다음 해인 1645년 2월 18일, 동래부사 이원진李元鎭은 일본인들이 서계를 가지고 왔음을 인조에게 보고했다. 이원진은 일본인들이 온 이유를 분명하게 말하지는 않으나, 그들은 야소교도의 일 때문에 온 것이라고 전했다. 조선 조정에 야소교에 관한 보고는 그칠

불국사에서 만난 예수

줄 몰랐다. 1648년 4월 16일에는 접위관接慰官 정창주鄭昌胄가 일본인 평성춘平成春의 말을 인용하여 야소교로 인해 긴장이 조성되고 있는 일본의 정세를 조정에 보고했다.

평성춘이 말하기를, "야소교의 무리가 천천영결天川永決 등과 교결하여 심복이 되어 일본을 엿보고 있다. 지난해 9월에 천천의 배 2척이 장기(나가사키)에 와서 정박하고 있었는데 1척에 1천여 명씩 탑승하였다. 선척을 출동시켜 수색하여 체포하려 할 즈음에 돛대를 올리고 달아나 되돌아갔다. 금년 2월에 대군大君이 제장諸將들과 의논하기를, '만일 기회를 놓치면 끝내는 반드시 걱정거리가 될 것이다. 네 고을의 태수太守를 장기로 보내어 장성長城을 축조하여 도랑을 깊게 파고 보루를 높게 쌓아 변란에 대비하여야 한다' 하였고, 또 집정執政이 도주島主에게 글을 보내기를, '적들이 장기에 설비가 있다는 것을 알게 되면 혹 몰래 조선의 국경으로 넘어 들어가 대마도를 경유하여 들어올 수도 있으니 도주는 본도에 머물러 있으면서 뜻밖의 변에 대비하라. 그리고 조선에 통보하여 만일 의심스러운 선척이 표박해 오거든 반드시 체포하여 보내게 하라'고 했다"라고 했습니다.

『인조실록』 26년 4월 16일

그러나 조선 조정은 중국과 일본 사이에서 표류해 온 한인漢人에 대한 처리 문제로 전전긍긍하고 있었다. 표류해 온 사람들 중에는 야소교 신자들이 있었기 때문이었다.

1650년(효종 1년) 3월, 청나라 사신들이 급파되었다. 그들은 '표류해 온 한인을 왜관으로 보내지 않으면 화를 당한다'는 장계를 올린 자들을 국문해서 중죄로 다스리라는 청나라 황제의 칙서를 조선 조정에 전했다. 이때는 병자호란이 발생한 지 14년이 지난 해였다. 청나라의 무력 앞에 항복한 인조는 군신 관계를 맺었고, 청나라는 소현세자와 봉림대군을 인질로 잡아갔다.

청나라 황제의 칙서가 전달된 때는 인조가 타계한 후, 인질로 잡혀갔다 돌아온 봉림대군이 막 왕위에 올라 효종孝宗이 된지 1년도 안 되던 해였다. 1650년 3월 8일 청나라 사신들은 영의정 이경석李景奭(1595~1671), 우의정 조익趙翼(1579~1655) 그리고 승지 등을 지금의 조선호텔 자리에 있던 남별궁에 불러 놓고 표류한 한인을 왜관에 보내지 않으면 화를 당한다는 주문奏文 내용에 대해 힐책했다.

이와 관련하여 장계를 올린 동래부사 노협盧協과 경상감사 이만李曼이 조정으로 호출되었다. 청나라 사신들은 통역관 정명수鄭命壽를 시켜 노협과 이만의 장계에 대해서 캐물었다.

"표류해 온 한인을 왜관으로 보내지 않으면 왜가 필시 화를 낼 것이라고 했는데, 이후로 표류한 한인을 잡으면 왜관으로 보내야겠다는 것인가? 표류한 한인에 대한 말이 과연 지방 관리의 장계에 있었는가?"

영의정 이경석은 문제가 심각함을 느꼈다.

"주문 중의 표현을 미처 살피지 못했는데, 이제 비로소 깨달았다."

"깨달았으면 어찌하여 고치지 않았는가?"

"처음에 깨달았다면 어찌 감히 고치지 않았겠는가. 이제 엄한 힐책을 받고 다시 그 뜻을 생각해 보니, 본뜻을 제대로 드러내지 못한 점이 있다. 동래부사 노협과 경상감사 이만의 보고에는 왜인의 정상에 대해서만 언급했고 표류한 한인에 대한 말은 별로 없었다. 대체로 이 일은 함께 의논한 일이지만, 내가 묘당의 수속으로 있었으니 어찌 감히 남에게 책임을 미루겠는가. 주문에 표현을 잘못한 죄를 내가 어찌 피할 수 있겠는가."

사건의 심각성을 파악한 영의정 이경석은 이 문제를 자신의 책임으로 돌려 조기 수습하려고 했다. 정명수가 이번에는 노협과 이만에게 표류한 한인에 대해 매섭게 질책했다. 그러자 이만이 말했다.

변방의 장수가 순라巡邏 도중에 표류해 온 한인의 배를 나포했으므로 통제사統制使가 이를 즉시 계문啓聞했고, 감사도 변방 장수의 보고에 따라 뒤미처 치계했다. 묘당에서는 "표류해 온 한인을 상국으로 압송하지 않을 수 없다" 하고, 의복과 음식을 지급해서 통영統營에 대기하도록 했는데, 전번 칙사의 일행이 돌아갈 때 압송했다. 이 일을 주문에다 언급한 것은, 왜인이 매번 야소교인들이 한인의 배에 섞여 타고 오는 것을 우려하여 누차 왜관으로 압송해 줄 것을 요청해 왔는데, 이번에 만일 표류해 온 한인을 상국으로 압송한 것을 알게 된다면 교활한 왜인들이 분노하여 변을 일으킬 근심이 없지 않기 때문에 상국에 갖추어 아뢴 것이다. 이는 바로 뜻밖의 근심을 미리 염려하는 것인 동시에 상국에 숨기지 않으려고 한 뜻이니, 어찌 다른 뜻이 있겠는가. 『효종실록』 1년 3월 8일

그러나 청나라 사신들은 한인을 왜관으로 보내야 된다는 내용에 분개하고 있었다. 이 일이 더 커지기를 원치 않았던 조정은 영의정 이경석, 좌의정 조익, 동래부사 노협, 경상감사 이만을 유배 보내는 것으로 이 사건을 종결지었다.

이것이 조선의 북벌 계획과 관련 있다는 사문사건查問事件이다. 이 사건은 원래 조선의 중국 북벌 계획을 사전에 막기 위해서 청나라에서 벌인 것이라고 한다. 청나라 황제의 칙서를 가지고 온 사신들은 표류한 한인들을 왜관에 보내어 후환을 막아야 한다는 일개지방 관리의 장계를 빌미 삼아 조선을 압박하여 신하의 나라로 만들겠다는 의도를 가지고 있었다. 이렇듯 조선 조정은 표류해 온 한인 문제로 청나라와 일본의 눈치를 살펴야만 했다. 좌의정 조익이 올린 사직 상소문은 그때의 분위기를 잘 보여 준다.

주문 가운데 언급한 일본 야소교 무리의 일과 관련된 한 조목에 대해서는 물어보는 것이 더욱 집요해서 이리저리 말을 바꿔 가며 다방면으로 끝까지 힐문했는데, 물어보는 대로 영상이 대답을 하며 계속해명했으나 끝내 그들을 믿게 하지는 못했습니다. 『포저집』浦渚集 제12권 차箚 11수

1667년(현종 8) 6월 23일, 표류해 온 한인 처리 문제로 조선 조정에는 또다시 긴장이 고조되고 있었다. 현종은 이 문제를 어떻게 처리할 것인가를 묻기 위해 희정당에 대신들을 소집했다. 100여 명의 표류인들은 머리를 깎지 않고 청나라에 귀속하지 않은 한인들이었

다. 조정은 17년 전에 표류 한인 문제로 청나라 사신들이 급파되고 영의정과 좌의정을 유배 보내야 했던 사실을 떠올렸다. 그러나 조정은 만주 여진족이 세운 청나라를 인정하지 않고, 멸망한 명나라의 문화를 계승해야 한다는 반청숭명反淸崇明과 중화주의中華主義에 빠져 있었다.

반청숭명의 분위기에서 이 한인들을 청나라에 보내는 것은 명분이 서지 않았다. 또한 청나라로 압송을 시킨다면 너무 가혹한 것 같아서 여러 의견이 분분했다. 청나라로 압송해서 보내는 것이 후환을 사지 않는 방법이라는 주장에 대해 승지 민유중閔維重(1630~1687)은 다른 계책을 내어놓았다.

승지 민유중이 아뢰기를,

"북경으로 이들을 보내는 것은 참으로 못할 일입니다. 듣건대 이들은 일본으로 가고자 한다고 하니, 그 정상이 애처롭습니다. 야소교도耶蘇敎徒라고 하면서 일본으로 들여보내는 것이 혹 가할 듯도 합니다."

하니, 상이 이르기를,

"야소교도에 대한 일을 저들이 만약 듣는다면 반드시 좋아하지 않을 것이다."

하자, 유중이 아뢰기를,

"청나라 사람들은 반드시 문서를 가지고서 우리에게 질책을 가하니, 만약 변읍邊邑에서 주관하여 일본으로 보내고 조정에서 관여하지 않는다면 뒷날 사문査問하는 일이 있더라도 이미 문서가 없으니 무슨 일이 생길 걱정이 있겠습니까. 이들이 머리를 깎지 않았으니, 명나

라 사람이 분명한데, 바로 북경으로 보낸다면 어찌 불쌍하지 않겠습니까." 『현종개수실록』 8년 6월 23일

현종은 한인들을 야소교라고 속여 일본으로 보내면 청나라의 후환이 있을 것을 두려워했다. 판윤 오정일吳挺一(1610~1670)도 거들고 나섰다.

"이 무리들을 지금 압송한다고 해도 저들이 반드시 죽이지는 않을 것입니다."

결국 이날의 회의는 표류 한인들을 북경으로 압송하자는 것으로 결론이 났다. 회의에 참석하지 못해서 뒤늦게 소식을 전해 들은 영의정 홍명하洪命夏(1607~1667)는 다른 신하들 모르게 비밀히 현종에게 상소를 올렸다. 홍명하는 현종에게 만약 한인들을 북경으로 압송한 것을 일본이 알게 되면 어떻게 할 것인가를 물었다.

일본이 만약 듣고 야소교의 무리라는 데 의심을 두어 공갈의 자료로 삼는다면, 어떻게 해명하겠습니까? 이 점을 생각하지 않을 수 없습니다. 『현종개수실록』 8년 6월 27일

인종 즉위년(1623)부터 현종 승하년(1674)까지 51년 동안 약 500여 명의 중국인이 조선에 표류해 왔으며, 1609년에서 1885년까지 천 명이 넘는 일본인이 조선에 표류해 왔다.[13] 중국인들과 일본인들이 조선으로 표류해 올 때, 그 속에는 야소교 신자들이 몸을 숨기고 있었다.

조선에 천주교가 전래되기 150여 년 전부터 임금, 조정 대신, 지방 관리 등이 야소교를 알고 있었던 것은 현해탄을 건너오는 야소교의 영향 때문이었다. 임진왜란과 병자호란을 겪으면서 일본과 청나라의 무력도발을 경험한 조정은 표류해 오는 야소교 신자들로 인해 외교적 딜레마에 빠졌다. 그러는 동안 조선 사회에 야소교라는 말이 회자되면서 이 신앙이 자연스럽게 유입되었고, 동시에 중국에서 들어오는 서학서西學書를 통해서도 야소교가 조선에 알려지고 있었다.

베스트셀러 서학서를 불태워라

17세기 초부터 18세기 말까지 약 200년 동안 조선 지식인들과 민중들은 서학서를 통해 야소교를 만났다. 서학서는 서학이라는 용어와 마찬가지로 서양 문물과 야소 신앙에 관한 책자를 말한다. 중국을 방문한 사신 일행이 가지고 오는 서학서가 조선 사회에 빠른 속도로 보급되었다. 조선 지식인들은 서학서를 탐독하고, 이에 대해 연구를 거듭했다. 안정복은 조선 사회에서의 서학서의 인기를 다음과 같이 말했다.

서학서는 선조 말년부터 이미 우리나라에 들어와서 저명한 벼슬아치나 큰 유학자들이 보지 않은 사람이 없었으나, 이를 보기를 제자諸子나 도가道家 또는 불가佛家의 글 정도로 여겨 서재의 구색으로 갖추었다. 「천학고」

선조 말년은 1608년경이다. 천주교가 창설되기 176년 전부터 서학서가 조선에 유통된 것이다. 한문 서학서를 통해 야소교가 전파되기 시작하면서 조선 민중들은 쉽게 읽을 수 있는 책이 필요했다. 민중들의 요구에 의해 한문 서학서는 한글로 번역되기 시작했다. 서학서의 한글 번역은 야소교를 조선 사회에 저변 확대하는 계기가 되었다. 한글 서학서의 반향은 조선 지식인들이 한문 서학서를 읽는 것보다 더 뜨거웠다.

1788년(정조 12)의 이경명李景溟의 상소를 통해 한글 서학서의 인기를 가늠해 볼 수 있다.

근년에 성상의 전교에 서학서 금지가 엄정하셨으나, 시일이 오래되자 서울에서부터 먼 시골에 이르기까지 돌려가며 읽고, 들키지 않으려고 서로 속이고, 또한 보여 주려고 사람들을 유혹하여 서학서가 이르지 않은 곳이 없게 되었습니다. 비록 지극히 어리석은 농부와 무지한 시골 아낙이라 하더라도 그 책을 언문으로 베껴 신명처럼 받들면서 혹은 일을 그만두고서는 외우고 익혀서, 죽는다 해도 후회하지 않는 데 이르렀습니다. 「정조실록」 12년 8월 2일

한글 서학서가 경향 각지로 퍼져 조선 민중들이 생업을 제쳐 두고 외우기까지 하고 있다는 상소를 읽은 정조는 바로 다음날인 8월 3일 대신들을 소집하여 이에 대한 대책을 강구할 정도였다. 이때는

불국사에서 만난 예수

장령 유하원柳河源이 서학서 금지에 관한 상소를 올려 정조가 서학서 금지를 시행하겠다고 전교를 내린 지 3년이 지난 때였다. 그러나 정조는 교화적인 입장에 서 있었다.

"이경명의 소에서 서학의 폐단을 극력하게 말했는데, 폐단이 과연 어느 정도인가?"

서학은 야소교를 가리켰다. 정조의 질문에 좌의정 이성원李性源(1725~1790)이 대답했다.

"신은 그 학설에 대해서는 잘 모릅니다마는, 종전에 처분한 뒤에도 여전히 그칠 줄을 모른다면 다시 엄금하지 않을 수 없습니다."

우의정 채제공蔡濟恭(1720~1799)은 좌의정 이성원과는 달랐다. 야소교의 교리서인 『천주실의』를 읽어 본 채제공은 그 내용을 자세히 알고 있었기 때문에 야소교 금지가 어렵다고 판단하고 있었다.

서학의 학설이 성행하고 있어서 신이 『천주실의』라는 책을 구해 읽어 보았습니다. 거기에는 천당 지옥에 관한 설이 있어서 시골 백성들이 쉽게 현혹됩니다. 그러나 그것을 금지하는 방법 또한 어렵습니다. 그 책에 "하느님이 내려와서 인간이 된 자가 야소인데, 소경의 눈을 뜨게 하고 절름발이를 걷게 하였다" 하였으니, 이것은 허무맹랑한 말입니다. 『정조실록』 12년 8월 3일

좌의정과 우의정의 대답을 들은 정조는 정학正學을 바로 세우면 야소교는 저절로 사라질 것이라고 생각했다. 정학은 조선 왕조의 근간인 성리학을 말한다. 정조는 조정에서 야소교를 직접 금지하는

것보다는 서울과 지방의 신하들에게 맡겨 단속하라는 전교를 내렸다. 전교를 내린 지 3일째 되는 8월 6일, 정조는 정학을 바로 세우는 것이 서학서를 금지하는 것보다 급선무라는 전교를 다시 내렸다. 야소교는 사학邪學으로 불리고 있었다.

> 정학이 밝아져서 사학이 종식되면 상도를 벗어난 이런 책들을 없애려 하지 않아도 저절로 없어져서 사람들이 그 책을 옛날의 잡담만도 못하게 볼 것이다. ……집에 간직하고 있는 자들로 하여금 물이나 불에 던져 넣도록 하고, 명을 어기는 자는 드러나는 대로 심문해 처리하라. 사대부 중에 한 사람도 오염되는 이가 없으면 화복설禍福說에 흔들린 어리석은 백성들도 스스로 깨닫고서 깨어날 것이니, 조정에서 이 일에 많은 힘을 쓸 필요가 없다. 『정조실록』 12년 8월 6일

정조가 대신들과 서학 유포에 관한 대책을 논의한 이즈음, 야소교는 천주교·서학·사학으로 조선 사회에서 혼용되어 사용되고 있었다. 천주교 박해로 체포된 천주교인을 사학죄인邪學罪人이라고 불렀다. 서학서를 불태우고 금지시켰지만, 야소 신자는 늘어만 갔다. 이런 상황에서 개혁 군주 정조는 야소교와 서학서에 대해 소상하게 알게 되었다.

1791년 11월 8일 이승훈이 서학서를 중국에서 가져와 유포하고 이를 간행했다는 죄명으로 관직을 박탈당할 때, 정조는 "서학서가 우리나라에 전해진 것은 이미 수백 년 전의 일로서 『지봉유설』芝峰類說에 이미 그 학설을 비평한 말이 있는데 홍문관의 장서각에도 들

어 있다"고 할 정도로 야소교와 서학서의 오래된 유래를 잘 알고 있었다. 서학서가 조선 곳곳에 유포되어 조정에서는 이에 대한 대책을 강구하고 있었지만, 왕실의 도서관에도 서학서가 비치되어 있을 정도로 그 인기는 높았다.

서학서가 조선에 보급되는 데에는 청나라에 와 있던 서양 신부들의 전략도 주요했다. 16세기 말부터 서양 신부들은 중국, 만주 지역에 야소교 전파를 위해 서적을 적극 활용했다. 중국에서는 17세기 중반에 한문 서학서가 90권 이상이나 발간되고, 그중 절반 이상은 종교, 고행자, 도덕적 주제를 다루고 있었다.[14] 그 당시 중국에 있던 서양 신부는 책을 통한 교리 전파를 이렇게 적고 있다.

책은 말보다 더 멀리 퍼지며, 우리가 없을 때, 더 나아가서 죽은 후에도 설교용으로 가능하므로 영구적인 방법이다. 이는 중국뿐만 아니라, 통킹·월남·조선 등 한자를 쓰고 이해하는 이웃 나라의 신도를 위해서도 유용한 방법이다.[15]

서학서는 한자를 쓰는 조선의 신도들에게 정말 유용한 것이 되고 있었다. 그러나 야소교가 유학 전통을 허무는 신앙으로 뿌리를 내려 가자 조정에서는 서학서를 금지시키고, 발견되는 즉시 불태워 버리는 정책으로 나아갔다.

17세기 초에서 18세기 말까지 조선에 전래된 한문 서학서는 『천주실의』, 『칠극』, 『교우론』 외에도 120여 종이 넘는다.[16] 이 책들 중에는 서양의 천문과 과학 등을 소개하는 책들도 상당수 있었다.

그러나 『천주실의』, 『칠극』, 『교우론』 등과 같은 야소교 서적은 조선 사회 체제를 허무는 사학으로 간주되어 금서가 되고, 불에 타 버리는 운명에 처하게 되었다.

동서고금을 통해 새로운 사상을 담은 책이 금서가 되고 불에 태워지는 것은 위정자들의 전통적인 탄압 정책이었다. 한문 서학서는 바다 건너 일본에서도 같은 전철을 밟았다. 1711년, 임수간任守幹(1665~1751)이 현재의 일본 도쿄인 에도江戶에 통신사로 갔을 때, 기합대신奇閤大臣인 지쿠고筑後의 수령 원여源璵가 찾아와 필담을 나눈 적이 있었다. 그때 주고받은 필담을 임수간은 『동사일기』東槎日記의 「강관필담」江關筆談에 실었다. 임수간의 붓끝은 마테오 리치 신부를 묻고 있었다.

"들건대 서양 고리국古里國의 이마두란 사람이 여기 와서 문자를 남겨 전해 오는 것이 있다는데, 사실입니까?"

임수간은 한문 서학서를 두루 섭렵하지 않아서 이마두가 어느 나라 사람인지, 그가 일본에도 갔는지 잘 모르고 있었다. 그러나 이마두라는 이름은 들어본 적이 있어서, 그의 행적과 책에 관해 궁금하여 원여에게 물어보았다. 천주교가 창설되기 73년 전의 일이다. 원여가 대답했다.

"『교우론』이라는 논문 한 편이 있었을 뿐입니다만, 우리나라에서는 천주법天主法에 관한 문자를 엄금하기 때문에 모두 불구덩이에 넣어 버렸고, 이른바 『교우론』은 《백천학해》百川學海라든가, 《설부》說郛와 같은 서적에 실려 있는 것이 바로 그것입니다."

원여는 일본 막부의 야소교 탄압으로 인해 한문 서학서가 모두

『성경직해』聖經直解 한글 번역본　1892~1897년 사이에 간행된 목활자본(상)과 1866년에 필사된 것으로 전해지는 한글 흘림체본(하) (오륜대 한국순교자기념관 소장)

불타 버리고 『교우론』만 전해지고 있다고 말했다. 《백천학해》는 송宋나라 때, 《설부》는 명明나라 때의 책인데, 여러 사람의 책을 모아 놓은 일종의 전집이다. 일본에 전해진 한문 서학서도 금서가 되고 태워지고 말았다. 한문 서학서는 조선에서도 일본에서도 금기의 대상이었다.

　서학서는 17세기 초에는 중국을 통해 전해졌으나, 18세기 이후부터는 조선에서 인쇄되거나 필사되면서 퍼져 나갔다. 1801년 신유박해 때, 천주교인 14명의 집에서만 압수하여 소각한 서학서가 모두 120종 111권 199책이었다고 한다. 소각된 서학서 중에 한글 서학서는 83종 11권 128책이었으며, 한문 서학서는 37종 66권 71책이었다. 책들의 종류는 성서, 전례서, 기도서, 묵상서, 교리서 등으로 다양했다.[17] 이런 탄압에도 불구하고 서학서는 조선의 지식인들과 민중들 사이에서 탐독되었고, 200여 년 동안 베스트셀러가 되었다.

조선 지식인들에게 가장 인기 있었던 베스트셀러 한문 서학서는 무엇이었으며, 언제부터 조선에 소개되었을까? 한문 서학서를 통해 조선 지식인들은 무엇을 배웠을까?

한문 서학서 중 대표적 베스트셀러는 『천주실의』였다. 정조의 말처럼, 『천주실의』는 이수광李睟光(1563~1628)의 저서 『지봉유설』을 통해 1600년대에 이미 조선에 소개되었다.

이수광은 세 차례나 중국에 사신으로 갔다 왔으며, 그때 보고 들은 외국과 서양 문물을 집대성하여 소개한 것이 조선 최초의 백과사전인 『지봉유설』이다. 『천주실의』는 마테오 리치 신부가 북경에서 1603년에 간행한 것으로, 야소교에 대해 중국 선비가 묻고 서양 선비가 알기 쉽게 대답하는 대화체 형식의 책이다. 『천주실의』의 라틴어 제목이 '하느님에 대한 진실된 토론'이라고 한 데서 알수 있듯이, 이 책은 하느님과 야소교에 관한 교리서였다.

이익은 『천주실의』와 같은 책을 보면 그 도道가 우리 유교와는 반드시 합치되지는 않지만, 그 도에 나아가 그것의 도달한 바를 논한다면 마테오 리치 신부는 성인이라고 말했다. 그 정도로 마테오 리치는 조선 지식인들에게는 저명한 인사였다.[18] 박지원은 북경으로 가자마자 마테오 리치 신부의 묘소로 달려갔다. 그때 박지원이 본 마테오 리치 신부의 비석에는 그의 약력이 이렇게 적혀 있었다.

1 2　1. 마테오 리치 초상　2.『천주실의』영인본 (오륜대 한국순교자기념관 소장)
3　3. 북경에 있는 마테오 리치의 무덤

이利 선생의 이름은 마두瑪竇이다. 태서泰西 대서양 의대리아意大里亞 (이태리) 나라의 사람으로 어려서부터 정성껏 수양하고 몸가짐을 잘 했다. 명나라 만력 신사년(1581)에 처음으로 중국에 들어와 포교를 했고, 만력 경자년(1600)에 북경에 들어왔으며, 만력 경술년(1610)에 죽었다. 향년 59세이고 야소회에 들어간 지 42년째이다. 『열하일기』 「앙엽기」 '마테오 리치의 무덤'

마테오 리치가 북경에 있을 1606년 당시, 이수광은 사신으로 북경에 갔고, 마테오 리치 신부가 죽고 난 1년 후인 1611년에 또 한 차례 북경을 다녀왔다. 이수광의 글에 마테오 리치 신부를 만났다는 내용이 없는 것으로 보아, 그는 마테오 리치 신부를 만나지 않았을 것으로 짐작된다. 그러나 이수광은 1614년에 간행된『지봉유설』에 마테오 리치 신부의 저서인『천주실의』와『교우론』에 대해 기록했다.『천주실의』가 간행된 지 11년 만에『지봉유설』에 소개된 것은 그 당시로 보면 상당히 빠른 것이다. 이수광은『지봉유설』에서 '천주'와 '교황'을 조선에 소개했다. 천주교가 조선에 창설되기 꼭 170년 전의 일이었다.

인성은 본래 선하다는 것과, 천주를 존경해 받드는 뜻을 논하고 있다. 그 풍속에는 임금을 교화황敎化皇이라고 일컬으며, 혼인하는 일이 없기 때문에 교황의 지위를 계승하는 아들은 없고, 어진 이를 선택하여 세운다. 『지봉유설』권2 제국부諸國部 '외국'外國

불국사에서 만난 예수

이수광은 또한 1595년에 간행된 마테오 리치 신부의 『교우론』을 간략하게 설명하고 있다.

『중우론』重友論을 저술했다. 초굉焦竑이 말하기를, "서역 사람인 이마두 군이, '벗은 제2의 나'라고 하였는데, 이 말은 매우 기묘하다"고 하였다. '외국'

『중우론』이란 『교우론』을 말한다. 『교우론』은 벗은 나의 반쪽이며 제2의 나이니 곧 벗을 자기와 같이 생각하며, 벗과 나는 비록 두 몸이나 그 마음은 하나라는 내용으로 되어 있다. 이수광이 소개한 『천주실의』와 『교우론』은 유학에 빠져 있던 조선 지식인들에게는 처음 들어보는 새로운 신앙이었다.

이수광은 1624년 광해군을 몰아내고 능양군綾陽君을 인조仁祖로 옹립할 때, 논공행상에 불만을 품고 모반을 일으켰던 이괄李适의 난을 수습하기 위해 인조에게 12조의 만언소萬言疏를 올렸다. 만언소의 핵심은 '바른 마음으로 하느님을 공경하는 것'正心敬天과 여러 가지 개혁 조치를 임금에게 권하는 것이었다.[19] 이수광의 정심경천正心敬天은 『천주실의』의 '애천주'愛天主(천주 사랑)라는 말과 너무 흡사하여, 이수광이 야소교 신앙을 어느 정도 수용하지 않았을까 하는 의문이 들 정도다. 그런 이수광은 경천 사상을 설명하는 것을 빼놓지 않았다.

모든 사람의 마음은 곧 하늘이다. 하나의 착한 생각은 상서로운 별이며, 경사스러운 구름이다. 하나의 악한 생각은 모진 바람이며 사나운 비인 것이다. 『지봉유설』권5 유도부儒道部 '심학'心學

이수광 다음으로 『천주실의』를 소개한 조선 지식인은 유몽인柳夢寅(1559~1623)이다. 이수광과 유몽인은 허균許均(1569~1618) 등과 함께 창덕궁 뒤쪽에 있는 침류대에 모여서 시문詩文을 주고받아 침류대학사枕流臺學士라고 불렸다. 유몽인은 이수광의 절친한 친구였으며, 허균은 이수광의 아랫동서였다. 유몽인의 『어우야담』於于野譚은 야사를 묶은 것으로 1621년에 간행되었다. 『어우야담』은 『지봉유설』보다 더 상세하게 『천주실의』에 대해 기술하고 있다.

만력 연간에 이마두라는 자가 있었는데, 구라파에서 태어나 8만 리를 두루 다니다가 남쪽 오문澳門(마카오)에서 10여 년을 머물렀다. 능히 천금의 재산을 모았는데 모두 다 버리고 중국에 들어가 여러 서적과 성현의 글을 두루 보고 계묘년(1603, 선조 36)에 책을 저술하였는데, 상하권 8편으로 이루어졌다. 첫 편에서는 천주天主가 처음으로 천지를 창조하고 주재하며 편안하게 길러 주는 도를 논했고, 제2편에서는 세상 사람들이 천주를 잘못 알고 있음을 논했다. 제3편에서는 사람의 영혼은 불멸하기 때문에 금수와는 크게 다르다는 점을 논했고, 제4편에서는 귀신과 인간의 영혼, 천하 만물을 일체라고 할 수 없는 것에 대해 논했고, 제5편에서는 육도六道의 세계를 윤회한다는 설의 그릇됨을 논변했다. ……제목을 '천주실의'라고 하였는데, 천주는 상제를 말하고 '실'實이란 텅 비지 않은 것이니, 노장과 불교의 '공'空과 '무'無를 배척한 것이다. 그 끝 편에 다음과 같이 적혀 있다. 한漢나라 애제哀帝 원수元壽 2년(기원전 1) 동지冬至 후 3일에 그 나라의 동정녀童貞女에게 강림하여, 혼인하지도 않았는데 잉태해 남아를 낳으니 이름을 '야소'라고 했다. 야소란 것은 세상을 구원한다는 뜻인데, 그가 스스로 종교를 세웠다. 『어우야담』 '구라파의 천주교와 이마두의 『천주실의』'[20]

이수광과 유몽인은 그들의 책에서 조선에 야소교를 제일 처음 소개한 사람은 허균이라고 했다. 허균은 광해군 2년(1610) 명나라에 사신으로 갔을 때, '게偈 12장'이라는 야소교 기도문을 가지고 왔다고 한다. 그러나 이러한 사실은 '게 12장'에 대한 정확한 기록이 없어 의문으로 남아 있다.

전에 평행장平行長이 이 도道를 존숭했다고 하는데, 유독 우리나라에는 알려지지 않았다. 허균이 중국에 이르러 그 지도와 게偈 12장을 얻어 왔다. 그 말이 매우 이치가 있으나 천당과 지옥이 있다고 하며, 혼인하지 않는 것을 옳다고 여기니 어찌 그릇된 도道를 끼고 세상을 미혹되게 하는 죄를 면할 수 있으리오? '구라파의 천주교와 이마두의 『천주실의』'

허균은 명나라에 세 차례나 사신으로 다녀오면서 천여 권의 서적을 구입하기도 했다. 서얼, 서민, 천민 등에 애정을 갖고 평등 사상을 외치며 이상향을 꿈꾸던 허균이라면 사신 행차에서 야소교를 접하고 이를 충분히 소개했을 것으로 여겨진다.

유몽인은 이 땅에 천주교가 정식 창설되기 163년 전에 이미 하느님의 천지창조설, 동정녀 마리아, 예수의 출생에 대해서 『천주실의』를 인용해 정확하게 밝혔다. 이수광과 유몽인의 책에 소개된 『천주실의』는 18세기 중엽부터는 박지원, 이덕무 등의 북학파와 이익, 안정복 등의 성호학파에 의해서 더욱 자세히 그 내용이 알려졌다. 이렇게 한문 서학서가 조선 사회에 뿌리를 내린 배경에는 2세기 동안 조선 지식인들의 야소교에 대한 관심과 연구가 있었던 것이다.

이익은 『성호사설』에서 그 이전의 어떤 책보다 『천주실의』를 더 풍부하게 다루었다. 이익은 『천주실의』의 발문跋文까지 썼는데, 그는 발문에서 청나라에 온 천주교 예수회Society of Jesus 소속 신부인 마테오 리치와 그의 동료들을 간단히 소개하고, 『천주실의』를 논평했다. 이익은 하느님, 동정녀를 통한 예수의 탄생과 부활, 『천주경』(『성경』), 사랑, 천당지옥설 등에 대해 논했다. 이익은 구세주 야소가 이 땅에 온 이유를 이렇게 이해하고 있었다.

순박함이 점차 흩어지고 성현들의 교화가 멀어지니 욕망을 좇는 일이 나날이 많아졌고 도리에 순응하는 일은 점차 적어지게 되었다. 이에 천주가 크게 자비를 베풀어 직접 세상을 구원하기 위해 내려와서, 동정녀를 어머니로 택하고 교접 없이 모태를 빌어 유태 나라에서 태어났으니, 이름을 야소라 하였다. 『성호선생전집』 제55권 제발題跋 「발천주실의」跋天主實義

이익은 『성경』이 중국의 『시경』詩經과 『서경』書經에서 말하는 것과 비슷하다고 주장하고, 천당지옥설에 관해서는 서양 신부들의 어리석음을 한탄하면서 발문을 끝맺었다.

저 서양의 학자들이 궁구하지 못할 도리가 없고 통달하지 못할 어둑한 곳이 없으나 아교와 칠의 단지에서 벗어나지 못하다니, 애석하도다! 「발천주실의」

이익이 말하는 아교와 칠은 천당 지옥이란 허망한 믿음에 대한 애착을 뜻한다. 이익은 『성호사설』에서 또한 정두원鄭斗源(1581~?)이 1631년에 북경에서 만났던 육약한陸若漢(Jean Rodriges, 1561~1633)과 방적아龐廸我(Diadace de Pantoja, 1571~1618)의 『칠극』에 대해서도 언급했다. 육약한은 17세기 초 일본과 청나라에서 선교 활동을 하다가 중국의 광동에서 운명했다. 『칠극』은 『천주실의』와 함께 조선 지식인들에게 가장 많은 영향을 준 한문 서학서였다. 이 책은 야소교의 수양관과 도덕적 인간관을 제시하여 유교적 도덕관을 추구하던 조선 지식인들에게 많은 인기를 누렸다.

벗은 제2의 나

천주교가 조선에 전래되기 전부터 조선 지식인들은 서학서를 통해 야소교 신앙을 받아들이고 있었다. 그러면 그들은 야소교 신앙을 어떻게 실행으로 옮겼을까? 성호좌파 지식인들은 야소교를 신앙으로 믿으면서 조선 사회에 큰 파장을 불러왔지만, 북경을 다녀와 서양 문물과 야소교를 두루 섭렵한 북학파는 야소교에 상당히 부정적이었다. 그러나 야소교는 북학파의 빗장도 살며시 걷어 올렸다. 야소교 교리서인 『교우론』은 북학파의 마음을 가랑비에 옷 젖는 줄 모르게 적시고 있었다.

마테오 리치 신부는 『교우론』을 중국의 광동 지역인 남창南昌에서 1595년에 발간했다. 이 책은 서양의 잠언이나 경구를 100항목으로 나누어 2천여 자의 한자로 쓴 것이다. 『교우론』의 제1항은 "나의 벗은 타인이 아니라 바로 나의 반쪽이니, 바로 제2의 나라고 할 수 있다. 그러므로 마땅히 벗을 자기처럼 여겨야 한다"로 시작된다. 제2항은 "벗과 나는 두 몸이지만, 두 몸 안의 그 마음은 하나일 따름이다"라고 하여 벗의 마음을 중요시했다.

『교우론』이 이수광의 『지봉유설』을 통해 조선 지식인들에게 알려진 것은 천주교가 창설되기 170년 전의 일이었다. 이수광은 『교우론』에 나오는 '벗은 제2의 나'라는 말을 참으로 기이하다고 했다. 이 말은 북학파인 홍대용, 박지원, 이덕무, 박제가, 유득공柳得恭(1748~1807)의 마음을 열어, 조선 사회에 파격적인 벗 사귐을 만들어 갔다. 그들의 사귐은 『교우론』에 있는 '벗은 제2의 나'라는 기이한 말을 통해 신분과 문화와 국경을 초월한 수평적 인간관을 낳고 있었다. 북학파는 야소교 교리서인 『교우론』의 핵심을 실행으로 옮기고 있었던 것이다.

박지원은 홍대용의 부탁을 받고 청나라 문인 곽집환郭執桓의 시문집인『회성원집』繪聲園集의 발문跋文으로 한 편의 '교우론'을 쓴 바 있다. 홍대용이 1766년 북경에서 돌아오는 길에 등사민鄧師閔이라는 청나라 문인을 만나 귀국 후에도 서신을 교환하며 친분을 맺고 있었다. 어느 날 등사민은 홍대용에게 그의 친구인 곽집환의 시 문집에 조선 명사들의 서문을 부탁하는 편지를 보내왔다. 편지와 문집을 받아 본 홍대용은 글재주 뛰어난 박지원을 주선하고, 박제가, 이덕무, 유득공에게는 곽집환의 문집을 보고 시를 지어 보라고 권하였다.

벗인 홍대용의 부탁에 박지원은 흔쾌히 발문을 썼다. 연암의 글은 벗에 관한 한 편의 평론이 되었다. 이 발문은『교우론』과 영락없는 판박이였다. 글은 이렇게 시작된다.

옛날에 붕우朋友를 말하는 사람들은 붕우를 '제2의 나'라 일컫기도 했고, '주선인'周旋人이라 일컫기도 했다. 이 때문에 한자를 만드는 자가 날개 우羽 자를 빌려 벗 붕朋 자를 만들었고, 손 수手 자와 또 우又 자를 합쳐서 벗 우友 자를 만들었으니, 붕우란 마치 새에게 두 날개가 있고 사람에게 두 손이 있는 것과 같음을 말한 것이다.『연암집』
제3권 공작관문고「회성원집 발문」

박지원은 붕우의 한자 의미가 새의 좌우 날개와 사람의 좌우 손과 같이 없으면 안 될 소중한 것이며, 벗 또한 서로에게 없으면 안 되는 귀중한 존재라고 썼다. '주선인'은 늘 따라다니면서 도움을 주는 사람으로, 고대 중국에서는 벗을 가리키는 말이었다. 박지원의

'붕우는 제2의 나'는 마테오 리치의 『교우론』에서 '벗은 나의 반쪽이니 바로 제2의 나'라고 한 말과 너무나도 유사하다. 마테오 리치는 그의 책에서 붕우를 이렇게 보았다.

> 상제께서 사람에게 두 눈과 두 귀, 두 손과 두 발을 준 것은 두 친구가 서로 돕도록 하고자 함이니 그래야 비로소 일이 이루어지기 때문이다. 우友라는 글자는 옛날에 쌍双이라고 했으니 이는 양손이다. 있어야만 되고 없어서는 안 된다. 또한 붕朋이라는 글자는 옛날에 우羽라 했으니 이는 곧 두 개의 날개로, 새는 이를 갖추어야 비로소 날 수 있다. 옛 현자가 친구를 보는 것이 어찌 이러하지 않겠는가. 『교우론』[21]

마테오 리치 신부는 예수의 '서로 사랑하라'는 이유를 중국 문화에 쉽게 적용시키기 위해 한자인 '우'와 '붕우'의 유래에서 찾고 있었다. 박지원은 『회성원집』의 발문에서 하느님을 칭하는 상제를 빼는 대신, 서로 돕는 벗이라는 '주선인'을 넣었다. 박지원은 또한 '서로 사랑하라'는 말이 현재 명령인 것처럼, 벗을 돕고 사랑하는 것도 현재에서 이루어져야 함을 잊지 않았다. 그의 '교우론'은 이렇게 이어진다.

> 그런데도 "천고千古의 옛사람을 벗 삼는다"尙友千古고 주장하는 사람들이 있으니, 너무도 답답한 말이다. 천고의 옛사람은 이미 휘날리는 먼지와 싸늘한 바람으로 변해 버렸으니, 그 누가 장차 '제2의 나'가 될 것이며, 누가 나를 위해 주선인이 되겠는가. ……벗이란 반드

불국사에서 만난 예수

시 지금 이 세상에서 구해야 할 것이 분명하다. 「회성원집 발문」

　박지원은 발문을 마무리하면서, 이역만리 떨어져 있어서 만나 본 적도 없고 얼굴도 모르는 곽집환을 천고의 옛사람이 아닌 당대의 벗으로 삼겠다고 다짐했다. 비록 홍대용의 주선으로 일면식도 없는 청나라 문인에게 발문을 써 주었지만, 박지원은 그것에 머무르지 않았다. 그는 자신이 말한 당대의 벗을 찾아야 한다는 말에 책임을 다하려고 이를 곧 실행에 옮겼다.

　1780년 박지원이 북경에 갔을 때, 비록 얼굴은 모르지만 그와 나이도 같고, 생각도 비슷한 곽집환을 찾아 나섰다. 찾고 찾았지만 박지원은 그를 만날 수 없었다. 그가 죽은 지 이미 6년이라는 세월이 흘렀기 때문이었다. 박지원은 곽집환의 자취만이라도 느끼려고 '교우론'을 발문으로 써 준 『회성원집』을 구하기 위해 백방으로 노력했다. 박지원은 끝내 그 책도 얻지 못하고 조선으로 돌아와야만 했다.

　홍대용도 『회성원집』의 발문에 얼굴을 모르는 곽집환에게 이미 마음이 통했으니 서로 벗으로 삼고, 벗으로 삼으면 서로 사랑하고 중히 여기자고 썼다.(《담헌서》 내집3권 「회성원시발」繪聲園詩跋) 박지원과 홍대용의 '교우론'은 나라와 문화와 신분을 초월한 벗 사랑에서 매화꽃처럼 피어났다. 예수의 '서로 사랑하라'가 그들에게서 이루어지고 있었다.

　박지원과 홍대용의 교우론은 삼강오륜三綱五倫의 수직적 봉건 사회를 수평적으로 만드는 것이었다.[22] 삼강은 신하와 임금, 아들과 아버지, 아내와 남편 간의 수직적 관계를 의미한다. 신하와 아들과 아내는 임금과 아버지와 남편을 섬겨야 하는 것이 조선 사회의 근본이었다. 오륜 또한 아버지와 아들, 임금과 신하, 남편과 아내, 어른과 아이의 수직적 관계를 먼저 강조하는 봉건 사회의 윤리관이었다. 수평적 관계인 붕우朋友는 오륜의 제일 마지막 항목이었다. 봉건 수직 사회에서 붕우라는 수평적 관계는 부차적인 것이었다. 이런 상황에서 박지원과 홍대용의 국경과 신분을 초월한 벗 사랑은 수직적 윤리관에 젖어 있던 조선 사회에서는 낯선 문화였다.

박지원은 양반 중심 사회에서 영원한 천덕꾸러기인 서얼 철폐를 외쳤다. 「허생전」과 「양반전」에서 양반들의 몰락상을 철저히 비판한 박지원은 아버지를 아버지라고 부르지 못하고, 형을 형이라고 부르지 못하는 서얼들의 차별과 아픔을 너무나도 잘 알았다. 박지원은 자신보다 4살 어린 이덕무와 벗으로 통했으며, 열두세 살 아래인 제자 박제가, 유득공과도 허물없이 지냈다. 이덕무, 박제가, 유득공은 모두 서얼 출신이었다. 박제가는 이때의 허물없는 사귐을 기리면서 서로 주고받았던 시와 편지를 모아 『백탑청연집』白塔淸緣集을 남겼다.

백탑은 흰 대리석 탑으로 탑골공원에 있는 원각사 터 10층 석탑을 말하는 것이며, 그곳에 박지원과 이덕무가 살고 있었다. 박제가는 장가들던 날, 스승 박지원의 탑골 집 사립문을 열고 들어가 그에게 절을 하고 나와서 신방으로 들어갔다.[23] 박지원의 인사동 탑골 집에는 이들 서얼 출신 선비들과 중인들이 끊임없이 드나들었다. 그래서 북학파를 백탑시파白塔詩派라고 부르기도 한다. 북학파의 이러한 벗 사랑은 조선 양반들에게는 눈엣가시였다.

예수도 유대에서는 지배계급의 눈엣가시였다. 예수는 자신을 낮추고 비워서 죽기까지 복종하면서, 가난하고 굶주리고 병든 자들의 벗이 되었다. 세상을 구제하는 왕인 예수가 어부, 창기, 문둥이, 세리, 거지, 죄인, 과부, 어린아이들을 벗으로 섬긴다는 것은 로마 지배계층에서 볼 때는 이단이었다. 예수는 피라미드형의 수직적 신분 관계를 거꾸로 세워서 역삼각형의 수평적 세상을 펼치려고 했다. 그래서 사람들은 그에게 돌을 던지고, 침을 뱉었다. 그는 유대의 달동네와 변두리로 달려가서 약한 자들과 함께 먹고 마시며 그들의 벗을 자처했다.

예수는 "친구는 사랑이 끊어지지 아니하고 형제는 위급한 때를 위하여 났다"(「잠언」 17:17)는 말을 손수 행했다. 그는 나사로가 죽었다는 말을 듣고 눈물을 흘리면서, 나사로를 우리 친구라고 불렀다. 예수를 은 삼십에 팔아 버린 제자 가룟 유다가 로마 군병들에게 그를 넘기려고 할 때조차도, 그는 배신자를 "친구여"라고 부르며 "네가 하고자 하는 것을 행하라"고 말했다. 그는 십자가의 어두운 그림자가 덮쳐 올 때, 제자들에게 "내가 너희를 사랑한 것같이 너희도 서로 사랑하라"고 말하면서, "친구를 위하여 자기 목숨을 버리면 이보다 더 큰 사랑이 없나니"라고 하였다.(「요한복음」 15:12~13) 그리고 그는 이 명령을 행하는 자야말로 나의 벗이라고 강조했다.

예수의 '서로 사랑하라'를 박지원과 홍대용은 '벗은 제2의 나'라는 벗 사랑으로 풀었다. 오른손이나 왼손 중 어느 하나가 없으면 불구가 되는 것처럼, 사랑이 없으면 벗은 그저 타인이 된다. 양반 가문 출신인 홍대용도, 박지원도 참된 '교우론'을 알았기에 서러움

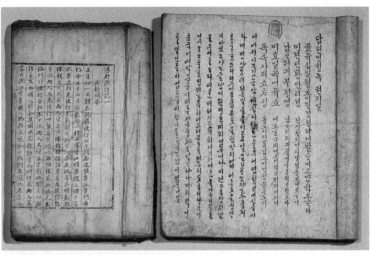

1. 한문본 『담헌연기』와 한글본 『을병연행록』 2. 청나라 화가 나감羅龕이 그린 엄성의 초상화
3. 『일하제금합집』에 실린 홍대용의 초상화

받는 서얼 출신 이덕무, 박제가, 유득공과 함께 제2의 나로 지냈다.

홍대용의 연행기燕行記는 한문본과 한글본 두 종류가 있다. 홍대용은 중국에서 본 여러 가지 문물과 또 다른 세상에 대한 이야기를 어머니에게 들려드리기 위해 한글본을 썼다고 하였다. 한글본 연행기는 한문본보다 더욱 풍부한 내용을 담아 날짜별로 일일이 기록되었고, 우아한 궁서체로 썼다. 이렇게 공들여 한글본 연행기를 쓴 것은 어쩌면 어머니를 위시하여 한문을 모르는 조선 민중들에게도 북경의 문물을 알리기 위해서일지 모른다. 북학파의 수평적 인간관계가 여성 평등과 노비 철폐로는 나아가지 못했지만, 그 당시 조선 사회의 풍토에서는 충격이었다. 북학파의 파격에는 '벗은 제2의 나'라는 사고가 자리 잡고 있었다. 북학파는 비록 야소교를 신앙으로 믿지는 않았지만, 예수의 '서로 사랑하라'는 말을 봉건 조선 사회에서 온몸으로 보여 주었다. 마테오 리치가 북학파의 참된 벗 사랑을 보았다면 감탄의 눈물을 흘리지 않았을까. 그래서 양반 친구인 홍대용과 박지원의 사랑을 받은 서얼 출신 이덕무는 제2의 나를 위해 자기 몸을 바치면서까지 벗이 되리라고 당당하게 외쳤다.

만약 내가 지기知己를 얻는다면 이렇게 하겠다.
10년 동안 뽕나무를 심고 1년 동안 누에를 길러 내 직접 오색실을 물들인다. 10일에 한 가지 빛깔을 물들인다면 50일이 되면 다섯 가지 빛깔은 물들일 수 있을 것인바, 따뜻한 봄이 되면 물들인 오색실을 햇볕에 말린 후 내 아내에게 훌륭한 바늘을 가지고 내 벗의 얼굴을 수놓게 하고선 거기에 기이한 비단 장식을 하고 좋은 옥으로 축軸

을 하여 두루마리를 만들어 둘 테다. 이것을 높은 산, 맑은 물이 흐르는 곳에 펼쳐 두고선 말없이 바라보다가 저물녘이 되면 돌아오리라. 『청장관전서』「선귤당농소」[24]

북학파의 벗 사랑은 조선에만 국한되지 않았다. 그들의 벗 사랑은 압록강을 건너 중국 지식인들에게로 퍼져 나갔다. 국경을 넘은 벗 사랑은 북학파 중에서 제일 먼저 북경을 다녀온 홍대용에게서 시작되었다. 중국 문인 엄성嚴誠(1732~1767)의 『일하제금합집』日下題襟合集에는 홍대용과 조선 사신 5명의 인물화가 그려져 있다. 1766년 홍대용이 사신 일행으로 북경에 체류하고 있을 때, 그는 중국 항주 출신 엄성, 반정균, 육비 세 사람을 우연히 만나 우애友愛를 나누었다.

그때 홍대용이 그들과 무릎을 맞대고 학문과 예술을 논하면서 남긴 글이 『간정동필담』乾淨衕筆談이다. 간정동은 그들이 만나 벗 사랑을 활짝 피운 장소였다. 홍대용은 그들 3인 중 엄성을 더욱 좋아하여 헤어질 때 의형제를 맺었다. 그러나 홍대용과 엄성의 만남은 지속될 수 없었다. 하늘 끝 저 멀리 떨어져 있어서 그런 것이 아니었다. 그들이 헤어지고 채 1년이 되지 않아 엄성이 급사함으로써 영원한 별리別離가 되고 말았다.

엄성은 죽기 전에 홍대용과 주고받은 필담을 정리하여 문집을 만들고 있었다. 이 문집이 1999년 베이징대학교 도서관 서고에서 햇빛을 보게 된 『일하제금합집』이다.[25] 일하日下는 청나라 수도 연경인 북경을 뜻하며, 제금題襟은 마음속 생각과 회포를 표현하는 의미이다.

홍대용은 엄성이 죽은 지 9년이 지나서야 그의 유고집이 되어 버린 『일하제금합집』과 초상화를 받아 볼 수 있었다. 유고집과 초상화가 9년이라는 세월을 흘러서 전달된 것에는 기구한 사연이 있었다. 이덕무가 북경 사신 행차에서 귀국 길에 오를 때, 홍대용의 중국 친구인 손유의가 엄성의 유고집과 초상화를 염점鹽店에 맡겨 둔 것을 이덕무가 우연히 찾아오게 되었다.

홍대용은 유고집을 읽고 나서 엄성의 형 구봉에게 편지를 썼다. 한지 위에 써 내려간 붓글씨는 떨어지는 눈물로 범벅이 되고 있었다. 엄성의 임종 순간이 유고집에 펼쳐져 있었기 때문이다. 엄성은 임종 직전에 홍대용의 편지를 읽어 주는 소리를 듣고 홍대용이 보내 준 먹 향기를 맡으며 그 먹을 가슴에 품고 눈을 감았다. 엄성의 마지막 순간이 9년 후에야 필름처럼 홍대용의 머리를 스쳐 지나갔다. 그래서 홍대용은 창자가 끊어지고 눈물이 쏟아진다는 비애의 편지를 엄성의 형에게 부쳤던 것이다. 그 편지를 쓰고 난 몇 년 후, 홍대용은 그토록 그리워하던 엄성의 곁으로 갔다.

박지원은 홍대용과 엄성의 벗 사랑을 옆에서 감탄하며 지켜보았다. 홍대용이 북경에서 돌아와 그곳에서 사귄 엄성, 육비, 반정균과 필담한 것을 세 권의 책으로 만들어 박지원에게 보여 주고, 서문을 써 달라고 부탁했다. 이 책이 홍대용의 문집 《담헌서》湛軒書에 수록된 『항전척독』杭傳尺牘인데, 이 책에는 연행을 다녀온 후 중국인 벗들에게 보낸 편지와 『간정동필담』이 실려 있다. 엄성의 『일하제금합집』이 새의 오른 날개라면, 홍대용의 『간정동필담』은 새의 왼쪽 날개였다. 엄성은 제2의 홍대용이었으며, 홍대용은 제2의 엄성이었다. 그들은 한 쌍의 숭고한 벗이었다.

박지원이 볼 때, 홍대용과 엄성의 국경을 넘고 이승과 저승을 넘은 벗 사랑은 너무나 애틋하고 숭고한 것이었다. '벗은 제2의 나'라는 말이 홍대용과 엄성을 통해 살아나고 있었다. 홍대용의 관 옆에서 박지원도 제2의 나를 먼저 보내는 비통한 마음을 주체할 수 없었다. 박지원은 『일하제금합집』을 전해 주었던 홍대용의 중국 친구 손유의에게 부고를 쓴 후, 홍대용이 남긴 엄성의 서화, 편지, 시문詩文들을 관 옆에 펼쳐 놓고, 관을 어루만지면서 통곡했다. 박지원은 정성을 다해 제2의 나인 홍대용을 손수 염하고, 눈물로 그를 보냈다.

> 아! 그는 세상에 살아 있을 때에도 이미 비범하기가 마치 옛날의 특이한 사적 같았다. 벗으로서 지성至性을 지닌 이라면 반드시 그 일을 널리 전파하여 비단 이름이 양자강 남쪽 지방에 두루 알려질 뿐만이 아닐 터이니, 구태여 내가 그의 묘지墓誌를 짓지 않더라도 덕보의 이름을 불후不朽하게 할 것이다. 『연암집』 제2권 연상각선본 「홍덕보 묘지명」

박지원은 자신이 굳이 조사를 남겨 세상에 알리지 않아도, 홍대용의 벗 사랑은 지성이어서 그 이름은 엄성이 묻힌 양자강 남쪽 이역만리에서도 영원히 사라지지 않을 것이라고 썼다. 박지원의 조사처럼 홍대용과 엄성의 우정은 조선 지식인들에게 하나의 표상이 되었다.

이덕무는 홍대용과 엄성의 서간과 필담첩을 보면 때때로 감정을 격발하여 눈물을 흘리게 한다며, 그때의 편지 및 시문을 간추려

불국사에서 만난 예수

벗의 우의友誼에 대해 야박한 자들에게 경계로 삼기 위해 『천애지기서』天涯知己書를 남긴다고 했다. 『천애지기서』는 이덕무의 문집 《청장관전서》에 수록되어 있다. 천애지기란 까마득하게 멀리 떨어져 있는 벗을 말한다. 박제가는 서상수徐常修에게 보낸 편지에서 『천애지기서』를 본 소감을 이렇게 적고 있다. 아래 인용글에서 『회우기』會友記는 바로 『천애지기서』를 말한다.

『회우기』를 보내드립니다. 제가 평소 중원을 무척 사모하지 않은 것은 아니지만, 이 글을 보고 나니 다시금 갑자기 미칠 것만 같았습니다. 밥상을 두고도 수저 드는 일을 잊어버리고 세숫대야 앞에서도 씻는 것을 잊을 정도입니다. (⋯) 저와 혜보 유득공 같은 사람은 천성이 중원을 좋아하고 그 행동거지 또한 은연중 그들과 합치되는 바가 있습니다. 이걸 누가 가르쳐 주고 누가 전해 준 것이겠습니까? 만약 저희들이 힘써 노력하고 배워서 그리되었다고 여긴다면 진실로 우리를 아는 사람이겠습니까? 아아! 우리나라는 300년 동안 중국과 사신을 왕래하며 만났지만 한 사람의 명사도 만나보지 못하고 돌아왔을 뿐입니다. 이제 담헌 홍대용 선생께서 하루아침에 천애지기를 맺어 그 풍류와 문묵이 아름답게 빛나고 있습니다. 사귄 사람들은 모두 다 지난날 책 속에서 본 인물들이요, 주고받은 말들은 모두 하나하나 우리들의 가슴과 머릿속에 박혀 있던 것들입니다. 저들이 비록 천 리 밖 우리들을 알지 못한다고 해서 우리가 어찌 저들을 아끼고 사랑하며 감격하여 울면서 의기투합하지 않을 수 있겠습니까? 「정유각집」「관헌 서상수에게 주다」[26]

홍대용과 엄성의 국경을 넘고, 이승과 저승을 오고 간 우애는 이렇게 막을 내렸다. 그들의 우정은 박지원, 이덕무, 박제가, 유득공에 의해 조선 사회에 벗은 제2의 나라는 열린 인간관을 열어젖혔다. 마테오 리치 신부의 『교우론』이 동양과 서양의 벗 사귐을 조화시켰다면, 북학파는 중국과 조선 지식인들의 만남을 제2의 나로 성화시켰다. 조선에 성당과 교회가 없어도, 서양 신부와 선교사가 살지 않아도, 예수의 서로 사랑하라는 말은 북학파에 의해서 새롭게 태어나고 있었다.

서학의 본산 북경 천주당

조선 지식인들이 서학서만 가지고 야소교를 접한 것은 아니다. 조선 지식인들은 사신으로 중국에 가서 중국에 이미 들어와 있던 야소교와 교류했다. 그러면 조선 지식인들에게 중국의 가장 영향력 있는 야소교 상징물은 무엇이었을까?

1786년 정월, 정조는 신하들에게 새해를 맞이하여 마음에 품고 있는 회포를 글로 써 올리라는 어명을 내렸다. 박제가는 정조의 서얼 등용 정책에 힘입어 이덕무, 유득공 등과 함께 관직에 나아갈 수 있었다. 박제가는 북학파답게 정조에게 올리는 글에서 조선의 이용과 후생을 위해서는 중국에 있는 서양 신부를 초빙해야 한다는 강력한 소신을 피력했다.

1년 전 을사추조적발사건이 발생한 뒤 야소교에 대한 탄압의 고

삐가 서서히 죄어 오고 있을 때였다. 정조는 빗발치는 상소에 못 이겨 야소교를 사학으로 규정하고, 북경으로부터 서학서 수입을 금한다는 명을 내렸지만, 탄압보다는 비교적 온건한 정책을 펼치고 있었다. 이런 분위기를 잘 알고 있었던 박제가는 서학을 이기利器로 받아들여 조선을 바로 세워야 한다며 죽을 각오를 하고 정조에게 간청했다.

박제가는 정조에게 올린 글 제목을 「병오소회」丙午所懷라고 달았다. 정조의 어명에 따라 병오년(1786)에 마음에 품고 있는 회포를 글로 써서 올린 것이다. 박제가는 정조에게 서양 신부들은 이용후생의 학문과 기술에 정통하기 때문에 이들을 초빙하여 관상감에 근무하게 하고, 인재들을 보내 배우게 하면 몇 년 후에 나라를 다스릴 재목감이 배출될 것이라고 했다. 그는 서학을 반대하는 조선 사대부들의 주장을 잘 알고 있었다. 그는 그러한 주장을 물리치는 대안을 정조에게 조리 있게 적어 올렸다.

신의 생각에 그들 무리 수십 명을 한 곳에 거처하게 하면 난을 일으키지 못할 것입니다. 그들은 결혼도 벼슬도 하지 않고 모든 욕망을 끊은 채 먼 나라를 여행하며 포교하는 것만을 신념으로 삼고 있습니다. 그들의 종교가 천당과 지옥을 독실하게 믿어 불교와 차이가 없지만, 후생厚生의 도구는 불교에는 없는 것입니다. 열 가지를 가져오고 그중의 하나를 금한다면 옳은 계책이 될 것입니다. 『정유각집』, 「병오소회」[27]

박제가는 서양 신부들을 초빙하여 이용과 후생을 위해서는 열

청나라 화가 나빙羅聘이 그린 박제가의 초상화

가지라도 받아들이고, 한 가지인 야소교만은 금지하면 된다는 대안을 내어 놓았다. 그는 죽음을 무릅쓰고 정조에게 간청했다.

지금 전하께서는 천지를 경륜할 만한 위대한 학문을 품으셨고, 예악을 제정할 수 있는 재주를 지니셨습니다. 제왕의 강건한 뜻을 떨치신다면 장차 어떠한 공인들 세우지 못하겠으며, 무엇을 구한들 얻지 못하겠습니까. 그런데 도리어 조정에서 정치가 뜻대로 안 된다며 탄식하시고, 자신감을 잃은 채 개혁을 할 듯 할 듯 못하신 지가 10년이나 되었습니다. 장차 풍속을 따라 정치를 하고 그때그때 미봉책으로 메워 가면서 소강상태에 안주하시렵니까? 「병오소회」

정조는 박제가의 글을 읽으며 통쾌한 마음을 금할 수 없었다. 자신이 추진하려고 했던 개혁이 보수파의 반대에 부딪쳐 잘 이루어지지 않고 있을 때, 박제가의 글은 정조의 십 년 묵은 체증을 씻어 주는 것이었다. 정조는 서양 문물에 대한 박제가의 해박함을 익히 잘 알고 있었다. 박제가는 1778년에 이덕무와 함께 북경에 다녀와서, 청나라의 문물을 조선의 농업, 상업, 기술, 통상 등에 적용하기 위해『북학의』를 썼다. 그는『북학의』의 핵심 내용을 추려서 정조에게 바치기도 했다.

「병오소회」를 읽은 3일 후, 정조는 선대왕들의 업적을 기록한 『갱장록』羹墻錄 수정 작업에 참여한 명분으로 박제가를 승진시키라는 어명을 내렸다. 비록 서양 신부 초빙은 성사되지 않았지만 정조는 박제가의 주장에 일리가 있음을 승진으로 화답했다.

그로부터 10여 년이 지난 후, 정조는 박제가의 간청을 행동으로 옮기고 있었다. 정조가 북경에 있는 서양 신부에게 편지를 보내어 유럽과 교류하고 서양 신부를 영입하려고 시도했던 것이다. 정조 사후, 조선 조정이 신유사옥을 일으키게 된 배경과 그 과정에 대해 청나라 황제에게 보고하는 글인 「토사주문」討邪奏文이 번역되어 로마 교황청으로 보내졌다. 번역문에는 「토사주문」의 내용을 잘 이해하기 위해서 후주後註가 달렸는데, 이 후주는 정조가 서양 신부의 영입을 시도했다는 단서를 제공하고 있다.[28]

7~8년 전에 조선의 임금님이 유럽에 보낸 편지를 먼저 읽을 필요가 있다. 그 편지에서 조선 임금님은 사람들이 말하는 대로 정말로 조선의 신입 교우들이 굳세고 열성적이기 때문에 (조선) 천주교회가 놀라운 발전을 이룩하고 있다고 말하였다.[29]

이 편지로 인해 정조의 서양 선교사 영입 시도와 유럽과의 교류 가능성이 고조되었다. 그러나 정조는 48세라는 젊은 나이에 운명함으로써, 박제가의 주장처럼 서양 신부들을 초빙하고 서양 문물을 받아들여 그것을 바탕으로 부국한 조선을 이루려던 꿈을 끝내 이루지 못하고 말았다. 그렇지만 북경에 있던 천주당을 통해 서양 신부들과 유럽 문명이 조선 사회에 서서히 알려지고 있었다.

정조가 즉위한 지 2년째인 1778년 4월 봄, 정조는 서장관으로 북경에 갔다 돌아온 이재학 李在學(1745~1806)을 불러들였다. 정조는 이재학이 탈 없이 돌아온 것을 기뻐하면서, 사신 길에서 보았던 여러 가지를 물었다. 그러고 나서 정조는 이재학에게 천주당을 구경했느냐고 물었다.

이재학은 북경에서 돌아올 때 천주당을 방문했는데, 몇 해 전 불에 타고 겨우 중건되어 화려한 모습은 예전만 못하지만 규모가 굉장하며, 풍금과 서양화는 예전에는 있었는데 지금은 없다고 대답했다. 26세의 젊은 군주 정조가 관심을 가질 정도로 북경 천주당은 조선 사신들에게 손꼽히는 관광 명소였다. 북경 천주당은 조선에서는 볼 수 없는 기이한 물건으로 가득했다. 북경 천주당의 인기를 홍대용은 이렇게 표현했다. 천주교가 이 땅에 창설되기 20여 년 전의 일이다.

현재 북경에 남아 있는 북천주당ⓒ권태균

강희 연간 이후로부터 우리 나라 사신이 연경燕京에 가서 간혹 천주
당에 이르러 보기를 청하면, 서양 사람들은 반드시 흔쾌히 맞이하
여 천주당 안의 이상한 그림과 신상神像 그리고 기기奇器들을 두루
보여 주고, 이어서 서양에서 나는 진기한 물품들을 주었다. 그리하
여 사신 간 자들이 주는 물건을 탐내고 이상한 구경을 즐거워하여
해마다 찾아가는 것을 상례로 삼았다. 『연기』 「유포문답」

조선 사신들이 의례히 찾아갔던 북경 천주당은 서양 문물과 야
소교를 전파하는 서학西學의 본산이었다. 그들은 천주당을 방문하
여 서양 신부들을 만나 간혹 야소교에 대해 전해 듣고, 자명종·혼
천의·해시계·풍금·망원경·나침반 등을 구경했으며, 예수와 마리

유학자의 옷을 입은 마테오 리치

아 등이 그려져 있는 성화를 볼 수 있었다. 서양 신부들을 만나고 헤어질 때, 조선 사신들의 손에는 서학서와 서양의 신식 제품들이 가득했다.

북경 천주당은 조선 사신들에게 그야말로 충격이었다. 그들이 생전에 볼 수 없었던 것으로 가득한 북경 천주당은 별천지였다. 사신들은 이때의 충격을 연행록燕行錄에 고스란히 남겼다. 사신들이 귀국하면 사람들이 북경 풍속을 물어보려고 문이 닳도록 찾아왔다. 북경 천주당이 이렇게 연행록을 통해 혹은 입에서 입으로 조선 사람들에게 알려지면서, 자연히 야소교도 조선의 심장으로 깊숙이 들어왔다.

명나라 말기인 16세기 초 이후부터 북경에는 남당, 북당, 서당, 동당이라 불리는 4개의 천주당이 건립되었다.[30] 북경에 제일 처음

들어선 천주당은 마테오 리치 신부가 1610년에 건립한 남천주당이었다. 남천주당은 중국 전통 건축 양식으로 건립되었다. 마테오 리치 신부는 예수회 출신 선교사였다. 예수회는 아시아의 선교를 위해 서양의 선진 기술을 바탕으로 야소교 교리에 유교의 옷을 입히면서 중국 문화에 적응하는 방식을 택했다.

예수회의 선교 방식에 따라 마테오 리치 신부는 유학자의 복장을 입고 생활하면서 사서오경四書五經을 라틴어로 번역하여 유럽에 소개했다. 그의 중국 문화 적응주의 방식의 선교는 보유론補儒論으로 나타났다. 보유론이란 불교 교리를 비판하고, 야소교 교리로 유교의 부족한 점을 보완해 준다는 것이다. 그는 보유론에 따라 천주라는 개념을 유학의 상제上帝 개념으로 해석하여 『천주실의』를 저술했으며, 『교우론』도 보유론의 입장에서 저술한 것이었다. 마테오 리치 신부는 남당을 건립한 후 그 해에 그가 소망했던 천국으로 갔다.

1618년 남천주당은 로마 교황 바오로 5세Paulus PP.V(재위 1605~1621)로 부터 7천 권의 도서를 기증받아 소장하고 있었다. 남천주당은 마테오 리치 신부의 후임으로 북경에 온 아담 샬Johann Adam Schall von Bell(1592~1666)에 의해 증축되었다. 아담 샬의 중국 이름은 탕약망湯若望이다. 소현세자가 인질로 북경에 있을 때, 친분을 나누었던 서양 신부가 바로 아담 샬이었다. 천문 역법에 밝았던 그는 명나라가 청나라에 의해 멸망하자, 남천주당 안에 있던 천문 기구의 보호를 청나라에 요청했다. 청 황실은 서양의 천문 역법을 이용하기 위해 아담 샬을 흠천감정에 임명했다. 청나라 순치順治 황제(재위 1643~1661)는 그의 공로를 인정하고 1659년에는 남천주당 옆에 새 천주당을 건립하도록 은 1천만 냥을 건축 비용으로 하사했다. 그때 남천주당은 천문대, 서고, 각종 측정 기구, 신부들의 사택 등으로 규모가 대폭 확대되고, 순치 황제는 '흠숭천도欽崇天道'라는 현판을 써 주었다. 예수회 출신 선교사들은 남천주당에 체류하면서, 서양 문물을 앞세워서 보유론으로 야소교를 전파했다. 강희康熙 황제(재위 1661~1722) 원년에는 160여 개의 교회당이 건설되었으며, 교인은 15만 명이나 되었다. 1703년 남천주당이 지진으로 파괴되자 강희 황제는 은 10만 냥을 지원하여 중건하게 했다.

1775년 남천주당에 불이 났는데, 이때 성화, 조각상, 황제가 내린 현판이 소실되어 건륭乾隆 황제(재위 1735~1796)가 은 1만 냥을 중수 비용으로 하사했다. 홍대용이 유송령과 포우관 신부를 만나 야소교 교리를 물어본 곳이 바로 남천주당이었다. 박지원과 이덕무가 북경에 갔을 때, 그들은 홍대용의 권유에 따라 남천주당을 빼놓지 않고 관람했다. 서장관 이재학이 정조에게 몇 해 전에 불이 나서 볼 것이 별로 없었다고 말한 천주당도 남천주당이었다. 남천주당은 조선 사신들의 북경 숙소였던 옥하관玉河館과 회동관會同館에서 가까운 곳에 있었기 때문에 자연히 사신 일행들이 자주 찾는 관광 명소가 되었다.

옥하관은 청나라가 심양에서 북경으로 천도한 1644년 이후부터 조선 사신들의 숙소로 사용되다가 1727년부터는 러시아 관사인 아라사관으로 전용되었다. 그 뒤 조선 사신들의 숙소는 회동관으로 옮겨졌다. 동천주당 또한 사신 숙소와 근접해서 사신들이 자주 찾아가는 곳이었다. 동천주당은 남천주당에 이어 두 번째로 1655년

북경에 있는 남천주당 ⓒ권태균

불국사에서 만난 예수

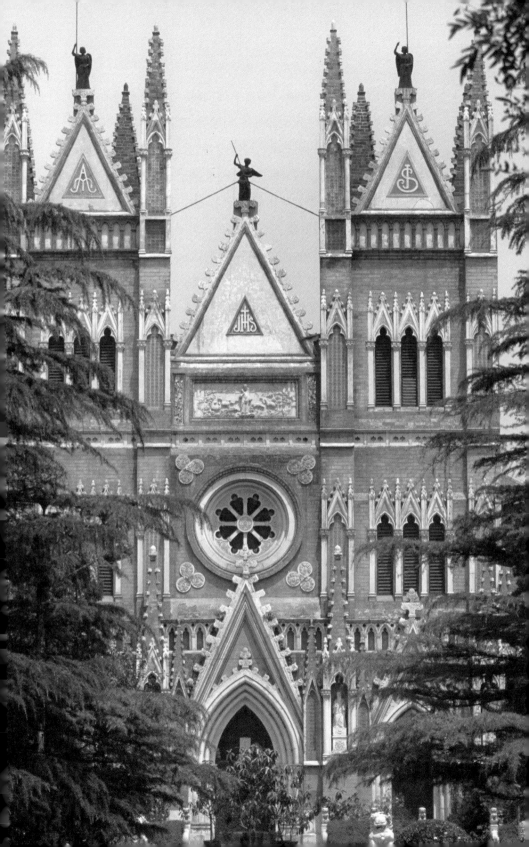

에 부글리오Lodovicus Buglio(利類恩, 1606~1682)와 가브리엘Magalhaes Gabriel(安文恩, 1610~1677) 선교사에 의해서 건립되었다. 1703년에 이어 1720년에도 대지진으로 동천주당과 남천주당이 파손되었는데, 신성로마 황제 페르디난트 3세의 재정 지원으로 중건되었다.

북천주당은 북경에서 가장 규모가 큰 천주당이었다. 1693년 강희 황제가 학질에 걸렸을 때, 그는 예수회 선교사 제르비용Jean Francois Gerbillon(張誠, 1654~1707)과 부베Joachim Bouvet(百普, 1656~1730)가 올린 약을 먹고 완쾌했다. 강희 황제는 보답으로 건축 비용을 하사하여, 북천주당은 1703년에 지어지기 시작했다. 강희 황제는 북천주당이 완성되자 '만유진원'萬有眞原이라는 현판을 내려 주기도 했다. 북천주당은 동양에서 가장 아름답고 화려한 천주당으로 중국 전통 양식과 서구의 양식을 절충한 것이었다. 1783년 서장관으로 북경에 사행을 가는 부친 이동욱을 따라온 이승훈이 그라몽 Jean Joseph de Grammont(梁棟材, 1736~1812) 신부에게 세례를 받은 곳이 북천주당이었다.

마지막으로 세워진 천주당은 서천주당이었다. 서천주당은 페드리니Theodorico Pedrini(德理格, 1671~1746)에 의해서 1723년에 세워졌다. 페드리니는 황태자에게 서학을 가르쳤는데, 이 황태자가 청나라의 옹정雍正 황제(재위 1722~1735)이다.

북경의 네 곳 천주당이 명나라와 청나라의 후원에 힘입어 세워지고, 지진과 화재 등으로 파괴되고 중수되는 시련을 겪는 동안 이곳을 방문한 조선 사신들은 여기서 보고 들은 서양 문물과 야소교를 압록강 건너 조선으로 전파했다. 이렇게 야소교는 천주교가 공식 창설되기 훨씬 이전에 조선의 국경을 넘고 있었다.

예수를 보고 놀란 사신들

조선 사신들은 중국에 있는 천주당에서 무엇을 보았을까? 그들은 귀국하고 나서 직접 목격한 야소교에 대해 어떠한 사실을 알렸을까? 조선 사신들은 북경 천주당을 구경하고, 귀국하고 나서는 기행문에 보고 들은 것을 생생하게 기록하거나 입으로 전했다. 특히 조선 사신들에게 놀라움을 준 것은 바로 성당 안 벽화였다. 천주당 안의 벽화를 본 조선 사신들은 그림이 진짜 살아 있는 것 같다며 경이로움을 감추지 못했다.

강세황姜世晃(1713~1791)은 아무리 뛰어난 화가라도 북경 천주당의 벽화는 그릴 수 없다면서, 동양화의 한계를 극복해야 함을 지적했다.[31] 강세황은 1785년에 북경에 갔을 때, 천주당 벽화를 보기 위해 두 차례나 방문했다. 그는 김홍도金弘道(1745~?) 등 조선 화가들이 서양화법을 수용하는 데 많은 영향을 끼친 문인이자 화가였다. 이렇게 조선 사신들은 생생하게 살아 있는 벽화를 통해 예수를 만났다.

사신들 중에는 자제군관子弟軍官도 있었다. 자제군관은 사신 행렬의 삼사三使인 정사, 부사, 서장관 등의 자제나 근친 중에서 임명되었다. 사신들보다 숙소 출입이 자유로웠던 자제군관은 북경을 두루 구경하면서 견문을 넓혔다. 1713년 2월, 형 김창집金昌集(1648~

1722)을 따라 김창업金昌業(1658~1722)도 자제군관으로 북경을 방문했다. 김창업은 남천주당을 관람하면서 그때 본 예수를 『연행일기』燕行日記에서, "머리를 풀어헤치고 어깨를 내어 놓았으며, 화주火珠를 쥐고 있는데 얼굴은 살아 있는 듯했다"고 묘사했다. 김창업은 그림 속에서 살아 있는 듯한 예수를 보았던 것이다. 조선에 천주교가 창설되기 71년 전의 만남이었다.

1720년, 이기지李器之(1690~1722)는 남천주당을 관람했다. 그는 부친 이이명李頤命(1658~1722)이 숙종의 죽음을 알리기 위해 고부사告訃使로 북경에 갈 때 자제군관의 자격으로 동행했다. 이기지는 예수와 천사의 모습을 보면서 흥분의 도가니에 빠졌다.

> 천주당 벽 위에 천주상을 그려 놓았는데, 한 명은 붉은 옷을 입고 구름 가운데 서 있고, 곁에 여섯 명은 구름 기운 속에서 출몰했다. 어떤 이는 전신을 어떤 이는 반신을 드러내고, 어떤 이는 구름을 헤치고 얼굴을 드러내고 있었다. 몸에 날개가 돋은 이도 있는데, 눈썹, 눈, 수염, 머리카락 등이 정말 산 사람 같았으며, 코는 높고 입이 움푹 들어갔고 손과 다리는 볼록하게 솟아올랐다. ……구름 속에 대여섯 사람이 서 있어 아른거리고 황홀한 것이 신선과 귀신이 환상으로 변한 것인 줄 알았으나 자세히 본 즉 벽에 그린 그림이었다. 사람의 공工으로 여기에 이르렀다고 말할 수 없을 정도다. 『일암집』一菴集 권2 「서양화기」西洋畫記

이기지는 북경에 체류하는 두 달 동안 남, 동, 북천주당을 두루

불국사에서 만난 예수

관람하면서 흠천감정으로 있던 수아레스Joseph Suarez(蘇霖, 1656~1736), 쾨글러Ignatius Koegler(戴進賢, 1680~1746)와 교분을 쌓았다. 이들 신부들은 조선 사신 일행들이 묵고 있는 숙소로 직접 찾아와서 10여 종의 서양화, 천문도, 천주당 그림, 자명종, 천리경, 성모자상, 『천주실의』 4권과 천문 역법 서적 등의 푸짐한 선물을 이기지와 그의 부친인 이이명에게 주었다.

이이명은 귀국할 때 수아레스와 쾨글러에게 고마움의 편지를 썼다. 이이명은 편지의 첫머리에서 마테오 리치 신부의 『천주실의』와 알레니Julio Aleni(艾儒略, 1582~1649)의 『직방외기』職方外紀 등과 같은 서학서를 읽고 야소교의 요지를 알 수 있었다고 적었다. 이이명은 서학서가 야소교는 유교와 비슷하다는 보유론 입장에서 저술된 것을 간파하고 있었다. 그는 또한 선교사들의 선교 열정에 감명을 받아, 그들의 노력을 칭송하는 것을 잊지 않았다.

세상의 낙도지사樂道之士들이 모두 그대 나라의 선교하는 신부들과 같은 바람을 드러냈다면, 영원히 전하는 성현의 가르침이 어찌 전해지지 않았겠습니까? 서양 선교사의 고심하는 바는 귀신도 감동시킬 만합니다. 대개 상제에게 제사 지내며 인간의 본성을 회복하려고 힘쓰는 것은 우리 유교의 가르침과 크게 다르지 않습니다. 그러니 도교의 청정이나 불교의 적멸과는 같이 논할 수 없습니다. 『소재집』疏齋集 권19 「서양인 수아레스와 쾨글러에게」與西洋人蘇霖戴進賢

이이명은 숙종肅宗(재위 1674~1720) 때 영의정까지 지냈으며, 이

이李珥(1536~1584)의 학풍을 따르는 노론老論의 거목이었다. 이이명이 서양 신부들에게 편지를 보낸 75년 후인 1795년, 노론이 야소교를 믿는 이승훈, 이가환, 정약용 등 남인을 제거하기 위해 상소를 올렸다. 그때 정조는 노론 영수였던 이이명의 편지를 인용하여 노론의 공세를 차단했다. 정조는 노론의 영수였던 이이명이 야소교 서적을 읽고 야소교가 유교와 비슷하다고 주장했으니, 노론은 더 이상 야소교 탄압을 빌미로 남인을 공격하지 말라고 경고했던 것이다. 야소교는 유교와 크게 다르지 않다는 이이명의 편지는 70여 년의 세월이 흘러서 정조가 남인을 보호하는 방패막이가 되었다.

이이명과 이기지가 귀국하고 12년 후인 1732년에 이의현李宜顯(1669~1745)이 사신으로 가서 북경 천주당을 관람했다. 그가 본 벽화는 천국의 광경이었다. 그는 천국의 광경을 불화佛畵에 나오는 지옥과 같이 묘사했다. 그는 관람을 하고 나오는 길에 독일 선교사 프리델리Xavier Ehrenbert Fridelli(費隱, 1673~1743)로부터 아담 샬이 쓴 교리서인 『주제군징』主制群徵과 15폭의 서양화 등을 선물로 받았으며, 서양화를 직접 구입하기도 했다. 『경자연행잡지 상』庚子燕行雜識上

북경 천주당의 서양화뿐만 아니라 각종 서양 이기는 조선 사신들의 발길을 사로잡았다. 홍대용은 천주당 구경이 북경에서 으뜸이라 하여 천주당을 다섯 차례나 찾아갔을 정도였다. 그러나 조선 사신들의 무분별한 발걸음은 천주당 관람을 막았다. 이기지와 이의현이 갔을 때는 서양 신부로부터 선물까지 받았는데, 그로부터 30여 년 후에는 사정이 정반대로 변했다. 조선 사신들이 천주당 구경을 사정사정해도 이루어지기가 힘들 정도였다. 1765년, 35세의 젊은 나이에 자제군관으로 북경을 방문한 홍대용은 천주당 구경이 어려워진 연유를 조선 사신들의 무례함에서 찾고 있다.

조선의 풍속은 교만해서 그들을 거짓으로 대하는 등 예의를 갖추지 않는 일이 많고, 혹은 그들의 선물을 받고서도 보답하지 않았다. 또는 수행원 중에 무식한 사람들은 가끔 그 집에서 담배를 피우고 가래침을 뱉으며 기물을 함부로 만져 더럽혔다. 그러므로 요즘에 와서는 서양 사람들이 더욱 싫어하여, 관람을 청하면 반드시 거절하고 설사 관람을 허락하더라도 정의情誼로 대하지 않는다. 『연기』「유포문답」

저간의 사정을 알게 된 홍대용은 유송령과 포우관 신부 앞으로 만나고 싶다는 편지를 정중하게 써서 장지裝紙 2묶음, 부채 3자루, 먹 3갑, 청심환 3알과 함께 천주당으로 보냈다. 이렇게 해서 홍대용은 겨우 남천주당을 관람할 수 있는 기회를 얻었다. 홍대용은 유송령과 포우관을 만나 서로 인사를 교환한 후, 그들이 내어 주는 차를 마시면서, 어느 나라에서 왔는지, 중국에는 얼마나 있었는지, 무엇을 하고 있는지 등을 물어보면서 담소를 나누었다.

담소를 마치고 나서 홍대용은 유송령의 안내로 천주당 구경을 나섰다. 홍대용의 예리한 눈은 천주당 안에 있는 작은 물건 하나도 그냥 지나치지 않았다. 홍대용의 눈은 예수가 그려져 있는 벽화를 향하고 있었다. 벽화는 그림이라고 믿을 수 없을 정도였다. 홍대용은 그의 한글 기행문인 『을병연행록』에 예수의 모습을 이렇게 적고 있다.

미켈란젤로, 〈최후의 심판〉The Last Judgement(부분)
시스티나 성당의 프레스코화, 1537~1541, 13.7×12.2m

북쪽 벽 위 한가운데 한 사람의 화상畵像을 그렸는데 여자의 상으로, 머리를 풀어 좌우로 드리우고 눈을 찡그려 먼 데를 바라보니, 무한한 생각과 근심하는 기상이다. 이것이 곧 천주라는 사람이다. 형체와 의복이 다 공중에 서 있는 모양이고, 선 곳은 감실龕室 같아, 처음 볼 때는 소상인 줄만 알았는데 가까이 간 후에 그림인 줄을 알았다.

『을병연행록』 초9일[32]

홍대용은 10여 명의 화상 이름 중에서 마테오 리치 신부와 아담 샬 신부를 알아볼 수 있었다. 홍대용은 서학서를 통해 이미 그들을 알고 있었다. 벽화를 본 후, 홍대용은 풍금과 자명종을 보고 천주당 구경을 끝마쳤다. 거문고를 잘 타기로 유명했던 홍대용은 처음 보는 풍금이었지만 어떤 원리에 의해서 풍금이 소리를 내는지 금방 알 수 있었다. 유송령의 설명을 듣고 나서, 홍대용은 조선 가락에 맞추어 풍금을 쳤다. 홍대용이 치는 풍금 소리에 옆에 있던 유송령은 웃으면서 잘한다고 칭찬했다.

남천주당을 구경한 홍대용은 보름 후에 동천주당으로 향했다. 동천주당에서도 홍대용을 맞이하는 것은 예수의 그림이었다. 홍대용은 동천주당에서 본 예수상을 괴상한 형상이라고 생각하면서 좋은 평가를 하지 않았다. 홍대용이 본 것은 예수가 죽은 모습을 그린 그림이었다. 홍대용은 "서쪽 벽에는 죽은 사람을 관 위에 얹어 놓고 좌우에 사나이와 계집이 혹 서고 혹 엎드려 슬피 우는 모양을 그렸는데, 소견에 아니꼬워 차마 바로 보지 못하였다"고 『을병연행록』에 기록했다. 홍대용은 귀국하여 박지원, 이덕무, 박제가 등에게 북경의 기이한 문물에 대해 열변을 토하고, 자신이 쓴 연행록까지 내어 놓았다.

1778년 6월, 북경에 간 이덕무는 홍대용이 13년 전에 흥분으로 관람했던 남천주당 안으로 들어섰다. 성화를 바라보는 이덕무는 충격에 사로잡혔다. 성화에 있는 예수, 성모 마리아, 천사들이 이덕무를 황홀하게 만들었다.

한 어린아이는 놀란 눈을 하고 위를 쳐다보고 있고, 한 부인은 걱정스런 모습으로 그 어린아이를 어루만지고 있으며, 한 늙은이는 두려워하는 모습으로 손을 비비며 그 어린아이가 죽지 않기를 바라는 듯한 모양을 하고 있는데, 사방에서 구름이 어린아이를 감싸고 있고 그 구름 위로 머리만 내어 놓은 사람이 무수히 많이 그려져 있다. ……또 한 늙은이가 두 손을 벌리고 십자가에 매달려 떨어지려는 어린아이를 받으려는 모습을 한 그림도 있었는데, 황홀하고 귀신처럼 괴이하여 좋지 않은 생각이 들게 한다. 대개 병든 어린아이는 이른바 천주 야소이고, 근심하는 부인은 야소의 어미이다. 『입연기』入燕記 '6월 14일'

특이하게 이덕무는 벽화 속에 있는 큰 개가 마치 물려고 덤비는 것 같아서 무서웠다는 기록을 남기기도 했다. 그는 그림 밑에 살아 있는 개 몇 마리가 그늘에 누워 있었는데, 그림의 개와 살아 있는 개를 구별하기 힘들 정도라고 하였다.

숭실대학교 한국기독교박물관에는 조선 후기 서양화법의 효시

〈죽음서예구도〉竹陰西猊狗圖(좌) 이탈리아 예수회 선교사이자 화가인 주세페 카스틸리오네Giuseppe Castiglione(1688~ 1766)의 그림. 1715년에 선교사가 되어 청나라에 파견되었으며, 선교사보다는 궁정화가로서 50여 년간 활동하면서 청대 회화사에 큰 족적을 남겼다. 북경 천주당에 벽화를 그렸고, 또한 원명원(圓明園)에 베르사유 궁전을 모방한 건물들을 설계하고 시공하는 데 참여했다. (심양고궁박물원 소장)
〈견도〉犬圖(우) 조선 후기의 문인화가 이희영의 그림. 천주교인으로 세례명은 누가이다. 청나라 신부 주문모周文謨에게 서학을 배우고 천주교도가 되었다. 예수의 상像을 그려 황사영에게 보낸 일이 발각되어 1801년 신유사옥 때 처형되었다고 한다. (숭실대학교 한국기독교박물관 소장)

라고 하는 이희영李喜英(1756~1801)의 〈견도〉犬圖가 소장되어 있다. 이희영은 예수 초상화를 3점이나 그렸으며, 야소교 교리서를 암송했을 정도로 신실한 신자였다. 그는 그리스도교 신자라는 이유로 신유사옥 때 처형되었다. 이희영의 〈견도〉는 조선 사신들이 북경에서 장식용으로 가져온 서양화와 북학파에 의해 많은 영향을 받았을 것으로 보인다.

이희영의 스승인 정철조鄭喆祚(1730~1781)는 1772년 이후로 연암 박지원을 비롯한 북학파 학자들과 지속적인 교류를 통하여 문학과 예술, 실용적인 학문 등을 연마했다. 그는 기중기, 도르래, 수차 등의 기계들을 손수 만들고 그것을 시험했다. 그는 서양 과학 서적을 연구하여 천문 관측이나 역산에 대해서도 상당한 조예를 갖추었다. 또한 정밀한 그림에도 뛰어나 정조의 초상화를 그리기도 했다.

이렇게 보면 정철조 밑에서 수학했던 이희영이 북경 천주당 벽화에 탄복한 북학파의 영향을 받았음은 자연스러운 일이다. 이덕무가 북경 천주당에서 본 살아 있는 듯한 개 그림이 야소 신자 이희영의 그림으로 나타났을 것이다.

이덕무가 귀국한 뒤 2년이 지나 박지원도 사신 일행을 따라 북경에 갔다. 홍대용은 박지원에게 김창업과 이기지의 연행록이 탁월하지만, 그들은 천주당을 잘 묘사하지 못했다고 말했다. 홍대용은 사람의 생각과 얼핏 보는 것만으로 천주당의 진면목을 알 수 없다고 강조했다. 그래서 박지원은 천주당에 대해 더욱 궁금했다. 북경에 도착한 박지원은 한걸음에 남천주당으로 달려갔다. 홍대용의 조언에 따라 박지원은 천주당의 기이한 벽화를 세밀하게 관찰했다. 박지원은 박진감 넘치는 필체로 벽화를 묘사했다.

벽화를 감상한 박지원은 보통 사람의 생각으로는 도저히 알 수 없고, 어떠한 언어와 문자로도 그것을 표현할 수 없다고 했다. 그는 벽화 속의 인물들이 마치 자신의 마음속을 꿰뚫고 있는 것 같아 어찌할 줄을 몰랐다.

내 눈으로 그림 속의 인물을 보려고 하자, 번개처럼 번쩍번쩍하면서 광채가 내 눈을 아득하게 만들었다. 그림 속의 그들이 내 속을 훤히 꿰뚫어 보는 것 같아 싫었다. 내가 귀로 들어 보려고 하자, 굽어보고 올려보며 돌아보고 흘겨보며 내 귀에 먼저 속삭이는 것 같다. 나는 그들이 내가 숨기고 있는 것을 꿰뚫어 보는 것 같아 부끄러웠다. ……그림 속에는 한 부인이 대여섯 살쯤 된 어린아이를 무릎에 앉혀 놓고 있는데, 어린애는 병들어 파리한 몸으로 눈을 흘기며 빤히 쳐다보고, 부인은 고개를 돌려 차마 바로 쳐다보지 못하고 있다. 곁에서 시중드는 대여섯 명의 사람들이 병든 아이를 굽어보고 있는데, 처참한 광경에 고개를 돌린 자도 있다. 『열하일기』 「황도기략」

박지원은 예수와 성모 마리아 그림을 설명한 후에 천사들의 모습을 더욱 생생하게 전하면서, 포동포동한 천사가 마치 살아 움직여 떨어지는 것 같아 두 손을 벌려 받을 정도라고 했다.

천장을 올려다보면 무수히 많은 어린애가 채색 구름 속에서 뛰는데, 주렁주렁 공중에 매달려 내려오는 것 같다. 살결을 만져 보면 따뜻할 것 같고, 손마디와 종아리가 살이 포동포동 쪄서 잘록하다. 갑자기 구경하던 사람들이 놀라서 소리를 지르고 창졸간에 경악을 하면서 떨어지는 어린애를 받을 듯이 머리를 치켜들고 손을 뻗친다.

「황도기략」

박지원이 귀국하고 나서 10여 년이 지난 후부터 조선 조정은 사신들의 천주당 관람을 금했다. 1791년 10월, 전라도 진산珍山에서 야소교 신자 윤지충이 모친상을 당하여 제사를 폐지하고, 그의 사촌 권상연과 함께 조상의 위패를 불태운 사건이 발생했다. 이를 진

전주 전동성당에 있는 윤지충·권상연 순교 동상

산사건이라고 하는데, 이 사건으로 남인은 야소교를 묵인하는 신
서파信西派와 야소교를 탄압하는 공서파攻西派로 분리되었다. 정조
는 윤지충과 권상연을 처형하는 것으로 문제의 확산을 차단하려고
했다.

　윤지충과 권상연 앞에는 아버지와 군주도 없다는 '무부무군'無父
無君의 죄목이 떨어졌다. 무부무군은 야소교를 탄압하는 상징이 되
어 갔다. 윤지충과 권상연은 전주 남문 밖에서 처형당했으며, 이 자
리에 현재의 전주 전동성당이 세워졌다. 이 사건 이후로 정약용은
야소교가 유학과 같이 할 수 없음을 판단하고 야소교에서 멀어져 갔
다. 처형당한 윤지충은 정약용 형제의 이종사촌이었으며, 그들은 야
소교 교리를 함께 공부한 바 있었으니, 정약용의 충격은 이루 말할
수 없었다. 야소교로 인한 정약용 집안의 몰락이 시작되고 있었다.

　　　　　　　　　　　　　　　　　　　　불국사에서 만난 예수

진산사건은 1800년 정조가 죽기까지 극심한 분열과 대립을 야기했으며, 1801년 신유사옥의 도화선이 되었다. 진산사건 이후로 북경에 간 사신들은 자유롭게 천주당을 관람할 수 없었다. 1798년 서유문徐有聞이 북경 천주당에 갔을 때, 그곳을 지키는 중국인은 "조선 사람은 이곳에 다님을 금한다고 하던데 어찌 왔느냐?"고 물어보기까지 하였다고 한다. 작자 미상으로 전해지는 『계산기정』薊山記程(1804)과 『부연일기』赴燕日記(1828)의 기록에 따르면, 야소교가 사학으로 금지된 1801년 신유사옥 이후 조선 사신들은 천주당을 관람하는 일이 없었다고 한다.

청나라가 북경으로 수도를 옮긴 1644년 이후부터 신유사옥이 일어난 1801년까지 약 150년 동안 북경에 간 사신 행차는 어림잡아 500여 회에 이른다.[33] 1회 사신 행차 규모는 공식 인원 30명을 포함하여 수행원들이 적게는 300여 명에서 많게는 500여 명에 이르렀다. 150년 동안 약 10만 명 이상이 북경을 다녀왔던 것이다. 북경에 갔다 온 사신들 대부분은 서양화를 사 왔다고 한다. 그 서양화 속에 그들이 보고 놀란 예수의 초상화는 없었을까?

근세에 연경에 사신 간 자는 대부분 서양화를 사다가 마루 위에 걸어 놓는다. (그림을 볼 때는) 한쪽 눈은 감고 한쪽 눈으로 오래 주시해야만 전각과 궁원이 모두 진짜 모습 그대로 우뚝하게 그려진 것임을 알 수 있다. 『성호사설』 제4권 만물문萬物門 「화상 요돌」畵像拗突

그리고 사신들이 남긴 300여 권 이상의 연행록이 조선 사회에서 읽혔다. 그중에는 한문을 깨치지 못한 이들을 위해 한글로 간행된 것도 다수 있었다. 이러한 연행록을 통해서도 북경 천주당은 조선에 알려지고 있었다. 북경 천주당은 이렇게 입과 입에 의해서 그리고 연행록을 통해서 조선에 야소교를 생생하게 전하고 있었다. 성당과 교회가 들어서지 않았어도 조선 지식인들과 민중들은 북경 천주당을 통해 예수를 알아 가고 있었다.

2장

길리시단과 임진왜란

너희는 길리시단이냐?

　개혁 군주 정조는 부산 동래에 표류해 왔던 이국선異國船 한 척을 떠올리고 있었다. 1797년 9월, 경상도 관찰사 이형원李亨元과 삼도 통제사 윤득규尹得逵는 동래 용당포 앞바다로 표류해 온 이국선에 관한 장계를 올렸다.[1] 장계의 내용은 이러했다.

　배 안에는 50명이 타고 있는데, 모두 코가 높고 눈이 파랗다. 배에는 유리병, 천리경 등 서양 물건이 가득하다. 역관이 중국어, 일본어, 몽골어로 말을 걸어도 하나도 알아들을 수 없다. 그들은 오직 낭가사기浪加沙其라는 말만 하는데, 일본어로 나가사키長崎이니, 아마도 그곳으로부터 표류하여 이곳에 온 것 같다. 그들은 쓰시마 섬 쪽을 가리키면서 입으로 바람을 내는데, 이는 순풍을 기다린다는 뜻인 듯하다.

　장계를 받아 본 정조는 그들이 원하는 대로 순풍이 불면 떠나보내라는 명을 내렸다. 정조는 배에 타고 있던 사람들이 아란타阿蘭沱에서 왔다는 소문을 듣고 있었다. 책을 많이 읽어서 웬만한 것은 꿰뚫고 있던 정조였지만 아란타라는 나라는 생소했다. 정조는 차대次對에서 그 궁금증을 해소하기로 했다.

　　전에 동래로 표류해 온 배에 대해 어떤 사람은 이르기를, "아마도 아
　　란타 사람인 듯하다" 하였는데, 아란타는 어느 지방 오랑캐 이름인
　　가? 『정조실록』 21년 10월 4일

왕의 질문에 자신 있게 대답하는 신하가 없었다. 그때 비변사 이서구李書九(1754~1825)가 나섰다. 그는 박지원, 박제가, 이덕무, 유득공과 함께 북학파로 불리는 인물이다. 이서구는 효종 때 아란타의 배가 제주도에 정박한 사실을 상기하면서, 『명사』明史에 따르면 아란타는 대만臺灣이라고 하였다. 그러나 아란타는 대만이 아니었다.

정조가 차대에서 아란타를 물어본 시점보다 대략 130년 앞선 1667년, 일본 막부는 대마도주를 통해 조선 조정에 항의 서한을 보냈다. 일본은 조선에 야소교 무리가 있다는 것을 트집 잡았다.

> 해변에 왕래하는 야소종문耶蘇宗門의 잔당들을 일일이 기찰하여 통보해 주기로 일찍이 귀국과 약조를 했다. 그런데 아란타 사람들이 표류해 귀국에 도착했을 때 귀국이 통보하지 않았다. 표류해 돌아온 8명은 비록 아란타 사람이지만 그 나머지 귀국에 머물러 있는 자들은 필시 야소의 잔당일 것이다. 『현종실록』 8년 2월 26일

표류해 돌아왔다는 아란타 사람 8명은 1666년 9월 전라남도 좌수영을 탈출해 일본 고토五島 군도에 도착했다. 9월 14일 이들 일행은 나가사키로 이송되었고, 그곳에서 일본 심문관은 그들에게 어느 나라 국민이며 어디에서 왔는가를 물었다. 그들은 네덜란드인이며, 조선에서 왔다고 대답했다. 정조가 궁금해했던 아란타라는 나라는 바로 네덜란드였다. 네덜란드 사람 8명은 1653년 8월에 타고 가던 상선 스페르베르Sperwer 호가 닷새 동안 계속된 폭풍으로 표류하여,

불국사에서 만난 예수

네덜란드 말로는 켈파르트라 하고 조선에서는 체스라고 부르는 섬
에 난파되었다고 말했다. 체스는 제주도를 가리킨다.

　이서구가 말한 효종 때란 바로 스페르베르 호가 제주도에 표류
한 1653년을 가리킨다. 네덜란드 사람 8명은 1653년부터 1666년
까지 13년 동안 조선에서 거주한 뒤 일본으로 탈출했다. 1653년 이
들의 배가 폭풍에 남파되어 제주도로 표류해 왔을 때, 당시 제주 목
사였던 이원진이 조정에 장계를 올렸다. 장계는 표류해 온 이들이
어느 나라 사람인지 모르겠지만, 살아남은 자는 36명이며 말이 통
하지 않고 문자도 다르다고 했다.

　일본어를 아는 군사를 시켜 동쪽을 가리켜 물으니, 그들은 낭가
사기라고 했다. 그들은 나가사키라고 분명하게 말하고 있었던 것이
다. 그런데 이원진이 올린 장계에는 야소교와 관련된 흥미로운 단
어가 있었다. 이원진의 장계는 이러했다.

왜어倭語를 아는 자를 시켜 묻기를 "너희는 서양의 길리시단吉利施端인가?" 하니, 다들 "야야"耶耶 하였고, 우리나라를 가리켜 물으니 고려高麗라고 하였다. 『효종실록』 4년 8월 6일

조선 군사가 길리시단이냐고 물었을 때, 네덜란드 사람들은 그렇다고 답했다. 조선 군사가 말한 길리시단이란 말은 무슨 뜻일까? 조선 군사는 네덜란드 사람들이 알고 있는 길리시단이란 말을 어떻게 알고 있었을까? 그리고, 조선 군사가 불쑥 내뱉은 길리시단이란 말을 이 사람은 어떻게 알아들었을까?

'길리시단'은 일본 문자 '기리시탄'吉利支丹(キリシタン)이 와전되어 음역된 말이다. 이 말은 포르투갈어 'Cristao'에서 유래한 것으로 영어로는 크리스천Christian이며, 우리가 말하는 그리스도교인을 뜻한다. 즉 길리시단이라고 대답한 네덜란드 사람들은 그리스도교인들이었다. 이들이 제주도에 표류했고, 13년 동안이나 조선에 살았다. 조선에 천주교가 설립되기 130년 전의 사건이다.

길리시단의 원어는 그리스어 '크리스티아노스'Χριστιανός(christianos)로, '그리스도를 추종하는 자'라는 뜻이다. 이 말은 '기름부으심을 받은 뜻'이라는 그리스어 크리스토스Χριστός(christos)에 라틴어 '이아노스'가 접미된 단어로, 이아노스는 누군가에 속해 있는 노예나 가족의 구성원을 뜻한다. 지금의 시리아에 있는 안디옥 교회 교인들을 크리스티아노스라고 부르면서 이 말이 생겨났다.

안디옥 지역의 사람들은 예수 그리스도를 믿는 사람들을 비하하고 핍박하기 위해 크리스티아노스라는 말을 사용했다. 이 단어는

불국사에서 만난 예수

중국 사람을 되놈, 일본 사람을 왜놈이라고 부르는 것처럼 경멸의 상징이었다. 오죽했으면 예수의 수제자인 베드로는 사람들이 크리스티아노스라고 핍박해도 부끄러워하지 말라고 권고할 정도였다.(「베드로전서」 4:16) 크리스티아노스라는 말에는 예수를 믿는 것에는 항상 핍박이 따르며, 예수를 믿기 위해서는 이러한 핍박을 각오해야 한다는 의미가 담겨 있었던 것이다.

초대교회에서 크리스티아노스라는 말이 핍박의 대명사가 되었던 것처럼, 일본에서는 에도江戶 막부 시대(1603~1867) 동안 그리스도교 금교령을 내리면서 기리시탄에게 대대적인 탄압을 가했다. 일본에서의 기리시탄 탄압 소식이 조선에 전해지면서, 조선에는 길리시단이라는 말이 서서히 알려지기 시작했다. 이를 통해 조선인들은 길리시단이 유럽을 통해 일본에 들어와 있음을 알게 되었다. 그래서 조선 군사는 제주도에 표류해 온 네덜란드 사람들에게 '너희는 길리시단이냐?'라고 물어볼 수 있었던 것이다.

네덜란드 사람들이 표류해 오기 전인 1638년, 동래 부사 정양필 鄭良弼(1593~?)이 일본에서 발생한 길리시단 탄압 사건을 조정에 보고했다.[2] 기록에 따르면 도쿠가와 이에야스德川家康(1543~1616)가 일본의 관백關白이었을 때, 남만인南蠻人(포르투갈 인) 길리시단들이 일본에 와서 살았는데, 그들은 하느님에게 기도하는 것만 하고, 죽는 것을 기뻐하며 혹세무민惑世誣民했다. 그래서 이에야스가 길리시단들을 남김없이 죽여 버렸다고 한다. 이것이 바로 1637년에 발생한 '시마바라島原의 난'이다. 이로부터 2년 뒤 일본에서 사신이 왔다. 역관을 시켜 일본의 정세를 물어보니 사신은, 도쿠가와 이에야스가

에도 막부의 1대 쇼군 도쿠가와 이에야스

길리시단을 엄하게 금했는데, 이후로 해외에서 길리시단의 배가 들어오면 배를 침몰시켜 버리고 배에 탄 사람 중 10명만 살려서 돌려보냈다고 조선 조정에 보고했다.[3]

17세기 초에서 19세기 중엽까지 '길리시단'이라는 용어는 조선 사회에서 자주 회자되었다. 길리시단이라는 말이 조선 문헌에 나타나기 시작하는 것은 유몽인이 1621년에 완결한 『어우야담』에서이다. 유몽인은 이 책에서 기례달伎禮怛의 교리가 일본에 들어와서 석가를 배척하고 불교도를 용납하지 않으며 침을 뱉어 찌꺼기처럼 여겼다고 적었다. 유몽인이 말하는 기례달이 바로 길리시단이다. 1643년의 통신사 기록인 『계미동사일기』에는 일본어인 길리지단吉利支丹을 사용하면서 吉利施丹(길리시단) 혹은 吉利葹丹(길리시단)으로 혼용했는데, 그 당시 조선 사회에서는 길리시단이라는 용어가 아직 정착되지 않았다.

유몽인보다 약 100년 뒤인 18세기의 박지원은 『연암집』에서,

불국사에서 만난 예수

야사野史에 의하면 유럽에는 기리단技利但이라는 교가 있는데 그 나라 말로 하느님만 섬긴다는 뜻이라고 하였다. 박지원이 말하는 '야사'란 유몽인의 『어우야담』을 가리키는데, 기리단이란 기례달을 잘못 인용한 것이다. 실학자 이긍익李肯翊(1736~1806) 또한 그의 저서 『연려실기술』燃藜室記述에서 유몽인의 『어우야담』에 나오는 길리시단을 소개하면서 박지원처럼 기리단이라고 하였다.

박지원의 벗 이덕무는 《청장관전서》에서 길리시단이라는 자가 일본에 와서 야소교를 전파하고 일본 사람들을 현혹했다고 썼다. 길리시단을 사람의 이름으로 안 것이다. 이덕무는 이 책에서 네덜란드 사람들이 제주도에 표류해 와 조선 군사와 길리시단이라고 대화한 것부터 시작하여, 일본으로 탈출하게 된 경위와 이 때문에 일본에서 조선 조정에 항의 서한을 보낸 내용까지 자세하게 다루었다.

박지원의 또 다른 제자이며 이덕무와 벗으로 통했던 유득공 또한 『고운당필기』古芸堂筆記에서 길리시단의 유래를 말했다. 유득공은 吉利斯當(길리사당)으로 표기했다. 또한 이덕무의 손자인 이규경은 백과사전인 『오주연문장전산고』에서 吉利是段(길리시단)이라고 적었다.

이렇게 기리시탄이라는 일본어 음역은 조선 사회에 유입되어 여러 가지 유사음으로 변형되었다. 17세기 초에서 19세기 중엽까지 약 250여 년 동안 조선 사회에서는 길리시단이 야소교와 관련된 말이며, 일본에서는 길리시단 금지령을 내리고 대대적인 박해가 있음을 알아 가고 있었다. 조선 사회에는 중국과 일본으로부터 야소교의 교리가 서서히 유입되고 있었다. 그리고 야소교 교리는 중국

한문 서적에 의해 더욱 확고하게 조선 사회에 뿌리를 내려갔다.

17세기 초 조선에 유입되었던 길리시단이라는 말이 오늘에 와서는 그리스도교인으로 불리고 있다. 영어로는 크리스천이라고 말한다. 원래의 의미에는 핍박과 박해와 고난이 담겨 있다. 오늘날 기독교를 비하해서 '개독교'라고 부르기도 한다. 개독교라는 말이 오히려 크리스티아노스와 기리시탄이라는 핍박과 수난의 뜻이 내포되어 있는 원래의 의미에 더 가까운 것은 아이러니가 아닐 수 없다. 제주도 앞바다에 표류해 온 네덜란드 사람들은 이러한 의미를 알고 있었기 때문에 조선 군사가 '너희들은 길리시단이냐?'라고 물었을 때, '야, 야' 하고 자신 있게 대답했을까?

나막신과 푸른 눈의 이방인

'진날에 나막신'이라는 속담이 있다. 필요할 때 긴요하게 쓰이는 물건이나 사람을 말한다. 정약용이 18년간 유배 생활을 했던 강진 일대에서 나막신이 출토되었고,[4] 그 지역 사람들이 그것을 신었다고 한다.[5] 나막신은 네덜란드의 민속 신발이다. 네덜란드는 말 그대로 육지lands가 해수면보다 낮아서nether 질퍽거리는 지리적 특성 때문에 옛날부터 그곳 사람들은 나막신을 애용했다. 지금도 네덜란드에서는 나막신을 신고 다니는 사람들을 볼 수 있다.

조선 군사가 길리시단이냐고 물었을 때, '야, 야'라고 대답했던 네덜란드 사람들은 강진에서 7년 동안 병영 생활을 했다. 그리고

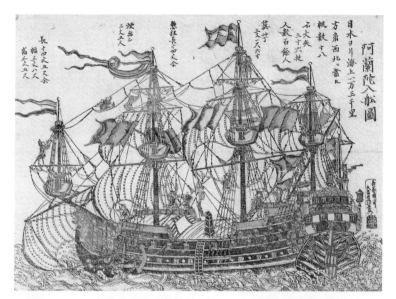

〈아란타입선도〉阿蘭陀入船圖　나가사키로 내항하는 네덜란드 선박 (18세기 후반, 판화, 일본 고베시립박물관 소장)

150년 뒤 정약용도 강진에서 유배 생활을 했다. 그리스도교인이라고 하는 푸른 눈의 이방인들과 정약용이 같은 공간에서 살았다는 것은 묘한 인연이다.

강진에서 출토된 나막신이 네덜란드 이방인들과 관련이 있다면, 이들의 종교인 그리스도교 또한 조선 사회에 어떤 영향을 미쳤을지도 모른다는 조심스런 추측을 해 볼 수 있다.

이들이 살았던 강진의 전라병영성 일대에는 네덜란드식 관개시설과 빗살무늬 방식의 독특한 돌담이 남아 있다. 이들 이방인들 중에 고국인 네덜란드로 돌아가 조선을 유럽에 소개한 이가 『하멜 표류기』로 유명한 헨드릭 하멜Hendrick Hamel(1630~1692)이다. 하멜 일

4

1. 전라병영성 유적 2. 빗살무늬 방식의 독특한 돌담
3. 전라병영성의 네덜란드식 관개시설 4. 강진에서 출토된 나막신

불국사에서 만난 예수

행이 거주했던 전라병영성은 현재 국가문화재 사적 제397호로 지정되어 있고, 그 옆에는 하멜기념관이 건립되어 그들이 타고 온 범선 모형과 나막신 등이 전시되어 있다.

1653년 제주도에 표류한 하멜 일행 36명은 광해군이 인조반정에 의해서 제주도로 유배되었을 때 거처하던 집에 수용되었다. 1년 뒤 그들은 한양으로 압송되었다. 제주목사 이원진의 장계를 받아본 효종은 하멜 일행을 서울로 올려 보내라는 명을 내렸다. 효종은 형인 소현세자와 함께 청나라에 볼모로 잡혀간 경험 때문에 이국 생활의 어려움을 잘 알고 있었다.

소현세자는 청나라가 수도를 심양에서 북경으로 옮기자 그곳에서 70여 일을 체류했다. 그때 소현세자는 남천주당에 있던 아담 샬 신부와 교류하면서 야소교와 서양 과학 기술을 접했다. 아담 샬 신부는 소현세자가 귀국할 때 성화, 한문 서학서, 지구의 등을 선물했고, 신부의 배려로 소현세자가 조선으로 데리고 온 중국인 환관 중에는 야소교 신자도 있었다.

소현세자는 귀국하기 전에 아담 샬 신부에게 서양 선교사들을 조선으로 데려갈 수 있도록 해달라고 요청했다. 이 요청은 마카오에 있는 예수회 소속 관구장의 승인을 받는 데 많은 시간이 필요했으므로 이루어질 수 없었다. 선물을 받아 본 소현세자는 고마움의 편지를 아담 샬 신부에게 부쳤다. 세자의 방 벽에는 신부가 보내준 성화가 걸려 있었다.

벽에 걸린 그리스도상은 보는 이의 마음을 차분하게 해 줄 뿐만 아

스티히터Stichter 판(1668) 『하멜 표류기』에 실린 삽화 1. 스페르베르 호의 제주도 난파 모습
2. 한양으로 올라와 효종을 알현하는 모습 3. 하멜 일행의 전라병영성 생활 모습

불국사에서 만난 예수

니라 추함과 더러움을 맑고 깨끗하게 정화시켜 줍니다. 그러나 나의 신하들은 전혀 천주를 숭배할 줄 모릅니다. 또한 잡신을 숭배하므로 천주를 모욕할까 적잖이 걱정됩니다. 그래서 미안하지만 그대에게 상을 되돌려 주고자 합니다. 지니고 있으면 어떤 죄를 지을까 저어됩니다.[6]

소현세자의 우려대로 부왕인 인조仁祖는 야소교와 서양 과학 기술에 지대한 관심을 가지고 있던 그를 냉대했다. 반청숭명反淸崇明 사상에 젖어 있던 세력들도 소현세자의 귀국을 고운 시선으로 바라보지 않았다. 이런 분위기 속에서 소현세자의 급사는 인조에 의한 독살로 여겨졌다. 소현세자의 죽음 뒤에 세자빈 강씨는 역모 혐의로 죽고, 그의 세 아들은 제주도로 유배되었다. 인조는 신하들의 반대에도 불구하고 왕위 계승자이자 소현세자의 장자인 석철을 폐위하고 봉림대군을 세자로 책봉했다. 봉림대군이 바로 인조의 뒤를 이은 효종이다.

효종도 청나라에 볼모로 가 있었기 때문에 서양 문물에 대해 잘 알고 있었다. 효종은 하멜 일행이 제주도에 도착한 해인 1653년 1월에 형인 소현세자에게 야소교와 서양 과학 기술을 소개해 주었던 아담 샬 신부의 시헌력時憲曆을 채용하기도 했다.[7] 효종의 명으로 한양에 올라온 하멜 일행은 효종을 알현했다. 하멜 일행은 효종에게 일본으로 보내 달라고 간청했지만, 효종은 조선에 들어온 이방인을 돌려보내는 것은 국법에 위배되므로 돌려보낼 수 없다고 했다. 그 대신 효종은 하멜 일행이 조선에서 여생을 편히 보낼 수 있도록 해 주겠다고 답했다.

이후 어명에 따라 하멜 일행은 훈련도감에 소속되어 1년 8개월 간 한양에서 생활했다. 그들은 양반 집에 초대되어 네덜란드 춤을 추고 노래도 부르며 훈련 시범도 보여 주면서 사람들에게 이국 세상을 알려 주었다.

그러던 중 암스테르담 출신의 수석 조타수 얀츠Hendrick Jansz와 사수인 보스Hendrick Jansz Bos가 고국으로 돌아가려고 조선에 온 청 나라 사신과 접촉한 사건이 발생했다. 하멜은, 얀츠와 보스가 체포 된 뒤 감옥에서 죽었는지 아니면 고문을 받다가 죽었는지 모른다고 『하멜 표류기』에서 밝히고 있다.

문제가 심각해지자 훈련도감에서는 즉각 효종에게 이에 대한 상세한 보고를 올렸다. 보고 내용은 이랬다.[8] 남만인인 남북산南北山 과 남이안南二安 두 사람이 청나라 사신의 행렬로 뛰어들었다. 남북 산은 그 자리에서 즉시 체포되었다. 달아난 남이안을 잡기 위해 관 원을 풀어서 산을 수색하고 도로를 염탐했다. 군병이 동소문의 노 상에서 남이안을 발견하여 발에 족쇄를 채우고 훈련도감에 보고했 다. 훈련도감에서는 잡혀 온 남이안에게 칼과 족쇄를 채워 옥에 가 두는 것에 대해 보고를 올렸다.

훈련도감의 보고에 나오는 남북산과 남이안이 바로 하멜이 말 하는 얀츠와 보스였다. 훈련도감의 보고를 보면 조선에서는 남북산 과 남이안을 남만인이라고 불렀다.[9] 하멜도 조선 사람들이 네덜란 드를 남만국으로 불렀다고 적었다. 남만인은 포르투갈 사람을 말하 는 것인데, 조선 조정에서는 그때까지 그들이 네덜란드 출신이라는 것을 정확하게 알지 못하고 있었다. 조선은 그만큼 세계에 대한 인식에 있어서 우물 안 개구리였다.

남북산, 남이안과 같은 사건이 재발할 것을 염려한 조선 조정은 1656년에 하멜 일행을 전라남도 강진에 있는 전라병영성으로 보냈다. 그때 제주도에 표류했던 하멜 일행 36명 중 살아남은 자는 22명이었다. 7년 뒤인 1663년에 조정은 이들 중 12명을 지금의 여수인 좌수영에, 그리고 5명을 순천, 나머지 5명을 남원으로 분산 배치했다. 3년 뒤인 1666년 좌수영에 있는 5명과 순천에 있는 3명으로 구성된 하멜 일행은 조선을 극적으로 탈출하여 일본 고토 군도에 도착하고, 9월 14일 나가사키로 이송되었다. 이 사건이 앞에서 언급한 일본 막부의 아란타 사람 8명과 야소종문 잔당에 관한 항의 서한의 계기가 되었다.

『하멜 표류기』는 하멜이 일본에 도착하여 그의 회사였던 동인도연합회사에 제출할 목적으로 2개월 동안 급히 쓴 70여 쪽 분량의 보고서이다. 하멜 일행은 1667년 10월 23일 나가사키를 출항하여 11월 28일 네덜란드의 식민지 항구였던 인도네시아 바타비아(자카르타의 옛 이름)에 도착했다. 그들이 고국에 도착한 것은 조선을 탈출한 지 2년 뒤인 1668년 7월 20일이었다. 8명의 하멜 일행이 일본으로 탈출했을 때, 그때까지 조선에 살아 있던 네덜란드 사람은 총 7명이었다. 이들은 네덜란드 동인도연합회사의 요청에 따라 일본이 조선과 교섭에 나서면서 1670년에 고국 네덜란드 땅을 밟게 되었다.[10]

남북산과 남이안의 이름에서 알 수 있듯이 하멜 일행들 중에는 조선에 체류하는 동안 남南씨 성을 가진 사람들이 있었다. 그들 중에는 조선 여자와 결혼하여 자녀를 둔 이들도 있었다.[11] 남씨의 본관은 영양, 의령, 고성, 남원의 4본이 주류를 이룬다. 그런데 남씨 중에서도 희귀 성씨인 병영 남씨가 있다. 병영 남씨는 하멜 일행이 7년 간 거주했던 전라병영성에서 본관을 가져왔고 이들이 하멜 일행의 후손이라고 한다.[12]

최근까지도 푸른 눈을 가진 사람들이 강진군 병영면 일대에 살았으며, 이 일대의 사람들 중에는 네덜란드 식 나막신을 신은 이도 있었다고 전해진다.[13] 하멜 일행이 그리스도교인이라고 했으면, 그들이 13년 간 조선에 체류하면서 조선인들과 교류하고 그리스도교 신앙을 전하지 않았을까? 결혼한 사람들은 하얀 피부와 푸른 눈을 가진 자녀들이 조선의 엄격한 신분 사회를 신앙의 힘으로 헤쳐 나갈 수 있도록 가르치지 않았을까?

하멜은 1630년 네덜란드 후르쿰 시市에서 태어났고, 그곳 시장이 증인이 된 가운데 세례를 받았다. 네덜란드는 종교개혁의 전통을 가지고 있는 프로테스탄트교 국가였다. 프로테스탄트교는 로마 가톨릭 교회의 부패에 저항protest하면서 생겨났다. 우리나라는 프로테스탄트교를 고칠 개改와 새롭게 할 신新을 써서 개신교改新敎라고 부른다. 네덜란드 시골에서 태어난 하멜의 종교는 프로테스탄트교였다.

하멜이 남긴 표류기에는 그의 신앙을 엿볼 수 있는 내용들이 등장한다. 하멜 일행이 제주도에 표류했을 때, 제주목사 이원진은 그들을 각별히 돌봐주었다. 하멜은 이원진의 정성스런 보살핌을 이렇게 기록하고 있다.

그는 또한 환자를 극진히 보살펴 주었으며, 우상을 숭배하는 이 이교도가 우리에게 베풀어 준 호의는 똑같은 상황에서 그리스도교인들이 우리를 대한 것보다 더 친절했다고 말할 수 있다.[14]

하멜은 제주목사 이원진의 인간미가 그리스도교인보다 더 낫다고 했다. 이원진은 하멜 일행에게 우리말을 가르쳐 주고, 가끔씩 그들에게 잔치를 베풀어 주어 기분을 전환시켜 주기도 했다. 이원진이 부임지인 제주도를 떠날 때, 그는 하멜 일행에게 겨울을 대비한 겹옷과 바지와 신발을 마련해 주기도 했다. 조선이라는 알 수 없는 나라에 표류되어 억류 생활을 하고 있던 하멜 일행에게는 이원진의 호의가 눈물겹게 고마웠으리라. 하멜은 이원진이 그들의 은인이며, "그가 우리에게 베푼 자비와 후의는 글로 다 표현할 길이 없다"고 하였다.[15]

더 이상 『하멜 표류기』에는 하멜의 신앙관과 조선에서의 신앙 생활에 대한 자세한 언급은 없다. 그러나 하멜은 위급한 상황에서 하느님을 찾는 것을 잊지 않았다. 조선을 탈출하던 1666년 9월 4일 밤 하멜은, "우리는 진심으로 하느님께 감사하며 돛을 올렸다"고 하였다. 그리고 하멜은 고국의 수도 암스테르담에 도착한 뒤, "우리는 13년 28일 동안의 억류에서 우리를 구원해 주신 하느님에게 감사하며, 뒤에 남겨진 우리의 불쌍한 동료들에게 하느님께서 은총을 베푸시기를 간청하였다"고 표류기에 적었다.[16]

제주도에 표류해 온 하멜 일행은 조선 군사들에게 자신들은 길리시단이 틀림없다고 했다. 그들이 13년 동안 어떻게 그리스도교인의 삶을 살았고, 조선인들에게 신앙을 전했는지에 대한 기록과 사료는 전하지 않는다. 하멜이 세례를 받고 나서 그의 신앙이 어떻게 성장했는지 역사는 더 이상 말하지 않고 있다. 프로테스탄트 전통을 가지고 있는 네덜란드에서 성장한 하멜 일행 36명 중 몇 명이 그리스도교인이었으며, 그들 중 조선 여인과 결혼한 이들이 푸른 눈의 자녀들에게 그리스도교 신앙을 가르쳤는지도 미지수다.

비록 하멜 일행이 조선 사회에 그리스도교를 직접적으로 전파하지는 않았지만, 그들을 통해 조선 사람들은 유럽에 대해 눈을 뜨기 시작했다. 또한 유럽도 『하멜 표류기』를 통해 조선을 인식하게 되었다. 하멜의 보고서를 받아 본 네덜란드의 동인도연합회사는 조선과의 무역 통상을 본격적으로 시도하기 위해 1668년에 '꼬레아' Corea 호라는 상선을 제작했고, 다음 해에 꼬레아 호가 출항했다. 그러나 꼬레아 호는 인도네시아 바타비아에서 항해를 중단함으로써 조선에 닻을 내리지 못했다.[17]

소현세자가 조선의 왕으로 등극하고, 하멜 일행을 만났다면 조선에 그리스도교는 얼마나 빨리 전래되었을까? 이런 의미에서 하멜 일행은 조선 사회의 어두운 앞날을 예고하는 진날의 나막신이었다. 조선 사대부들은 나막신을 신을 수가 없었다. 천민이나 어린아이들도 양반 앞에서는 나막신을 신을 수 없었다. 걷는 태도가 거만하게 보였기 때문이다.[18] 소현세자도 정약용도 그들에게 거만하게 보여 버림을 당했을까? 나막신 하나만으로도 조선 사대부들의 미래는 과거에 갇혀 있는 오늘이었다. 그런 상황에서 길리시단이 서서히 조선에 알려지고 있었다.

박연과 홍이포

조선에서 구사일생으로 탈출한 하멜 일행 8명은 일본 나가사키에서 거친 심문을 받았다. 하멜 일행의 출신 국가, 무역선 이름, 난파 경위, 난파 장소, 선원 상황, 물품 목록 등을 물어보고 나서 심문관은 기리시탄을 배에 태우지 않았는가를 물었다. 그리고 조선에서 기리시탄들을 만났는지를 집요하게 추궁했다. 그때는 조선에 천주교가 전래되기 110여 년 전이었다. 그런데 왜, 일본 심문관은 하멜 일행에게 조선에서 기리시탄들을 만났는가를 물어보았을까? 일본 심문관은 조선에 기리시탄들이 살고 있다고 믿고 있었을까? 하멜 일행은 집요한 추궁에 입을 열었다.

"네덜란드인 얀 얀세Jan Janse뿐이었습니다. 그는 1627년 상선을 타고 대만에서 일본으로 향하던 중 폭풍에 휘말려 해안에 표류했습니다. 마실 물이 떨어져 보트로 해안에 접근하던 중 그곳 사람들에게 동료 두 명과 함께 체포되었습니다. 그러나 두 명의 동료는 타타르인이 그 나라를 침략했을 당시 전사했습니다. 또한 중국에서 피해 내려온 중국인들도 약간 있었습니다."
"그 얀 얀세는 아직 생존해 있는가? 또한 어디서 살고 있는가?"
"그와 10년 동안 만나지 못해 그가 아직 살아 있는지 죽었는지 확실히 모르겠습니다. 그는 궁궐에 살았으며 혹자는 그가 살아 있다 하고, 혹자는 죽었다고 말합니다." [19]

심문관이 조선에 기리시탄이 있느냐고 물었을 때, 하멜 일행은 네덜란드인 얀 얀세와 두 명의 동료들이 있었고, 타타르인이 조선을 침략했을 때 두 명은 죽었다고 대답했다. 타타르인이 조선을 침략했다는 것은 병자호란丙子胡亂(1636~1637)을 말한다. 하멜 일행이 만났다는 얀 얀세는 네덜란드 출신 그리스도교인이었다. 하멜 일행은 얀 얀세가 자신들이 제주도에 표류하기 26년 전부터 조선에 살고 있었다고 밝혔다. 고국에서 수만 리 떨어진 이국땅에서, 그것도 표류되어 억류 생활을 하던 하멜 일행에게 얀 얀세는 구세주 같은 존재였다.

하멜 일행이 조선에 도착하기 전 이미 조선에 살고 있었다는 그리스도교인 얀 얀세는 바로 벨테브레Jan Janse Weltevree(1595~?)였다. 벨테브레의 조선 이름은 호탄만胡呑萬이며, 후에 박연朴延(燕 또는 淵)으로 개명했다. 이름의 '연' 자는 여러 한자로 표기되었다. 주로 『조선왕조실록』에는 제비 연燕 혹은 못 연淵, 고문헌에는 늘일 연延 혹은 못 연淵으로 표기되었다.

이름이 이렇게 변한다는 것은 박연의 조선에서의 삶이 베일에 가려져 있었음을 의미한다. 이규경은 『오주연문장전산고』에서 "박연朴延도 표류되어 온 서양 사람으로 훈국訓局에 체포되었는데, 본명은 호탄만이며, 그들 일행은 경외京外의 여러 영營에 나뉘어 예속되었는데, 그중에는 천문天文 · 역산曆算과 조총鳥銃 · 대포에 능한 자가 있었다"고 하였다.

박연은 1626년 네덜란드 동인도연합회사 무역 상선인 우벨켈크 Quwerkerck 호에 승선했다. 무역 상선은 북해 해협에서 정크 선을 나포했는데, 이때 박연은 이 배에 옮겨 타게 되었다.[20] 1627년 폭풍을 만난 박연은 하멜의 기록처럼 식수를 구하려고 동료인 히아베르츠Gijsbertz, D., 피에테르츠Pieterz, J.와 함께 제주도에 상륙했다가 체포되었다. 히아베르츠와 피에테르츠는 병자호란 때 조선 병사로 참전하여 전사한 인물들이다. 박연이 표착한 곳은 제주도, 호남, 경주라는 설로 전해지고 있다.[21]

박연의 표류에 관한 소문은 그가 조선 땅을 밟은 지 40년이 지났어도 사람들의 입에 오르내리고 있었다.

12월, 문위역관問慰譯官 김근행이 와서 말하기를, "요즘에 부산 고로古老의 말을 들었는데 정묘년 연간에 남만선이 있었다. 경주에 표착하여 3명을 붙잡아 왜관에 들여보냈으나, 왜관의 왜인 등은 일본의 표류인이 아니라고 시종 받아들이지 않았다. 이들 남만인은 부산에 머물렀는데, 4, 5년이 지난 후 조정의 분부에 따라 상경하였다"라고 하였다. 『동래부 접왜장계등록 가고사목초』 현종 7년(1666) 병오 12월조

경주 앞바다에 표류한 박연 일행은 부산에서 몇 년 지내다가 조선 조정의 명령으로 압송되어 한양으로 올라갔다는 것이다. 한양에서 박연은 두 명의 동료들과 함께 훈련도감에 배치되었다. 박연은 총기 제조에 참여하고, 홍이포紅夷砲를 제작했다. 그는 조선에 온지 21년 만에 무과에 급제했다. 이때는 인조 26년(1648)이었다. 박연의 홍이포 제작설은 조선 후기 문인 윤행임尹行恁(1762~1801)의 『석재고』碩齋稿에 기록되어 있다.

박연朴延이라는 자는 하란타河蘭陀인이다. 숭정 원년(1628)에 호남에 표류했다. 조정에서는 그를 훈국訓局(훈련도감)에 예속시키고 항복한 일본인과 표류 중국인들을 지휘하게 하였다. 박연의 원래 이름은 호탄만인데, 병서에 재주가 있고, 대포를 매우 정교하게 만들 수가 있었다. ……박연은 나라를 위해 그 기능을 보여 주어 드디어 홍이포 만드는 법을 전했다.[22]

윤행임은 박연의 나라가 하란타라고 하였다. 정조가 '아란타는 어느 지역 오랑캐 이름인가' 하고 신하들에게 물었을 때의 아란타가 바로 하란타이다. 아란타에서 온 박연은 홍이포에 관해서 전문가였다.

지금 수원화성에는 홍이포가 전시되어 있다. 홍이포는 남만국에서 왔다고 하여 남만포라고도 한다. 조선에 홍이포가 소개된 것은 정두원에 의해서였다. 1631년, 정두원은 명나라에 사신으로 가

수원화성에 전시된
홍이포

불국사에서 만난 예수

서 로드리게스J. Rodriguez(陸若漢, 1559~1633) 신부를 만났다. 정두원은 귀국할 때 로드리게스 신부로부터 선물 받은 화포, 천리경, 시계, 염초, 붉은 목화 등과 『직방외기』職方外紀, 『천문략』天文略, 『천리경설』千里鏡設, 『홍이포제본』紅夷砲題本 등의 한문 서학서를 가지고 와서 인조에게 바쳤다.

『홍이포제본』은 소현세자가 북경에서 교류했던 아담 샬 신부가 홍이포의 제작법과 조작법을 설명한 책이었다. 박연은 서양 신부를 통해 이미 조선에 들어와 있던 『홍이포제본』을 참고하여 홍이포를 동료들과 함께 제작했을 것이다. 정두원이 귀국하여 서양의 진귀한 물건과 한문 서학서를 인조에게 올렸을 때, 서양 문물에 관심을 많이 가진다고 소현세자를 냉대한 인조조차도 크게 기뻐했다. 인조는 서양의 화포를 가져온 정두원의 공로를 치하하면서 그를 승진시키라고 명했다.

서포를 가져온 것은 적의 방어에 뜻을 둔 것이니, 정말 가상하기 그지없다. 특별히 한 자급資級을 올려 주라. 『인조실록』 9년 7월 12일

정두원이 사신으로 갔다 온 때는 청나라가 명나라를 침략하여 명나라의 국운이 기울어 가고 있을 시기였다. 명나라의 정세를 알아보기 위해서 인조는 정두원을 다시 불러들였다. 명나라의 상황을 보고 받은 인조는 중국 이름이 육약한인 로드리게스 신부가 누구인지 궁금했다.

"육약한은 어떤 사람인가?"

"도를 터득한 사람인 듯했습니다." 『인조실록』 9년 8월 3일

조선 선비의 눈에는 야소교 신부의 모습이 도를 닦은 사람으로 보였던 것이다. 정두원은 귀국했을 때, 인조에게 사신 행차에 관한 보고를 올렸다.

서양西洋이라는 나라는 중국과는 9만 리나 떨어진 거리에 있어 3년 을 와야 명나라 서울에 올 수 있다 합니다. 육약한은 바로 이마두利 瑪竇의 친구로서 자기 나라에 있으면서 화포를 만들어 말썽을 부리 던 홍이紅夷·모이毛夷를 섬멸했습니다. 그리고 천문과 역법에는 더 정통하다 합니다. 그가 광동廣東에 와서, 화포로 오랑캐 무리를 토벌 하자고 청하여 황제는 그를 가상히 여기고 그에게 교관의 직책을 주 어 등주登州의 군문軍門으로 보냈으며, 그를 빈사賓師의 예로 대우한 다고 했습니다. 그리고 흠천감에서 역서를 만들면서도 전적으로 약 한의 말대로 한다 합니다. 하루는 약한이 신을 찾아왔는데 나이가 97세라는데도 정신이 깨끗하고 기상이 표연한 게 마치 신선 같았습 니다. 신이 화포 1문을 얻어 우리나라에 가 바치고 싶다고 했더니 그 는 즉석에서 허락을 하고 아울러 기타 서적과 기물들을 주기에 그것 들을 뒤에다 적습니다. 『국조보감』 제35권 인조조 29년

정두원이 로드리게스 신부를 만났을 때, 로드리게스의 나이는 72세였다. 그러나 정두원은 인조에게 로드리게스가 97세인데도 정

신이 맑고, 기상이 뛰어나 신선 같았다고 했다. 로드리게스 신부는 포르투갈 출신으로 마테오 리치 신부처럼 예수회 소속이었다. 로드리게스 신부는 일본에서 33년 동안 선교사로 활동하면서 도요토미 히데요시豊臣秀吉(1537~1598)와 도쿠가와 이에야스의 통역관을 지내기도 했다. 1610년에 일본에서 추방된 로드리게스 신부는 마테오 리치 신부의 뒤를 이어 중국에 와 있었다. 1663년 마카오로 옮긴 로드리게스 신부는 정두원과의 만남을 다음과 같이 기록하고 있다.

등주鄧州에 있을 때 조선 사신들이 들어왔다. 우리는 그들과 친교를 맺었다. 그리고 그들을 통해 조선 국왕 앞으로 한자로 된 교리 서적과 과학 서적, 마테오 리치 신부가 만든 세계지도와 그밖의 많은 선물을 보냈다. 조선 국왕은 그때까지 알지 못했던 천주 교리와 외국 소식, 그리고 중국 황제가 우리 신부들을 중히 여긴다는 것을 알고는 매우 기뻐했다. 조선 국왕은 이에 대한 보답으로 여러 가지 좋은 물건을 보내왔다. 나는 이미 조선과 친교를 맺고 입국하기 위해 그에게 많은 서적들과 진기한 물건들을 보냈었다. ……조선 국왕은 매년 두 번씩 일정한 시기에 중국에 사신을 파견했으므로 그들에게 우리에 관한 소식이 남아 있을지도 모른다.[23]

로드리게스 신부의 '조선에 우리에 관한 소식이 남아 있을지도 모른다'는 예측은 적중했다. 로드리게스 신부는 조선에 들어가겠다는 희망을 뒤로하고 이 기록을 남긴 6개월 후 마카오에서 운명했다. 로드리게스 신부는 『일본교회사』에서 조선을 하멜보다 먼저 소개하기도 했다. 하멜 일행이 조선 땅을 밟기 이전에 그리스도교는 조선의 문을 열어 가고 있었다. 서양 문물에 관심이 많았던 소현세자를 그렇게 박대했던 인조도 서양 문물과 그리스도교에 눈을 뜨고 있었던 것이다.

로드리게스 신부가 조선에 전해 준 홍이포는 박연에 의해서 다시 제조되었다. 박연은 항왜降倭와 표류해 온 중국인이 포함된 조선의 외인부대를 관장하는 군관이었다. 항왜란 임진왜란 당시 조선으로 투항해 온 일본 병사들을 말한다. 홍이포를 만들고 외인부대를 이끌면서 조선에 살았던 박연은 하멜처럼 프로테스탄트교인이었다. 그래서 일본 심문관이 하멜 일행에게 조선에 기리시탄이 있었느냐고 물었을 때, 그들은 박연이 있었다고 대답했던 것이다.

하멜과 박연의 기구한 만남

제주도에서 하멜 일행이 한양으로 압송되어 훈련도감에 배속되었을 때, 그들을 훈련하고 지도했던 군관이 바로 박연이다. 박연은 하멜 일행이 서울에 도착하기 이전부터 그들을 잘 알고 있었다. 박연이 하멜 일행을 제주도에서 만났던 적이 있기 때문이다. 하멜 일행이 제주도에 표류했을 때, 그들과 말이 통하지 않아 조사하는 데 어려움이 많다는 제주목사 이원진의 장계를 접한 조선 조정은 박연을 통역관으로 급파했다. 박연이 제주도에 도착한 것은 하멜 일행이 표류해 온 지 3개월이 지나서였다.

불국사에서 만난 예수

하멜 일행이 제주목사 이원진에게 불려 나갔다. 이원진의 옆에는 박연이 앉아 있었다. 이원진은 하멜 일행에게 박연이 누구라고 생각하느냐고 물었다. 그들은 박연이 네덜란드 사람임을 단숨에 알아보았다. 박연은 네덜란드어로 그들에게 어디서 왔냐고 묻기 시작했다. 하멜 일행은 네덜란드 동인도연합회사 소속이며 일본으로 항해하던 중 표류했으며, 자신들이 가고자 하는 곳으로 항해할 수 있기를 하느님께 간절히 바란다고 했다.

박연과 하멜 일행은 이렇게 해서 낯선 이국땅 조선에서 기구한 만남을 갖게 되었다. 박연은 하멜 일행에게 자신 또한 네덜란드에서 왔으며, 어떻게 조선에 왔는지를 말해 주었다. 박연과 하멜 일행은 같은 나라 출신임을 알고 흐르는 눈물을 주체할 수 없었다. 이들이 극적으로 상봉했을 때 박연은 58세였다. 하멜은 박연과 대화를 나눌 때, 그가 모국어를 잊어버려서 처음에는 의사소통하는 데 어려움이 많았다고 했다. 고국 사람을 만난 하멜 일행은 박연에게 일본으로 보내 줄 것을 간청했다.

고향을 떠난 지가 벌써 5년이 되어 고향 땅으로 돌아가야 합니다. 밤낮으로 하느님께 빌고 있습니다. 만약 우리들을 살려서 일본으로 보내 주시면 그곳에는 우리나라 상선商船이 많이 와 있을 것이니 이편에 살아 돌아갈 수 있을 것입니다. 『지영록』知瀛錄「서양국표인기」西洋國漂人記[24]

박연은 프로테스탄트교인이었기 때문에 하멜 일행이 고국으로 돌아가게 해달라고 하느님께 매일 밤 기도하는 것을 충분히 이해하고도 남았다. 그러나 박연은 하멜 일행에게 자기와 함께 조선에 있자고 권했다.

일본이 시장을 열어 놓은 곳은 오직 나가사키뿐이다. 그런데 교역하는 일은 전날과는 달라, 다른 나라 상선은 하륙下陸을 허락하지 않아 배 위에서 서로 장사하는데 그 나라 사람일지라도 남의 나라에 왕래하는 자는 반드시 죽인다. 하물며 너희들이 타국인他國人임에야. 나와 같이 경사京師(한양)로 올라가서 도감都監(훈련도감)의 포수砲手로 입속入屬하느니만 못하다. 의식衣食이 남아돌고 신변이 안전하여 무사할 것이다. 「서양국표인기」

박연은 급변하는 일본의 정세를 잘 알고 있었다. 일본의 에도 막부는 1634년에 쇄국정책의 일환으로 나가사키에 데지마出島라는 인공섬을 건설했다. 데지마 섬은 일본 내륙으로의 그리스도교 전파를 막고 오로지 무역 창구의 역할만을 했는데, 당시 일본이 서양과 교류한 유일한 창구였다.

일본 막부는 데지마 섬에서 포르투갈 상인들과 무역을 했는데, 포르투갈이 시마바라의 난을 지원했다는 혐의로 국교를 단절했다. 15세기 초부터 1640년까지 포르투갈 무역 상선이 일본으로 항해한 회수는 무려 920여 회가 되었다. 1년에 여섯 차례 이상 무역 상선이 일본으로 오고 갔던 것이다. 포르투갈로서는 엄청난 손실이었다. 그러나 일본은 쇄국정책을 취하면서도 네덜란드와의 해외 무역만은 열어 놓고 있었다. 네덜란드는 1639년 이후부터 일본이 개항할

불국사에서 만난 예수

〈나가사키항도〉長崎港圖　데지마 출신의 화가 가와하라 케이가川原慶賀가 그린 나가사키 항구의 모습. 그림 하단에 부채꼴 모양의 인공섬 데지마가 보인다. (1930년, 일본 고베시립박물관 소장)

때까지 약 200년간 독점적인 무역을 지속했다. 네덜란드가 포르투갈과는 달리 일본과의 무역을 지속할 수 있었던 이유는 네덜란드 상인들의 관심사가 이윤을 남기는 것이지 전도傳道가 아니었기 때문이다.

박연이, 일본이 시장을 열어 놓은 곳은 오직 나가사키뿐이며 타국 상선의 상륙을 허락하지 않는다고 한 것은 일본의 1639년 포르투갈과의 국교 단절과 쇄국정책을 말하는 것이었다.

그러나 일본의 철통같은 쇄국정책에도 불구하고 유럽의 기리시탄들은 일본에 잠입하고 있었다. 이에 일본 막부는 기리시탄들의 일본 잠입을 막기 위해 조선 조정에 계속해서 이국 선박에 대한 감시와 표류 선박의 압송에 관해 협조를 요청했다. 이것이 1장에서 본 조선, 중국, 일본의 외교 마찰로까지 비화되었던 일본의 '야소종문금제'耶蘇宗門禁制 요청이다. 조선 조정은 일본의 야소종문금제 요청에 대해 확고한 공조를 다짐하고 있었다.

박연은 이러한 정세를 잘 알고 있었기에 하멜 일행에게 한양으로 올라가 훈련도감에서 같이 생활하자고 했던 것이다. 조사가 끝난 뒤, 박연은 하멜 일행과 아쉬운 작별을 했다. 하멜 일행이 한양으로 압송되어 효종을 알현하러 갔을 때, 그들은 통역으로 나온 박연을 다시 만날 수 있었다.

그 후 하멜 일행은 박연의 외인부대로 배치되었다. 그러나 남북산과 남이안의 청나라 사신 접촉 사건으로 말미암아 하멜 일행이 전라병영성으로 유배 아닌 유배를 떠난 뒤, 그들과 박연은 다시는 상봉할 수 없었다. 그래서 탈출한 하멜 일행이 나가사키에서 심문을 받을 때, 박연과는 10년 동안 만나지 못해 그가 살아 있는지 죽었는지 확실히 모른다고 했던 것이다.

조선으로 귀화하여 호탄만이라는 이름에서 박연으로 개명한 벨테브레는 조선 여인과 결혼하여 자녀를 두었지만, 그와 후손에 대한 이야기는 더 이상 전해지지 않고 있다. 그러면 하멜 일행이 그리스도교인이라고 말한 박연은 조선에서 신앙을 지키면서 살았을까? 그리스도교가 뿌리를 내리지 않았던 조선 사회에서 박연이 그리스도교 신앙을 간직하기에는 많은 어려움이 있었을 것이다. 그럼에도 불구하고 박연은 조선의 종교와 다른 신앙의 모습으로 조선 사람들에게 신비함을 불러일으켰다.

박연에게 많은 도움을 주었던 조선 인물 중에 효종의 부마인 정재륜鄭載崙(1648~1723)이 있었다. 정재륜은 박연의 인간미와 신앙적인 면을 이렇게 회상했다.

> 위인이 뛰어나 식견이 있고 생각이 깊었다. 사물에 대해 말할 때는 왕왕 저명한 사람과 같았다. 선악화복善惡禍福의 이치를 말할 때마다 그는 '하늘이 갚아 줄 것'이라 말하곤 했다. 그의 말은 도를 깨우친 사람과 비슷했다. 『한거만록』閒居漫錄 권2

선악화복의 이치와 '하늘이 갚아 줄 것'이라는 말은 그리스도교의 신앙과 밀접한 관련이 있다. 박연이 조선에 들어오기 5년 전에 죽은 유몽인은 『어우야담』에서 길리시단을, "무릇 마음을 다스리고 일을 행하는 데 있어 하늘의 뜻에 어그러지지 않아야" 하는 종교라고 했다. 예수는 산상수훈山上垂訓을 통해 심령이 가난한 자, 애통해

벨테브레(박연)의 고향 드 레이프De Rijp에 세워진 기념 동상 ⓒ엘리 발튜스

이 동상은 벨테브레(박연)를 기념하기 위해 1988년에 네덜란드 예술가 엘리 발튜스Elly Baltus가 제작해서 도시의 중앙에 세운 것이다. 한국과 네덜란드 간의 우의의 상징으로 3년 후인 1991년에 이 동상의 복제품이 한국에 보내져 서울 어린이대공원에도 세워졌다. 과거와 현재의 무역 교류를 형상화하기 위해 동상의 옷은 동양의 종이 우산, 작은 배, 그리고 포장지로 표현되었으며, 현재의 무역 상품인 자동차, 라디오, 카메라, 자전거 등을 통해 과거의 무역 상인이었던 박연을 재현했다. 그가 조선에서 무기를 제조했기 때문에 다수의 무기가 동상에 사용되었다. 그리고 『하멜 표류기』의 기록에 따라 박연은 갈색 머리와 긴 수염을 한 모습으로 표현되었다.

불국사에서 만난 예수

하는 자, 온유한 자, 의에 주리고 목마른 자, 긍휼히 여기는 자, 마음이 청결한 자, 화평케 하는 자, 의를 위하여 핍박 받는 자는 복이 있어서 천국을 보게 될 것이라고 하였다.

박연이 예수의 산상수훈을 생활 속에서 실천했는가는 알 길이 없지만, 정재륜의 회상에서 그의 신앙이 어렴풋이 되살아난다. 그래서 후세에서는 박연을 신교도인 프로테스탄트였다고 주장했다.

박연에게서 두 가지 흥미 있는 추찰이 있으니 하나는 그가 신교도인 듯한 점이요, 또 하나는 그가 화포장火砲匠인 듯한 점이다. 오늘날까지 전하는 몇 가지의 기록에 박연이 매양 선악화복의 '리'理를 말하며 툭하면 천보天報를 운위云謂하며 그 언행이 유도자有道者와 같다 한 것을 보면 당시 신교국이던 화란인이니만큼 박연이 혹은 신교도였는지 모른다.[25]

박연이 언제 어떻게 죽었는지는 알려지지 않고 있다. 그의 후손들에게 신앙을 대물림할 수 있었겠지만 이에 대한 전승도 없다. 조선에서의 박연과 하멜 일행의 기구한 만남은 17세기 중엽을 전후로 급변하는 동북아시아의 정세를 보여 주는 사건이었다.

청나라와 명나라의 전쟁에서 명나라는 패망하고, 일본은 그리스도교 금교령에 따라 포르투갈과 국교를 단절하고 네덜란드와의 무역 교류만 열어 놓았다. 유럽 열강들은 동남아 일대를 식민지화하면서 마카오와 대만을 무역 교두보로 확보해 나가고 있었다. 16세기 중엽부터 포르투갈과 스페인이 동북아시아에서 확보했던 거점을

17세기 이후부터는 네덜란드가 장악하기 시작했다. 네덜란드는 1610년 일본에 무역관을 설치한 뒤부터 1670년 전후까지 조선과의 무역을 시도했다.[26] 이들 유럽 열강의 동북아시아 진출은 중국과 일본에 그리스도교를 전파하는 계기가 되었다. 이런 정세 속에서 조선 땅에 살아야 했던 박연의 프로테스탄트 신앙은 닫혀 있던 조선에게는 어찌 보면 먼 나라의 이야기에 지나지 않았다.

홍도와 조선인 노예들

정약용은 『조선복음전래사』에서 야소교가 16세기 말 즉 임진왜란壬辰倭亂(1592~1598) 이후에 알려지기 시작했다고 말했다.[27] 정약용은 어떤 근거로 이런 주장을 했을까? 그 주장이 맞다면 야소교는 임진왜란을 통해서 어떻게 조선에 알려졌을까? 임진왜란은 조선 산하를 피로 물들이면서 이산가족과 조선인 노예를 양산했다. 왜군에 의해 일본으로 끌려간 많은 조선인들은 노예로 전락하여 동남아와 유럽 일대로 팔려 나갔다. 이러한 전쟁의 소용돌이 속에 야소교는 조선의 땅을 밟고 있었다.

임진왜란으로 이산가족이 된 조선인들은 가족을 찾기 위해 조선 팔도뿐만 아니라 중국까지 갔다. 남원에 살던 정생鄭生은 같은 마을의 홍도紅桃라는 처자와 결혼했다. 1597년 명나라 군대가 와서 남원을 지키고 있을 때, 정생은 궁수가 되어 명나라 군대에 합류했다. 홍도는 남편과 떨어지지 않기 위해 남장을 하고 남편을 따라 나섰다. 일본이 남원성을 함락했을 때, 정생은 탈출했지만 부인 홍도를 잃어버리고 말았다. 정생은 홍도가 명나라 군대를 따라 중국으로 갔으리라 생각하고 중국에 들어가 걸식하면서 절강浙江까지 가게 되었다.

절강에서 정생은 극적으로 홍도와 상봉했다. 이들 부부는 절강 땅에서 살면서 아들 몽현夢賢을 낳았다. 아들이 장성하여 혼인을 시키려고 했지만 중국인들은 조선인과 혼인할 수 없다고 하여 배우자를 구할 수가 없었다. 그때 한 처자가 아들과 혼인하기를 청했는데, 그녀의 아버지는 명나라 군인으로 조선에 가서 돌아오지 않기 때문에 조선인과 결혼하여 조선에 가게 되면 아버지를 만나볼 수 있을 것이고, 살아 있지 않다면 넋이라도 위로하고 싶다고 하였다.

아들의 결혼 후, 정생은 청나라 태조 누르하치가 명나라를 침략했을 때 명나라 군대에 선발되어 다시 전쟁터로 나가게 되었다. 명나라가 청나라에 패하자 정생은 구사일생으로 살아서 조선으로 도망쳤다. 정생은 홍도와 또 생이별을 하게 되었다. 고향 남원으로 내려가던 중 다리에 종기가 난 정생은 의원을 찾아갔다. 의원은 임진왜란 때 조선에 온 명나라 병사인데 군대가 철수할 때 낙오하여 조선에 남게 되었다고 했다. 의원이 자신의 이름과 고향을 말했을 때, 정생은 믿을 수가 없었다. 이 의원은 바로 아들 몽현의 장인이었다. 둘은 함께 남원으로 내려와 서로를 위로하면서 적적함을 달랬다.

1년이 지나도 남편에게서 소식이 없자 홍도는 아들과 며느리를 데리고 남편을 찾기 위해 절강을 떠났다. 배를 타고 제주도 앞바다 가가도에 도착한 홍도는 식량이 다 떨어져 목매어 죽으려고 했다.

며느리의 만류로 생명을 부지한 이들은 마침 순시하고 있던 조선 수군에 의해 극적으로 구조되었다. 홍도 일가의 기막힌 사연을 전해 들은 수군은 그들을 순천에 도착할 수 있도록 해 주었다. 홍도와 몽현 부부가 남원에 도착했을 때, 정생과 몽현의 장인이 살고 있었다.

홍도의 이 기이한 가족사는 유몽인의 『어우야담』에서 「홍도 가족의 인생유전」이라는 제목의 글로 전해지고 있다. 홍도 부부의 인생유전은 비록 야사이지만 임진왜란으로 인해 조선 민중들이 겪어야 했던 참담한 생활의 한 면을 보여 준다. 임진왜란의 여파는 조선인들을 중국, 일본, 동남아, 유럽 등지로 떠돌게 했다.

임진왜란 후, 조완벽趙完璧이라는 조선 선비가 지금의 베트남인 안남국을 세 차례나 왕래했다. 조완벽이 베트남에 갔을 때, 하루는 그곳의 실세인 환관宦官이 그를 잔치에 초대했다. 환관은 한시漢詩 문집을 내 보이면서 그에게 물었다. "이 시는 조선 이지봉李芝峯의 시이다. 아는가?" 조완벽은 이지봉이 누구인지 몰랐다. 한시 문집을 살펴보니 고금의 명시가 있는데, 이지봉의 시가 맨 첫머리에 있었다. 안남국의 유생들은 이지봉의 시를 필사하여 암기하고 있을 정도였다. 이지봉은 바로 마테오 리치 신부의 『천주실의』와 『교우론』을 『지봉유설』에서 소개한 이수광이다.

이수광은 1597년 일본이 제2차 침략을 강행한 정유재란丁酉再亂 때, 명나라 북경에 사신으로 가서 베트남에서 온 풍극관馮克寬이라는 사신을 만났다. 이때 이수광은 풍극관과 시를 주고받았다. 조선 선비가 이수광의 시를 베트남에서 볼 수 있었던 것에는 이러한 사연이 있었다. 이수광은 이때 지금의 오키나와인 유구국琉球國에서

불국사에서 만난 예수

온 사신과도 만나서 시를 교환했다. 조선에서는 알지도 못했던 이수광과 그의 시를 머나먼 베트남 땅에서 보게 된 것이다.

그렇다면 조완벽은 어떻게 베트남을 세 번이나 갔다 왔을까?

고려를 군부 쿠데타로 무너뜨린 조선은 중국과 일본을 제외한 어느 나라와도 해상 무역을 시도하지 않았다. 삼면이 바다로 둘러싸인 조선은 더 넓은 해양을 항해하지 못했다. 이러한 조선의 금줄을 풀어 놓은 것이 바로 임진왜란과 정유재란이었다.

조완벽은 바로 정유재란 때 포로가 되어 일본으로 갔다. 그는 일본에서 동남아 무역을 하던 일본 상인을 만나 베트남에 세 번이나 갔다 왔던 것이다. 임진왜란이 끝난 후 1607년, 조선은 일본으로 끌려간 포로 7천여 명을 본국으로 송환해 오면서 일본과 국교를 정상화했다. 이때 송환되어 오는 조선인 포로들 중에 조완벽이 있었다. 포로로 끌려갔던 조완벽은 일본 상인을 따라 베트남뿐만 아니라 필리핀과 오키나와에도 다녀왔다.

임진왜란과 정유재란으로 인해 10만여 명의 조선인이 포로가 되어 일본으로 끌려갔다. 이들 중에 3만여 명이 나가사키의 포르투갈 상인에 의해 마카오, 필리핀, 인도, 유럽 등지에 노예로 팔려 나갔다.[28] 포로 중에는 화가 루벤스가 그린 〈한복을 입은 남자〉의 주인공 안토니오 꼬레아라는 조선인도 있었다. 안토니오 꼬레아는 포로가 되어 이탈리아로 팔려 갔다.

헐값으로 매매되는 수많은 조선인 노예 문제는 일본에 있던 서양 신부들의 신앙적 양심을 질타하고 있었다. 이렇게 조선인 노예 문제가 서양 신부들의 양심을 울리고 있을 때, 조선 사회에 기리시

루벤스Peter Paul Rubens, 〈한복을 입은 남자〉

이 그림은 오세영의 소설 『베니스의 개성상인』의 모티브가 된 것으로 유명하다. 소설은 그림 속 주인공이 임진왜란 당시 왜병에게 끌려가 피렌체까지 흘러간 조선인 안토니오 꼬레아라는 추측에서 시작된다. 하지만 최근에는 에도 시대 일본에 체류했던 네덜란드인에게 발탁돼 피렌체로 간 조선의 전직 관리라는 설이 설득력을 얻고 있다. 옷차림이 조선 시대 관리들이 입고 있던 16세기 철릭과 닮았기 때문이다. (폴 게티 미술관 소장)

불국사에서 만난 예수

탄이 알려지고 있었다. 임진왜란이 조선 산하를 유린할 때, 그 선봉에는 십자가 군기를 치켜세운 일본 기리시탄들이 있었다

일본 기리시탄과 조선 침략

일본에 서양 신부가 첫 발을 내디딘 때는 마테오 리치 신부가 중국 북경에서 본격적으로 선교 사업을 시작하던 때보다 50여 년이 앞선다. 1549년 예수회 선교사 프란치스코 하비에르Francesco Xavier(1506~1552) 신부가 꼬스메 데 또레스Comes de Torres(1510~1570) 신부와 후안 페르난데즈Juan Fernandez(1526~1567) 수사, 일본인 통역 안지로安次郎를 대동하고 안지로의 고향인 규슈九州의 가고시마鹿兒島에 도착하면서 일본에 가톨릭이 전파되기 시작했다. 일본인 안지로는 살인을 범하고 도망하던 중, 포르투갈 상인에 의해 말레시아의 믈라카로 가서 하비에르 신부에게 세례를 받고, 일본인 최초의 기리시탄이 된 인물이다.

15세기 말 유럽의 대항해 시대가 시작되면서 포르투갈과 스페인은 아시아의 식민지 경쟁에 박차를 가했다.

1510년 포르투갈에 의해 점령당한 인도의 고아는 동양 무역과 예수회의 동양 선교에 교두보 역할을 했다. 이듬해에 포르투갈은 믈라카를 정복하여 식민지로 만들고, 아시아 무역과 선교를 위한 거점 기지로 삼았다. 포르투갈은 믈라카를 점령한 뒤 수도 리스본에서 가톨릭 교회가 이슬람에 승리했다고 축제를 벌이기도 했다.[29]

1. **하비에르 공원** 하비에르가 가고시마에 도착한 것을 기념하기 위해 조성한 공원
2. **하비에르** (고베 시립박물관 소장)
3. **하비에르 공원의 기념 동상** 왼쪽부터 일본인 통역 안지로 혹은 야지로우(서양식으로는 안젤로Angelo),
하비에르, 하비에르가 일본에서 최초로 세례성사를 베푼 일본의 천주교 신자 가고시마의 베르나르도

1513년 포르투갈은 여세를 몰아 마카오에 진출하고, 1533년에는 명나라로부터 마카오에서의 무역을 허가받게 되었다. 이로써 마카오는 동북아시아를 향한 무역과 선교의 발판이 되었다.

한편 스페인은 1517년에 동남아의 한 섬을 발견하고, 후에 국왕이 되는 스페인 왕자 펠리페 2세Felipe II의 이름을 따서 이 섬을 필리핀이라고 하였다. 스페인은 필리핀의 무슬림 정착지를 점령한 뒤 마닐라를 건설했다. 포르투갈과 스페인의 무역 확장은 이렇게 가톨릭 선교와 병행되었다.

교황들은 포르투갈과 스페인 왕실에 보호권을 부여하면서 선교를 적극 장려했다. 보호권이란 원래 일반 신자가 성당이나 건물을 건축했을 때, 이에 대한 보답으로 몇 가지 의무와 특권을 주는 제도였다. 그러나 보호권 제도는 선교 수단보다는 식민지 지배를 위한 군사 정복을 정당화해 주는 도구로 변하고 있었다.[30] 포르투갈이 점령한 믈라카도 예외가 될 수 없었다. 이러한 상황에서 믈라카에 있던 하비에르 신부는 포르투갈 상인들과 안지로를 통해 일본에 관한 정보를 듣고 일본 선교를 강행했다. 하비에르 신부의 어깨에는 인도 고아에서부터 나가사키까지의 선교를 총괄해야 하는 임무가 걸려 있었다.

처음에 일본인들은 가톨릭을 불교의 한 종파로 받아들였다. 안지로가 번역한 하느님의 일본식 이름인 다이니찌大日가 일본 불교 진언종眞言宗에서 사용되는 말이었다. 후에 이 사실을 안 하비에르 신부는 데우스deus를 음역한 다이우소提宇子를 그리스도교의 하느님 이름으로 사용했지만, 다이우소의 일본말 뜻은 '거대한 거짓말'

이었다.[31] 그리스도교 용어가 일본어로 잘못 번역되면서 많은 혼선을 빚었다. 1595년경에는 하느님이라는 말이 텐도天道, 텐슈天主, 텐테이天帝 등으로 불렸다.[32] 기리시탄이라는 일본말이 조선에 들어와서 여러 가지로 음역된 것과 같았다.

하비에르 신부는 일본 각 지방의 영토를 다스리는 다이묘大名와 우호적인 관계를 유지하면서 위로부터의 선교를 시작했다. 어떤 다이묘한테는 로드리게스 신부가 정두원에게 선물했던 것처럼 화포와 탄약, 회중시계, 망원경 등을 주기도 했다. 하비에르 신부는 2년 동안 선교를 하면서 700여 명을 개종시키고, 또레스 신부에게 일본 선교를 맡기고 인도 고아로 돌아갔다.

고아로 돌아간 하비에르 신부는 일본 선교의 성공은 곧 중국 선교에 있음을 믿고 1552년 8월 중국 광동에 상륙했으나, 뜻을 이루지 못하고 12월에 병사했다. 그가 이루지 못한 중국 선교는 30년 뒤, 마테오 리치 신부가 광동에 도착하면서 실현되었다. 마테오 리치 신부는 광동, 소주, 남창, 남경에서 20년 동안 활동한 후, 1601년 북경으로 들어가면서 조선에 알려졌다.

1583년 일본에는 32명의 서양 신부, 33명의 유럽 출신 신학생, 약 15만 명의 일본인 개종자가 있었다.[33] 1587년 이전에는 기리시탄이 20만 명, 교회가 200개나 될 정도로 일본 그리스도교는 급성장했다.[34] 1549년 하비에르 신부 일행이 일본에 들어와 그리스도교를 전래한 이후 금교령에 의해 기리시탄들이 자취를 감추기 시작하는 1643년까지의 약 100년 동안을 일본의 '크리스천 시대'라고 한다. 이 기간 동안 300명의 서양 신부와 230명의 사제, 70명의 수도

불국사에서 만난 예수

사가 일본 땅을 밟았으며, 1614년에는 약 37만 명의 기리시탄이 있었다고 전해진다.[35]

이런 일본의 그리스도교 교세 확장은 자연히 부산 앞바다를 통해 조선 내륙 깊숙이 기리시탄을 알리고 있었다. 일본 기리시탄의 존재를 조선에 알린 결정적인 계기는 임진왜란이었다. 1582년, 일본 전역을 장악한 도요토미 히데요시는 조선과 중국 침략 계획을 세우고 있었다. 조선 침략에 포르투갈을 통해 들어오는 신식 무기인 조총이 절대적으로 필요함을 알았던 도요토미 히데요시는 서양 신부들과 우호적 관계를 맺었다.

1587년 히데요시는 예수회 신부들과 만나서 조선과 명나라를 침공할 계획을 알리고 포르투갈 군함 두 척을 지원해 줄 것을 요청했다. 그리고 조선과 중국을 정복하고 나면 중국에 교회를 세울 수 있도록 협조하겠다는 조건을 내세웠다. 도요토미의 조선 침략 지원 요청에 꼬엘료Gaspar Coelho 신부는 기리시탄 다이묘들과 합동 작전을 제안하는 오점을 남겼다. 꼬엘료 신부는 일본 선교를 총책임지고 있던 부관구장이어서 규슈 지방의 기리시탄 다이묘들에게 상당한 영향력이 있었다.

그러나 이 제안은 성사되지 않았다. 히데요시는 서양 신부들이 불교를 탄압하며, 자신의 심복인 기리시탄 다이묘가 배교 명령을 거부했다는 명분으로 일본 내에서의 신부 추방령을 내렸다. 이것이 1587년의 '파테렌伴天連 추방령'이다. 파테렌은 포르투갈어로 신부를 뜻하는 padre의 일본어 음역이다. 그러나 추방령이 떨어졌지만 이로 인해 일본을 출국한 선교사는 한 명도 없었다. 파테렌 추방령이 떨어지자 꼬엘료 신부는 기리시탄 다이묘들에게 무력으로 히데요시에 맞설 것을 지시하고, 포르투갈 군대의 파견을 요청했다.

일본은 기리시탄 다이묘들이 이끄는 군대와 포르투갈 군대가 협공하여 도요토미 히데요시의 세력과 전쟁을 일으키는 일촉즉발의 위기 상황에 빠져들고 있었다. 이 소식을 접한 예수회의 동양 순찰사인 발리냐뇨Alessandro Valignaon(范禮安, 1539~1606) 신부는 꼬엘료 신부의 조치에 격노하고, 포르투갈 군대의 철수를 명령했다.

발리냐뇨 신부는 일본 문화와 풍습을 존중하는 토착화 선교 정책을 추구한 인물이었다. 마테오 리치 신부의 중국 토착화 선교는 바로 발리냐뇨 신부의 정책을 수용한 것이었다.[36] 발리냐뇨 신부는 사태를 무마하기 위해서 도요토미 히데요시와 전격적인 회동을 가졌다. 이때 통역을 맡았던 신부가 중국 등주에서 정두원을 만나서 『홍이포제본』을 전해 주었던 로드리게스 신부다.

조선 침략을 준비하고 있던 도요토미 히데요시는 포르투갈과 기리시탄 다이묘들의 지원이 절실했다. 그는 과격한 선교 활동을 하지 않는다면 일본 내에서의 활동을 막지 않겠다며, 한발 물러섰다. 조선 침략 계획을 알고 있던 발리냐뇨 신부는 히데요시에게 조선 침략에 적극 협조할 것을 약속함으로써 파테렌 추방령으로 인한 위기 사태를 수습하게 되었다.[37] 발리냐뇨 신부와 극적인 타협을 이룬 히데요시는 드디어 조총의 총구를 조선으로 돌리게 되었다.

역사는 그리스도교 전파라는 명분으로 십자가를 높이 든 전쟁을 묵묵히 바라만 보고 있었다. 생명을 구하기 위해 십자가에 죽어 간 예수는 십자가 군대로 인해 수많은 죽음을 또 당해야 했다. 일본

불국사에서 만난 예수

목에 십자가를 건 고니시 유키나가의
동상과 군기軍旗

이 조선 침략의 구실로 명나라를 치러 가기 위해 길을 빌리겠다고
한 정명가도征明假道는 '십자가도'十字假道로 변하고 있었다.

　발리냐뇨 신부와 도요토미 히데요시의 타협을 확인이나 하듯이
조선 침략의 선봉대를 이끈 왜장은 세례명이 아고스띠뇨Agostinho
였던 고니시 유키나가小西行長(?~1600)였다. 고니시 유키나가의 선
봉대 1만 8천 명 대부분도 기리시탄들로 구성되었다. 그의 부하 4명
중 소 요시토시宗義智와 아리마 하루노부有馬晴信는 기리시탄 다이묘
였다. 소 요시토시는 대마도 영주로서 임진왜란 1년에 발리냐뇨 신
부에게 세례를 받고 고니시 유키나가의 딸과 결혼했다. 아리마 하
루노부 또한 발리냐뇨 신부에 의해 기리시탄이 되었다. 아리마 하
루노부의 부하 장수 중 5명도 기리시탄 다이묘로 구성되었다.[38] 이
들 중에 오무라 요시아키大村喜前의 아버지 오무라 스미타다大村純忠
는 아리마 하루노부와 함께 발리냐뇨 신부가 이끄는 4명의 일본 소

〈부산진순절도〉釜山鎭殉節圖

변박卞璞이 그린 임진왜란 기록화. 선조 25년(1592) 4월 13일과 14일 이틀간에 걸쳐 부산진
에서 벌어졌던 왜병과의 전투 장면을 묘사한 것이다. (육군박물관 소장)

년 사절단을 유럽으로 파견한 인물이다. 이들은 규슈 지역의 기리시탄 다이묘들이었다.

발리냐뇨 신부는 아리마 하루노부가 기증한 불교 사원을 헐고 신학교를 세우기도 했다. 이들 기리시탄 다이묘들은 세례명을 사용했으며 인감과 깃발에 십자가나 성상을 표시했다.[39] 이렇게 고니시 유키나가의 선봉대는 발리냐뇨 신부와 밀접한 관계를 맺고 있었다. 이렇게 보면 그리스도교는 조선 땅에서도 전쟁 개입이라는 역사적 과오 앞에서 진정한 회개를 해야 했다.

십자가 군기에 찢긴 조선 산하

부산진성을 향해 기리시탄 선봉대가 뿜어내는 탄환은 임진왜란의 첫 전투를 알리는 신호탄이었다. 부산진성에서 정발鄭撥(1553~1592) 장군이 지휘하는 600명밖에 되지 않는 조선 군사는 조총으로 무장한 1만 8천 명의 기리시탄 선봉대와 맞서야 했다. 조선 군사가 다윗이고 기리시탄 일본 선봉대는 골리앗이었다. 다윗은 거인 골리앗을 돌팔매로 무너뜨렸지만, 조선 군사는 다윗이 될 수 없었다. 화살도, 칼도, 돌팔매도 중무장한 기리시탄 골리앗 앞에서는 한낱 지푸라기에 지나지 않았다.

임진왜란을 전후하여 일본에 있던 포르투갈 출신 예수회 선교사 루이스 프로이스Luis Frois 신부는 발리냐뇨 신부의 지시로 『일본사』를 집필하게 되었는데, 부산진성 전투를 이렇게 묘사하고 있다.

〈동래부순절도〉東萊府殉節圖

변박이 그린 임진왜란 기록화. 선조 25년(1592) 4월 14일 오전에 부산진을 함락시킨 왜군은 15일에는 동래부를 공략했다. 동래는 부산진과 가까운 거리였고 부산 지역을 관할하는 곳이었다. 이 전투에서 당시 동래부사 송상현 등 군민軍民이 모두 순절했다. (육군박물관 소장)

불국사에서 만난 예수

조선인들은 용감한 전사이며 그들의 국왕에 대한 충성심이 대단했으므로 거의 전원이 전사할 때까지 싸웠고 그들 중 포로가 된 사람은 소수였다. 그들 가운데 최초로 전사한 사람은 그들의 장수(정발 장군)였다. ……고귀하고 명예를 중시하는 여인들은 자신의 예쁜 용모를 감추려고 어떤 여인은 솥과 냄비의 검댕을 얼굴에 칠했는데 그렇게 하면 일본 병사의 손아귀에서 도망칠 수 있을 것으로 생각했던 것이다. 또 다른 여인들은 초라하고 남루한 의복을 걸치고서 적을 속이려고 했다. 조선의 여인들은 매우 정숙하고 품행이 방정하며 조심성이 많다는 정평이 있으나, 그들 가운데에는 이 예기치 못한 엄청난 재난에 직면하여 눈물로 범벅이 되어 하늘을 향해 소리를 지르고 울부짖으며 투항하는 여인도 있었다.[40]

부산이 일본 기리시탄 선봉대에 의해 함락되었다는 보고를 전해들은 조선 왕 선조는 신하를 이끌고 줄행랑을 쳐 20여 일 만에 평양성에 도착했다. 『선조실록』1592년 4월 13일조에는 부산진성 함락과 연이은 패배를 남의 전쟁처럼 담담하게 기록하고 있었다.

적선賊船이 바다를 덮어 오니 부산 첨사 정발은 마침 절영도에서 사냥을 하다가, 조공하러 오는 왜라 여기고 대비하지 않았는데, 미처 진鎭에 돌아오기도 전에 적이 이미 성에 올랐다. 정발은 난병亂兵 중에 전사했다. 이튿날 동래부가 함락되고 부사府使 송상현宋象賢이 죽었으며, 그의 첩도 죽었다. 적은 드디어 두 갈래로 나누어 진격하여 김해·밀양 등 부府를 함락했는데, 병사 이각李珏은 군사를 거느리고 먼저 달아났다. 200년 동안 전쟁을 모르고 지낸 백성들이라 각 군현郡縣들이 풍문만 듣고도 놀라 무너졌다.

200년 동안 전쟁을 모르고 살았던 조선 백성들은 기리시탄 선봉대가 온다는 소리만 듣고도 무너졌다고 한다. 무너진 조선 산하는 울음과 신음 소리로 메아리쳤다. 백성들은 목숨을 구하려고 산으로 숨어들었다. 이수광의 『지봉유설』을 보면 산에 사람들이 가득 차서 오히려 왜병들을 불러들여 떼죽음을 당한 경우가 많았다고 한다. 산속으로 숨는 것이 평지에 있으면서 왜적이 가는 방향을 살펴서 동쪽으로 달아나고 서쪽으로 달려서 피하는 것만 같지 못하다고 했다. 도주하는 굶주린 백성들은 살기 위해 닥치는 대로 먹어야 했다. 심지어는 사람이 사람을 잡아먹는 아비규환이 되었다.

사람들이 서로 잡아먹어서 여자와 어린아이들은 마음대로 바깥 출입조차 못할 형편이었다. 굶어 죽은 시체가 쌓이면 사람들이 다투어 그 시체의 살을 떼어 먹었으며 시체의 골까지 뼈개 그 진물을 빨아 마신 뒤 바로 그 자리에 엎어져 죽었다. 또 쌓인 시체가 들판에 가득했으나 거두어 장사지내는 이가 없었으며, 아비가 자식을 팔고 남편이 아내를 팔아먹었다. 계사년(1593) 봄에 사람들이 서로 잡아먹고 시체를 쪼개 먹었다. 부모형제라도 먹을거리를 놓고 다투었다. 우리나라에 여러 차례 변란의 재앙이 있었으나 오늘날처럼 참혹한 적이 없었다. 『지봉유설』

기근에 전염병까지 겹쳐서 죽은 사람은 서로 베개를 하였으며, 서울 성 밖에는 시체가 산더미처럼 쌓여 성보다 두어 길이나 더 높았다고 한다. 전쟁의 광기 앞에 공자의 인륜과 예수의 사랑은 피투성이로 찢겨졌다. 오히려 왜병에 포로가 되는 것이 살길이었다. 부모형제의 인육을 뜯지 않아도 되었던 조선 포로들은 일본 배에 올라 고국 땅을 영영 저버려야 했다. 조선 포로들의 절규는 거센 파도소리가 되어 철썩거렸다.

홍도 부부가 있던 남원성이 함락되자 강항姜沆(1567~1618)은 피신하던 중 영광 앞바다에서 포로가 되었다. 포로가 된 강항은 전라남도 무안 앞바다로 끌려갔다. 무안 앞바다에는 셀 수 없이 많은 적의 배가 정박하고 있었는데, 배에는 조선 포로들이 가득했다. 일본에서 4년간의 억류 생활을 끝내고 돌아온 강항은 무안 앞바다의 광경을 떠올렸다. 그는 그 광경을 보면서 살기를 포기했다고 술회했다.

무안현務安縣의 한 해곡海曲에 당도하니, 땅 이름은 낙두落頭라 하였다. 적의 배 수천 척이 항구에 가득 차서 붉은 기, 흰 기가 햇살 아래 비추고, 반수 이상이 우리나라 남녀로 서로 뒤섞여 있고, 양옆에는 어지러이 쌓인 시체가 산과 같고, 울음소리가 하늘에 사무쳐 바다 조수도 역시 흐느꼈다. 무슨 마음으로 낳았으며, 무슨 죄로 죽는 것인가? 나는 평생에 뭇 사람 중에서 가장 나약하고 겁이 많은데도, 이때만은 매양 살려고 하지 아니하였다. 『간양록』看羊錄 「난리를 겪은 사적」

강항은 일본에서 억류 생활를 하고 있을 때, 천여 명의 조선인 포로를 만났다. 강항이 그들에게 조선으로 탈출하자고 권했지만 그들은 귀화해서 고국으로 돌아갈 마음이 없다고 말했다. 노예 생활이나 다름없는 포로 생활이었지만 고국의 참담한 상황을 목격했던 조선인들은 고국 행을 포기하고 있었다. 바다를 건너 고국으로 탈출하려면 목숨을 걸어야 했다. 고국에서 살아야겠다는 목적을 잃어버린 조선인들은 일본에서의 노예 생활을 마다하지 않았다.

일본에 도착한 조선인들은 포르투갈 상인들에게 노예로 팔려 나갔다. 헐값에 매매되어 이국땅으로 팔려 나가는 조선인 노예 문제는 일본에 와 있는 서양 신부들과 로마 교황청에 큰 충격을 주었다. 서양 신부들은 일본에서의 합법적 노예 제도는 묵인하고 있었다. 하지만 일본과 포르투갈 상인들은 자신들의 이익을 위해 수단과 방법을 가리지 않고 불법적 인신매매를 강행했다. 자유를 잃어버린 조선인 포로들은 상품이 되어 팔려 가고 있었다.

루이스 세르케이라Luis Cerqueira(1552~1614) 신부는 일본과 마카오 관할 교구 신부에게 조선인 노예 문제에 대해 한 통의 편지를 발송했다.

배가 들어오는 나가사키 항구에 인접한 곳에서 많은 일본인들이 포로를 사가려는 포르투갈 사람들의 의도를 살핍니다. 그리고 그들에게 팔 조선인들을 사려고 일본 전역을 돌아다녔습니다. 뿐만 아니라 조선인들을 유괴하기 위하여 또 조선으로 갔습니다. 그리고 일본인들은 유괴 과정에서 이미 많은 사람들을 잔인하게 죽였고 중국 배에

불국사에서 만난 예수

서 이들을 포르투갈 사람들에게 팔았습니다.[41]

1598년 9월 4일, 나가사키에서 일본 예수회 선교사들은 포르투갈 상인들에 의해 불법 인신매매되는 조선인 노예에 관한 대책 회의를 소집했다. 회의는 포르투갈 상인들이 조선인 포로를 노예로 매매하는 것에 대해 강력한 조치를 취하고, 노예 매매를 계속할 경우 교회에서 파문을 시키자는 내용을 만장일치로 결의했다. 회의를 주관한 세르케이라 신부는 결의 내용을 다음과 같이 설명했다.

신부들의 신중한 숙고 끝에 내린 이 결정은 모든 사람들이 환영할 것이다. 나는 매년 중국 배로 운송되는 수많은 일본인과 조선인 노예들의 매매 금지령을 내린 이유를 왕과 고아의 총독, 그리고 대주교에게 전했다. 그리고 이런 행위에 대한 형벌로써 파문을 결정했다. 이로써 노예 매매를 근절시킬 수 있으리라 믿는다.[42]

그러나 이 조치는 큰 성과가 없었고 오히려 포르투갈 상인들의 반감만 불러일으켰다. 이 결정이 내려진 지 3개월 후, 7년간의 전쟁은 일본의 패배로 막을 내리고 있었다. 그러나 3만여 명의 조선인들은 포로가 되어 마카오, 마닐라, 고아, 유럽 등지로 팔려 나갔다. 10만여 명의 조선인 포로 중 고향으로 돌아온 사람은 몇 천 명에 불과했다. 홍도, 조완벽, 강항이 신음하던 고국으로 돌아올 때, 수많은 조선인 노예들은 통곡하며 머나먼 이국땅으로 끌려갔다.

동남아와 유럽을 향해 조선인들의 디아스포라Diaspora가 노예로부터 시작된 것은 그리스도교가 개입한 임진왜란의 또 다른 암울한 역사였다. 조선 반도를 피로 물들인 임진왜란은 도요토미 히데요시의 죽음으로 막을 내렸다. 그러나 공포와 광기로 얼룩진 전쟁의 끝은 조선에 기쁜 소식일 수가 없었다. 조선과 조선인에게 남긴 상처가 골수까지 파고들었다.

십자가 군기를 앞세웠던 왜군들의 철수 소식은 중국에 있던 마테오 리치 신부에게도 전해졌다. 왜군의 조선 침략은 명나라를 두려움에 떨게 만들었기 때문에 왜군의 철수는 명나라에는 희소식이었다. 전쟁이 끝났다는 소식에 생기에 찬 중국의 표정을 마테오 리치 신부는 이렇게 보고했다.

중국이 넘쳐흐르는 기쁨으로 충만해 있는 것을 발견했습니다. 왜냐하면 조선에서 벌어진 잔혹한 전쟁은 이 왕국의 모두를 떨게 만들었는데, 중국으로 가길 원한다며 조선에 위협을 가했던 관백關白의 사망 소식과 일본 군대와 함대가 이미 조선을 떠나 일본으로 돌아가고 있으며, 후에 중국 함대가 퇴각로에서 일본군에게 큰 피해를 주었다는 소식이 전해졌기 때문입니다. 그리하여 중국은 공포에서 벗어났을 뿐 아니라, 약 10만의 군대를 조선에 주둔시키면서 쏟아 부었던 수많은 금의 소비에서 벗어나게 되었습니다.[43]

중국은 그랬다. 그러나 조선은 그럴 수가 없었다. 1607년 4월 15일, 전쟁이 끝난 지 10년이 흘렀어도 부산 동래에서는 곡소리가 멈추지 않았다. 동래부사로 부임해 간 이안눌李安訥(1571~1637)은

불국사에서 만난 예수

이때의 곡소리를 「4월 15일」이라는 한 편의 시로 남겼다. 그날은 임진왜란이 발발하여 부산 동래성이 함락된 지 15년째 되던 4월 15일이었다.

> 깜짝 놀라 늙은 아전에게 묻기를, 웬 곡성이 저다지 애달프냐?
> 임진년 왜놈들 쳐들어와서
> 오늘이 바로 동래성 함락된 그날입지요.
> 아비가 아들을 위해 통곡하기도 하고
> 아들이 아비를 위해 통곡하기도 하고
> 할아버지가 손자를 통곡하기도 하고
> 손자가 할아버지를 통곡하기도 하고
> 어머니 딸을 잃고 우는 일
> 딸이 어머니 잃고 우는 일
> 아내가 남편 잃고 우는 일
> 남편이 아내 잃고 우는 일
> 형제자매 사이에 살아남은 사람 모두 울고 울지요.[44]

십자가 군기를 앞세운 일본 기리시탄 군사들은 조선 반도를 겁탈했다. 굶주린 탐욕의 탄환에 예수의 사랑도, 용서도, 눈물도 쓰러져 갔다. 일본은 조선의 착한 사마리아인이 될 수 없었다. 전쟁 포로가 된 조선인들은 동남아의 노예 시장으로 팔려 나가야 했다. 유럽 열강이 일본에 전파한 그리스도교라는 신앙은 조선을 이웃 사랑의 대상으로 여기지 않았다. 이렇게 조선은 선혈이 낭자한 그리스도교를 임진왜란을 통해서 온몸으로 맞이하고 있었다.

오타 쥴리아와 조선인 성인들

서울 합정동에 절두산切頭山이 있다. 절두산은 한국의 순교 성인 103위 중 27위의 성인과 무명 순교자 1명의 유해가 안치되어 있는 천주교의 성지이다. 이 절두산 성지에 오다아吳多雅라는 조선 여인의 가묘가 있었다.[45] 절두산은 이름 그대로 사람 목이 잘려 나간 산이다. 원래는 누에가 머리를 들고 있는 것과 같다고 하여 잠두봉蠶頭峰이라고 불렀다. 1866년 병인박해로 이곳에서 많은 그리스도교인들이 참수당하여 절두산이라는 지명이 생겨나게 되었다.

오다아는 일본 도쿄 시청의 관광 안내 홈페이지에 나올 정도로 잘 알려진 여인이다. 홈페이지는 매년 5월 셋째 주 일요일에 열리는 '코즈시마神津島 쥴리아제'를 소개하면서, 이 축제는 '한국 여성 크리스천 오타 쥴리아大田 julia를 회상'하는 것이라고 홍보하고 있다. 코즈시마는 도쿄에서 남쪽으로 170km 떨어져 있는 아주 작은 섬이다.

도쿄 시청에서 홍보하는 오타 쥴리아라는 여성이 바로 절두산의 오다아이다. 절두산 성지에 묻혀 있던 오타 쥴리아는 어떤 여인이었기에 일본에서 매년 그녀를 위한 축제를 개최하고 있을까?

오타 쥴리아는 임진왜란 당시 포로로 일본에 끌려가서 그리스도교인이 된 조선 여인이다. 임진왜란에 출전했던 왜장들과 마찬가지로 기리시탄 다이묘들도 많은 조선인 포로를 소유하게 되었다. 기리시탄이었던 고니시 유키나가도 예외가 아니었다. 부모를 잃고 헤매던 어린 아이 오타 쥴리아는 고니시 유키나가의 포로가 되어 일본으로 건너갔다. 그녀는 고니시 유키나가의 부인에 의해 그리스도 신앙으로 성장해 갔다. 그녀의 조선 이름은 전해지지 않는데, 쥴리아는 세례명이다.

오타 쥴리아처럼 일본으로 끌려간 많은 조선인들이 서양 신부들에게 세례를 받고 기리시탄으로 개종했다. 특히 기리시탄 다이묘들이 많았던 규

○일본 「고쓰시마」 주민에게 숭정된 쥴리아」 의 초상. 인천 수녀원의 한 수녀가 그림결으로. 한 줄 올이고 손에는 십자가를 꾸고있다.

신문에 실린 오타 쥴리아의 초상

슈 지역에는 많은 조선인 개종자들이 생겨났다. 1595년 전후, 나가사키와 아리마有馬 지역에만 약 4,300명의 조선인 기리시탄들이 있었다.[46] 아리마는 고니시 유키나가가 이끄는 선봉대의 장수였던 아리마 하루노부의 영내였으며, 나가사키는 아리마 밑에 있었던 오무라 요시아키의 관내였다. 나가사키는 요시아키의 아버지 스미타다에 의해 교회령으로 기부되었으며, 약 5만 명의 주민이 대부분 기리시탄이어서 일본 가톨릭의 성지이자 '소 로마'라고 불리고 있었다.[47]

임진왜란이 발발한 지 2년 후인 1594년, 나가사키에 있던 조선인 기리시탄들의 신앙 생활에 감명을 받은 프로이스 신부는 조선에

복음을 전하기 위해서 신부의 파견을 요청하는 편지를 예수회 총장 신부에게 발송했다.

올해 이곳 나가사키에 있는 남자뿐만 아니라 여자와 어린아이들도 포함된 많은 조선인 포로들이 교육을 받았습니다. 그들의 수는 1,300여 명에 이른다고 말들 하며, 그들 중 대다수가 2년 전에 세례를 받았고 올해 고해성사를 보았다고 합니다. ……우리의 주님께서는 이번 전쟁을 기회로 무엇보다도 그들 영혼의 최상의 행복을 저 조선이라는 왕국의 최초의 종들에게 빨리 주기를 원하셨습니다. 모든 사람들이 그들에 대해 말하는 것은 복음의 전파가 조선에 이른다면(일본 항로로 통하여 들어가는 것이 그렇게 어려워 보이지 않습니다.) 쉽게 신앙이 받아들여질 것이고 그 왕국에 신앙이 쉽게 전파될 것이라는 평입니다.[48]

프로이스 신부의 요청과 상관없이 고니시 유키나가는 자신의 병사들을 위해 서양 신부의 조선 입국을 일본 예수회에 요청했다. 파죽지세로 평양까지 밀고 올라갔던 고니시 유키나가는 명나라의 참전으로 인해 지금의 진해 지역인 경상남도 웅천熊川으로 밀려 내려와 진을 치고 있었다.

이때 고니시 유키나가의 요청으로 1593년 12월 28일 세스페데스Gregoria de Cespedes(1551~1611) 신부와 일본인 수사 한칸 레온Han-kan Leon(1538~1627)이 웅천 땅을 밟았다. 세스페데스 신부는 이곳에 1년 동안 머물면서 일본 병사들의 고해성사를 받고 미사를 행했다.

불국사에서 만난 예수

1993년 웅천 지역에 세워진 세스페데스 신부 방문 400주년 기념비

그러나 세스페데스 신부는 조선인들에게 복음을 전하지 못하고 조선 땅을 떠났다. 1993년 웅천에서는 세스페데스 신부의 방문 400주년을 기념하는 비를 세워 그의 조선 방문을 기리기도 했다.

『경향잡지』 1924년 7월호는 세스페데스 신부의 조선 입국 사실을 이렇게 남기고 있다.

임진왜란에 일인 병영 중에 교우가 많은 고로 그 교우들의 성세를 주기 위해 예수회 수사 그레고리오 더 세스페데스 신부가 조선에 나와 조선에 성교를 전하기로 힘썼으나 그때 양국 인민은 피차간 구역이 되어 상치 아니함으로 그레고리오 신부는 조선인에게 성교를 전하지 못하고 돌아가니라.

1597년 세스페데스 신부 다음으로 라구나Francisco de Laguna (1552~1612) 신부가 조선 땅을 밟았다. 라구나 신부는 아리마 하루노부의 요청으로 일본 군대 진영에 들어왔다가 두 달 만에 일본으로 돌아갔다. 라구나 신부는 아리마 하루노부의 부인이 출산 도중 태아와 함께 죽었기 때문에 그를 위로하기 위해 방문했다. 하지만 라구나 신부 또한 조선에 복음을 전하지 못했다.

세스페데스와 라구나 신부는 일본 군대를 위한 종군 신부였다. 조선 침략에 발리냐뇨 신부가 개입했던 실수를 서양 신부들이 다시 범하고 있었다. 그들에 의해 일본 병사들이 정신적 위로를 받고 사기를 진작시킬 때, 조선인들은 통곡하면서 일본으로 끌려갔다.

조선에 들어온 서양 신부들이 조선인에게 복음을 전하지 못하고 돌아가는 동안 기리시탄 무사가 조선인에게 세례를 베푸는 일이 발생했다. 그는 전쟁고아가 되어 떠돌아다니는 조선의 어린아이들을 만나면 세례를 베풀었다. 이렇게 해서 200여 명의 어린아이들에게 세례를 주었다고 한다.[49] 어린아이들이 장성하여 어떤 신앙생활을 하게 되었는지는 알 길이 없지만, 이렇게 조선에 그리스도교가 알려지고 있었다.

기리시탄 군대가 조선에 선봉으로 들어오면서 그리스도교가 전해지고 있었지만 이 새로운 종교가 조선인들에게서 신앙의 결실을 맺은 것은 일본에 있던 조선인 포로들에 의해서였다. 포로로 끌려간 조선인 기리시탄들이 의지할 것은 신앙밖에 없었다.

기리시탄 다이묘의 포로가 된 조선인들은 다른 다이묘들보다 좋은 조건에서 생활할 수 있었다. 일본어를 습득하지 못한 조선인

　　　　　　　　　　　　　　불국사에서 만난 예수

기리시탄들은 조선어로 교리 공부를 시작했다. 조선인 기리시탄들은 신도연합회를 결성하고 헌금과 성금을 거두어 1610년에는 나가사키에 '성 로렌조San Lorenzo 성당'이라는 조선인 최초의 교회를 건립할 정도로 열성적인 신앙생활을 했다.[50] 그러나 1614년 도쿠가와 이에야스가 신부 추방령을 내림으로써 일본 전역에 기리시탄 대박해의 소용돌이가 불었다.

1614년 금교령 이전에 일본의 기리시탄 박해는 도요토미 히데요시에 의해서 시작되었다. 1596년 10월 스페인 무역 상선인 산 페리페San Felipe 호가 좌초하자 도요토미 히데요시는 배의 모든 물자를 압수할 것을 명했다. 압수 조치에 선장은 스페인의 무력 함대가 가만히 있지 않을 것이라고 일본을 협박했다. 조선과 명나라의 연합군대에 대항해서 힘겹게 전쟁을 이끌어 가던 도요토미 히데요시는 이에 격분하여 서양 신부 6명과 일본인 20명을 교토에서 체포했다.

1597년 2월 5일, 나가사키로 이송된 26명은 십자가형에 처해졌다. 도요토미 히데요시는 국면 전환을 위한 희생양으로 이들을 교토에서 나가사키로 이송시켜 처형했다. 도요토미 히데요시가 나가사키를 선택한 것은 이 지역을 중심으로 한 규슈 일대가 일본에서 기리시탄들이 가장 번성한 지역이기 때문이었다. 26명은 교토에서 나가사키까지 1천 킬로미터의 거리를 한 달 만에 걸어야 했다. 교토에서 떠나기 전에 형벌로 잘려 나간 그들의 양쪽 귀 자리는 매서운 눈보라에 얼어 터지고 있었다. 십자가 교수형이 기다리는 얼어붙은 길을 그들은 그렇게 걸어갔다. 이 처형이 기리시탄 박해의 서곡이 된 '나가사키를 향한 길'Way to Nagasaki이었다.

니시자카의 순교 장면을 형상화한 벽화(부분) 나가사키의 26위성인기념관 내부에 전시되어 있다.

1862년, 교황 비오 9세Pius PP. IX(재위 1846~1878)는 나가사키의 순교자 26명을 일본 최초의 성인聖人으로 추대했다. 1962년, 일본은 성인 추대 100주년을 기념하여 26명이 부조된 기념비와 박물관을 세웠다. 기념비가 세워진 곳은 그들이 처형된 니시자카西坂 언덕이었다. 니시자카 언덕은 절두산처럼 많은 기리시탄의 목숨을 앗아갔다.

그런데 26명의 일본 성인들 중에 조선인 3명이 있었다. 호랑이는 가죽을 남기고 사람은 이름을 남긴다지만, 일본에 포로로 끌려간 조선인 3명에게 조선 이름은 남아 있을 수 없었다.

조선인 3명은 성聖 바오로 이바라키Paul Ibaraki(茨木), 루도비꼬 이바라키Luis Ibarakı, 레오 가라츠마루Leo Karazumaru(烏丸)였다.[51] 바오로 이바라키는 루도비꼬 이바라키의 아버지였다. 레오 가라츠마루는 바오로의 사촌 동생이었다. 루도비꼬는 26명의 성인 중 가장

26위성인기념관의 외부에 부조된 26명의 성인

나이 어린 12살이었다. 조선 소년 루도비꼬는 26개의 십자가가 세워진 언덕을 바라보았다. 어른들이 한 명씩 차례로 끌려가 십자가로 나아가고 있었다. 그들은 예수처럼 십자가에 못 박혀 처형되지 않았다. 쇠사슬이 그들의 손, 발, 목을 감쌌다. 십자가에 착 달라붙게 하려고 그들의 허리를 밧줄로 휘감았다.

아버지와 삼촌이 쇠사슬과 밧줄로 십자가에 묶일 때 소년 루도비꼬는 자기 차례가 다가오고 있음을 직감했다. 소년은 자기 십자가를 찾아 앞으로 나아갔다. 그리고 형을 집행하는 왜인에게 "내 십자가는 어디지?"라고 의연하게 물었다. 순교자들 전원이 십자가에 묶였을 때, 26개의 십자가는 니시자카 언덕 위에 우뚝 솟아올랐다. 그때 갑자기 괴성이 울리면서 날카로운 2개의 창이 26명의 순교자에게 날아가 꽂혔다. 순교자들의 죽음은 순식간이었다. 하나의 창은 그들의 가슴을, 그리고 또 하나의 창은 미처 숨이 끊어지지 않은 순교자의 목을 세차게 관통하고 있었다.

엄동설한 찬바람이 잘려 나간 양쪽 귀를 통해 뼈 속까지 얼어붙게 해도 그들은 십자가를 향해 1천 킬로미터를 묵묵히 걸었다. 그렇게 걸어온 그들은 단숨에 십자가에서 죽어 갔다. 흘러내리는 피는 얼음처럼 차가운 그들의 몸에 붉은 고드름으로 맺혔다. 골고다 언덕 위의 예수가 니시자카 언덕 위의 십자가에서 부활하고 있었다. 니시자카 서쪽 바다 위로 붉게 지는 해는 그들의 십자가를 물들이며 수평선 속으로 서서히 빠져 들어갔다. 조선인 성인 3명은 일본 땅에서 받아들인 그리스도 신앙 때문에 이렇게 순교했다.

기리시탄 금교령과 박해

니시자카의 십자가 처형이 일본을 공포의 도가니로 몰아넣고 있을 때, 도요토미 히데요시는 눈을 감았다. 그의 사후, 1600년 도쿠가와 이에야스는 자신을 반대하여 일어났던 일본 역사상 최대 규모의 세키가하라關原 전쟁에서 승리하면서 실권을 장악했다. 도쿠가와 이에야스는 정적을 대거 숙청하기 시작했다. 그를 반대했던 조선 침략의 선봉대장 고니시 유키나가도 형장의 이슬로 사라졌다. 연암 박지원은 세키가하라 전쟁과 고니시 유키나가의 죽음에 대해 다음과 같이 서술했다.

가토 기요마사加藤清正가 반역을 꾀하다가 일이 발각되자 이에야스가 기요마사에게 스스로 목숨을 끊게 하니, 기요마사가 마다하며 '스스로 야소교를 받드는 자가 자살한다면 영혼이 하늘로 올라가지 못하니 원컨대 칼날에 죽여 달라' 하므로, 마침내 베어 죽였다. 유키나가와 기요마사는 모두 왜놈의 날랜 장수로서, 임진년에 우리나라를 침략해 왔을 적에 가장 흉악하고 잔인했다. 실로 우리나라로서는 자손만대의 원수인데도 마침내 천벌을 모면하게 되어 죽은 원혼이나 살아남은 사람들의 원한과 분노를 씻을 수 없었는데, 끝내 스스로 사교에 빠져 모두 참형을 당했으니, 신령의 이치가 너무도 밝아서 속일 수 없는 것이 이와 같다. 『연암집』 제2권 「순찰사에게 답함 1」

연암이 가토 기요마사가 사교인 야소교에 빠져 참형을 당했다고 한 것은 오류이다. 불교 신자였던 가토는 기리시탄이었던 고니시 유키나가와 임진왜란 내내 대립 관계로 전쟁의 긴장감을 더욱 고조시켰던 인물이다. 야소교 신자라 자살할 수 없다며 칼로 베어 죽여 달라고 한 이는 바로 고니시 유키나가였다. 비록 조선 침략의 선봉에 섰던 고니시였지만 그는 많은 조선인 포로를 기리시탄으로 개종시켰고, 나병환자 치료와 고아 구제 같은 자선사업에 열심인 인물이었다.[52]

고니시 유키나가가 참수를 당하자 얼굴이 아름다웠던 조선 여인 오타 쥴리아는 도쿠가와 이에야스의 시녀가 되어야 했다. 그녀는 부귀영화를 누릴 수 있음에도 불구하고 그녀의 신앙을 윤택한 삶과 바꾸지 않았다.

미덕을 갖춘 그녀는 한창 젊은 나이에 궁정의 유혹이나 이교도들 사이에서 마치 '가시밭의 장미'와 같이 자신의 영혼을 해하는 것보다는 차라리 목숨을 버릴 결의를 하고 있었다.[53]

실권을 장악한 도쿠가와 이에야스는 유럽과의 무역을 장려하기 위해 그리스도교를 묵인하고 있었다. 그러나 유일신을 믿는 그리스도교는 다신교인 일본 신도神道와 양립할 수 없었다. 체제의 안정을 위해 도쿠가와 이에야스는 그리스도교 탄압으로 정책을 급선회했다. 도쿠가와 이에야스는 1612년부터 1614년까지 대대적인 금교령을 차례로 선포했다. 1613년 12월 말에 내려진 도쿠가와 이에야스의 금교령의 골자는 다음과 같다.[54]

① 일본은 신국이며 불국이고 유교의 나라이다.
② 기리시탄 종문은 일본의 국법과 신도, 정교를 해치는 사교이다.
③ 속히 일본으로부터 추방한다.

이에야스의 금교령은 그리스도교를 사교로 규정했다. 이로 인해 일본 그리스도교는 260년 동안 대박해의 길을 걸어야 했다. 금교령이 떨어진 후인 1614년 기리시탄 다이묘를 비롯한 서양 신부 300여 명이 필리핀, 마카오 등지로 추방되었다.

기리시탄이었던 조선 여인 오타 쥴리아도 박해를 피할 수 없었다. 이에야스는 시녀였던 오타 쥴리아에게 그리스도교를 버릴 것을 명령했다. 그러나 그녀는 이에야스의 명령을 거부함으로써 유배의

불국사에서 만난 예수

길에 올랐다. 그때는 1612년 4월이었으며, 오타 쥴리아는 20세 전후의 꽃다운 처녀였다. 그녀는 오오시마大鳥라는 섬으로 가는 배를 타기 위해 바다로 갈 때, 수레에서 내려 일부러 맨발로 자갈길을 걸었다. 그녀의 발은 피로 낭자해졌다.

그녀는 맨발로 기쁨에 가득 차서 걷기 시작했으며 배를 탈 때까지 자신을 따르던 한 착한 교인에게 우리 주 예수 그리스도가 십자가를 등에 지고 골고다 언덕으로 가실 때, 수레를 타지도 않으셨으며 신발을 신지도 않고 많은 피를 흘리며 가셨으므로 주님의 종인 자신도 이 길에서 주님의 고행을 겪어 보고 싶다고 말했습니다.[55]

십자가를 향해 얼어붙은 1천 킬로미터의 먼 길을 걸어와 '내 십자가는 어디지?'라고 말한 조선 소년 루도비꼬의 고난을 오타 쥴리아는 체험하고 있었다. 그녀는 가는 섬마다 그리스도교를 전했기 때문에 섬에서 섬으로 옮겨 다녀야 했다. 그녀가 유배와 유랑생활을 이어갈 때, 겨우 존속하고 있던 조선인 포로들의 성 로렌조 성당도 금교령에 의해 결국 1620년에 파괴되고 말았다.

도쿠가와 이에야스의 금교령은 기리시탄에게 참혹한 탄압을 가했다. 참수형, 교수형, 화형, 나무에 묶어서 찔러 죽이기, 물고문, 얼음고문, 톱으로 목 베기, 거꾸로 매달기, 온천 유황에 담그는 지옥고문, 도롱이 입히고 불태우기, 곤봉으로 뼈를 부수기, 바다에 십자가를 세우고 거꾸로 매달아 두는 고문 등등 인간의 탈을 쓰고 만들어 낼 수 있는 온갖 종류의 잔인한 고문이 기리시탄 박해에 가해

후미에를 밟는 모습

졌다.[56]

후미에踏ズ繪를 밟게 하는 정신적인 고문도 행해졌다. 후미에란 배교를 시키기 위해 취한 방법으로, 예수나 마리아가 그려져 있는 성화를 밟게 하는 것이었다. 성화를 밟은 자는 목숨을 건질 수 있었고, 밟지 않는 자는 기리시탄으로 지목되어 고문을 받아야 했다. 후미에는 1668년부터 메이지 시대 초반까지 200년 이상 매년 정월 초에 실시되었다. 후미에는 포로로 끌려갔던 조선인들에게도 예외일 수가 없었다.

후미에는 외국인들에게도 행해졌다. 나가사키의 오란다 인은 데지마 상관에서 하고, 표착된 선박의 외국인에게는 관리인이 금제판과 후미에를 가지고 배에 들어가서 행했다. 조선인 선원과 상인들에 대해서도 나가사키 부교의 법정에서 쓰시마 영주의 신하와 조선어 통역관 입회하에 후미에를 하게 했다. 조선인이 많이 사는 나가사키의 이세마치伊勢町는 1월 6일이 후미에를 행하는 날이었다.[57]

세월이 흐르는 동안 후미에는 그것을 밟았던 많은 사람들의 발자국으로 검게 변해 갔다. 인간의 나약함이 후미에 위에 깊게 물드는 동안 배교는 늘어만 갔다. 20세기 들어와 후미에에 남아 있던 검은 발가락의 흔적을 바라보면서 엔도 슈사쿠遠藤周作(1923~1996)는 『침묵』이라는 유명한 소설을 남겼다. 기리시탄들이 온갖 고문으로 죽어 가고 배교하는 동안 유일신 하느님은 침묵을 지키고 있었다.

기리시탄 박해는 1637년의 시마바라의 난에서 절정을 이루었다. 이 난은 고니시 유키나가의 가신 마쓰다 요시츠기益田好次 외 6명의 낭인들이 주축이 되어 3만여 명의 농민들이 나가사키의 시마바라에서 궐기한 일본 최대의 농민 반란이었다. 농민들 대부분이 기리시탄이었다. 3개월 동안 에도 막부의 연합군대 13만 명에 대항하다가 전원이 사살되고 말았다. 그 후 일본에서는 기리시탄들이 존재할 수 없었다. 그들은 1876년 일본에서 종교의 자유가 있기 전까지 숨어 살아야 했다.

후미에

그래서 이 시기의 그리스도교인들을 '잠복 기리시탄'이라고 한다. 연암 박지원은 이 반란의 여파로 일어난 조선, 중국, 일본의 외교 마찰 배경을 그의 글에 남겼다.

> 유키나가의 가신家臣 다섯 사람도 유키나가의 죄에 연좌되어 시마바라로 귀양을 갔는데, 다시 사교邪教를 선동하여 그 도당이 수만 명에 달하자 히젠 주를 습격하여 태수를 죽이니, 이에야스가 토벌하고 체포하여 다 죽여 버리고, 우리나라에 서계를 보내 통고했다. 그래서 바닷가를 순시하여 잔당을 염탐해 체포하기로 약속했다.
>
> 『연암집』 제2권 「진정에 대해 순찰사에게 답함」

17세기 중엽 이후부터 조선과 일본의 이 약속으로 조선에 표류해 오는 중국, 일본, 유럽 선박과 기리시탄은 일본으로 송환되어야 했다. 송환되지 않은 사실을 일본이 알았을 때는 조선과 일본에 외교적 긴장이 고조되었다. 조선을 탈주하여 일본에 도착한 하멜 일행이 심문을 엄중하게 받았던 것도 기리시탄에 대한 일본의 금교령 때문이었다. 이것이 앞에서 말한 '야소종문금제'의 배경이다. 막부는 기리시탄을 사교의 무리로 단정했기 때문에 조선 조정에서도 야소교는 공맹 사상의 근간을 뿌리째 뽑을 수 있는 사교로 인식되어 가고 있었다.

개혁 군주 정조가 야소교를 사학으로 규정할 수밖에 없었던 이면에는 일본의 금교령에 의한 200여 년 동안의 야소교 탄압이 영향을 미치고 있었다. 1801년, 정조의 뒤를 이어 나이 어린 순조가 임금이 되자 조선 사대부들은 기다렸다는 듯이 야소교에 대한 대탄압의 칼을 뽑아들었다. 이승훈, 이가환, 정약종, 권철신 등 300여 명이 사형되고, 정약용·정약전 형제가 유배를 떠났다. 이 탄압을 신유사옥 혹은 신유박해라고 부른다. 이렇게 조선에 야소교가 유입되는 과정에는 임진왜란의 충격파와 일본의 기리시탄 박해가 여진으로 남아 있었다.

조선인 기리시탄의 귀국과 순교

임진왜란이 끝난 후 도쿠가와 이에야스는 조선과의 국교 재개를 위해 조선인 포로들을 송환했다. 1604년 사명대사四溟大師 유정惟政(1544~1610)이 일본에 사신으로 가면서 포로 송환이 본격화되었다. 조선으로 돌아온 7천여 명의 포로들 중에 얼마나 많은 사람이 일본에서 그리스도교의 교리를 접하고 세례를 받으면서 그리스도교인이 되었는지는 알 수가 없다. 규슈 일대에만 수천 명의 조선인 기리시탄이 거주하면서 교리 공부를 하고, 조선 말로 교리서를 번역하고, 교회를 세웠던 그들의 열정을 감안하면 고국 땅을 밟은 이들 중에는 그리스도교인들도 있었을 것이다.[58]

로드리게스 히람Rodrigues Giram 신부는 사명대사 일행의 일본 방문을 언급하면서 그리스도교인이 되어 귀국하는 한 조선인의 전도 포부를 말해 주고 있다.

쓰시마에 조선의 독실한 천주교 신도 한 사람이 왔다. 그는 이전에 일본에 파견됐던 사신 일행과 귀국했던 사람이었다. 쓰시마에서 이 조선인 신도는 한 일본인 신도가 갖고 있는 한문으로 된 교리서를 보고, 이 책을 조선으로 가져가고 싶어 밤낮으로 필사했다. 작업이 끝나자 그는 그 책을 가지고 귀국해 천주 교리를 전파하리라 결심했다. 신부를 모시고는 싶었지만 상황이 허락되지 않아 당장은 모실 수가 없었기 때문이다.[59]

한문으로 된 교리서를 필사했다는 조선인이 귀국한 후 교리 전파를 했는지는 모르지만 그에게 그리스도교의 신앙만은 남아 있었을 것이다. 임진왜란 이후 일본에 남아 있던 서양 신부들의 기록에 따르면, 귀국하는 조선 그리스도교인들이 서양 신부의 조선 파견을 계속 요청했다고 한다.

그중에 토마스라는 그리스도교 조선인이 있었다. 40대의 토마스는 일본에 포로로 잡혀가 25년간 예수회에 소속되어 교리, 인문, 문학 교육까지 받았다. 토마스는 신분이 꽤 높은 양반 가문 출신이었다. 1618년 꼬우로스Couros 신부는 토마스에 대해 예수회 총장 신부 앞으로 보고서를 썼다.

지난 해 조선 왕이 일본의 왕에게 사절단을 보낼 때, 그는 사절들에게 자신의 아들을 찾아 데려오라고 지시했습니다. 그러나 그의 아들이 마닐라에 있다는 것을 알리자, 아버지가 그를 찾고 있다는 내용의 편지를 마닐라에 보낸 바 있습니다. 마닐라의 산토 도밍고회 사제들은 그같은 사실을 알고는, 그에게 감언이설을 하여 자신들 이외에 다른 종파의 종교인들을 조선으로 데려가지 않겠다는 내용의 문서에 서명하도록 그를 설득했습니다. ……필리핀에서 돌아왔고 왕의 허락을 받아 수도자들을 그곳으로 부르기 위해 본국으로 떠났습니다. 아버지에게 권력이 있으므로 허락을 얻어 낼 가능성이 있습니다.[60]

아버지가 서양 신부들을 초청할 수 있을 만큼 실력가였다는 이 조선인 토마스에 대한 기록은 조선 문헌에서는 찾아볼 길이 없다. 설사 그가 귀국했다 하더라도 그리스도교를 사교로 인식하는 조선에서 서양 신부에게 문호가 개방되는 것을 기대할 수는 없었다. 단지 그가 신앙을 지켜 나갔다면 주위에 예수와 그리스도교가 무엇인지를 알리고도 남음이 있었을 것이다. 일본과 필리핀 마닐라에서 25년 간 생활했던 토마스에게 사람들이 찾아와서 이국 체험을 물어보지 않았을까.

조선인 토마스가 1618년에 귀국했다면 이때는 조선에 야소교 교리 서적인 한문 서학서가 중국을 통해 들어온 지 벌써 10년이 지나고 있을 때였다. 이렇게 해서 조선 사회에는 그리스도교 신앙이 입에서 입으로 귀에서 귀로 전해지고 있었다. 어쩌면 일본의 잠복 기리시탄처럼 조선에도 몰래 숨어서 그리스도교가 들어올 날을 학수고대하는 이들이 있었을지도 모를 일이다.

일본의 잠복 기리시탄들은 250여 년의 세월 동안 입에서 입으로 신앙을 전수하면서 지켜 왔다. 1865년 나가사키 오우라代浦라는 곳에 프랑스 성당이 들어섰다. 이때까지 일본 막부는 기리시탄 금교령을 유지했지만, 1858년 구미 열강과의 교류를 위해 수호통상을 체결하여 외국인을 위한 교회당 건설과 그리스도교의 자유를 인정하고 있었다.[61]

프랑스 성당 헌당식이 끝난 2개월 후 일본인 남녀 10여 명이 갑자기 성당 안으로 달려 들어왔다. 그들은 신부에게 산타 마리아의 상은 어디에 있냐고 물었다. 그들은 250여 년의 세월 동안 조상들이 전해 준 신앙을 지키면서 숨어 있던 잠복 기리시탄들이었다. 이들이 세상을 깜짝 놀라게 한 나가사키의 우라가미浦上 기리시탄들이었다. 250여 년 전 나가사키의 니시자카 언덕 위에 뿌렸던 조선

나가사키 오우라 성당과
성당에 보관된 마리아 관음상

　　　　　　　　　　　　　　　　　　　　불국사에서 만난 예수

소년 루도비꼬의 피가 우라가
미 기리시탄들의 신앙의 혈관
속에 흐르고 있었다. 이러한 군
센 신앙이 포로에서 돌아온 조
선인 기리시탄들에게는 남아
있지 않았을까?

조선인 포로들 중에도 죽어
서 신앙의 맥을 잇는 사람들이
있었다. 임진왜란 때 어린 나이
로 끌려가 기리시탄이 된 오타
쥴리아는 낙도 오지인 코즈시

코즈시마에 있는 오타 쥴리아 십자가

마 섬에서 죽었다. 1970년 코즈시마 섬에서는 그녀의 신앙을 기리
기 위해서 제1회 쥴리아제를 개최하고 그녀의 추모비를 세웠다. 그
리고 코즈시마 주민들은 오타 쥴리아의 묘역에서 한 줌 흙을 떠서
한국으로 보냈다.

1972년 10월, 도쿠가와 이에야스의 배교 명령을 거부하고 평생
을 신앙과 순결을 지키면서 죽어 간 오타 쥴리아가 380년 만에 부
활하여 귀환했다. 절두산의 오다아는 이렇게 해서 그녀의 신앙을
일본인과 한국인에게 전해 주었다. 그동안 알려지지 않았던 조그만
섬이 오타 쥴리아에 의해 이제는 성지로 변해서 해마다 신앙의 축
제로 사람들을 부르고 있다.

오타 쥴리아는 돌아왔지만 수많은 기리시탄 조선인들은 일본에
서 죽어 갔다. 오타 쥴리아처럼, 소년 루도비꼬처럼 조선인 기리시탄

들은 이름도 없이 죽어 갔다. 그들 중에는 신앙을 지키기 위해 생명을 던진 이들도 있었다. 기리시탄 금교령은 야수의 날카로운 이빨이 되어 그들의 육체를 갈기갈기 찢었다. 뼈가 으스러지고 손가락이 떨어져 나가도 그들의 영혼은 십자가를 향해 거룩하게 빛나고 있었다.

형리들은 먼저 엄지손가락을 자르고 나머지를 여덟 번에 걸쳐 잘랐습니다. 그리고 이들에게 고초를 줄 때마다 매번 신앙을 버리라고 위협하면서 불타는 쇠를 가지고 네 손가락 길이만큼 이마에 십자가를 표시하라고 했습니다. 한편 예수와 마리아의 성스러운 이름을 부르는 몇몇 사람들에게는 망치로 입술을 으깨면서 입을 때리게 하였습니다. 마지막으로 말씀드린 장소에 오르는 계단 앞에 끌고 가서 무릎 뒤의 힘줄을 자르게 했는데 상처가 너무 깊어 어떤 이들은 즉시 사망했습니다. ……그렇게 심한 고문에도 영광스럽게 적을 이긴 사람들의 이름은 다음과 같습니다. 조선인 미겔, 조선인 베드로.[62]

조선인 미켈과 뻬드로의 무릎 뒤 힘줄이 잘렸을 때, 그들은 쓰러져 죽어 갔다. 그것도 모자라 일본 병사들은 그들을 참수하고 몸을 토막내어 버렸다. 이렇게 이름 없는 조선인 기리시탄들은 예수의 십자가를 바라보고 죽어 갔다. 조선 소년 루도비꼬와 25명의 성인이 부조된 기념비에는 이런 성구가 새겨져 있다.

사람이 혹시 나를 따르기를 원하면 자기를 버리고 십자가를 지고 나를 쫓을 것이니라.

불국사에서 만난 예수

기리시탄 금교령 이후 얼마나 많은 조선인 기리시탄들이 자기를 부인하고 예수처럼 십자가를 짊어졌는지 헤아릴 수는 없다. 1597년부터 1660년 사이에 일본에서 공식적으로 인정되는 순교는 3,125건이나 되었다.[63] 이들 중에 얼마나 많은 조선인들이 십자가의 길을 걸었는지도 알 수 없다. 조선 소년 루도비꼬로부터 시작된 순교의 길은 조선인 기리시탄들에게는 피할 수 없는 구원의 길이었다.

　　일본 그리스도교의 역사 속에 구원의 길을 따라 참수, 화형, 교수형 등으로 죽어 간 조선인 기리시탄들이 전해지고 있다. 그들 또한 부모가 지어 준 조선 이름을 남기지 않고 오직 십자가 신앙으로 역사 속으로 사라져 갔다. 아래는 조선인 기리시탄으로 순교한 대표적인 이들의 명단이다.

　　　1613년 하치칸 호아낀— 참수형

　　　1614년 진구로仁九郎 베드로, 미겔— 능지처참

　　　1619년 토마스 쇼사쿠, 아리조 베드로— 참수

　　　1619년 다케야 소자부로 고스메— 화형

　　　1622년 안드레아 구로베에, 프란시스꼬 다께야— 화형

　　　1622년 안또니오와 그의 부인 마리아, 아들 요안(12세), 아들 베드로
　　　　　　(13세), 이네스— 교수형

　　　1624년 식스토 구자에몬과 그의 부인 가타리나— 참수형

　　　1624년 가요— 화형

　　　1626년 권 비센떼(권가회, Vicente)— 화형

　　　1626년 마르띠노 전 가족 순교

1627년 쇼보에와 그의 부인 마리아, 아카시 히에몬 가요, 가스팔 바
　　즈, 싸도 시네몬, 토마스 진에몬 — 화형
1630년 바오로 — 목에 돌이 묶인 채 바다 수장
1633년 요안과 그의 부인 마리아 — 화형
1643년 토마스 — 교수대 및 구덩이 고문형[64]

서산대사의 십자가와 기리시탄 승려

　전남 해남군 대륜산 기슭에 자리한 대흥사大興寺에는 380여 년
동안 간직해 온 서산대사의 진기한 유품이 있었다. 대흥사는 서산대
사西山大師 휴정休靜(1520~1604)의 호국불교 전통이 서려 있는 사찰이
다. 서산대사의 유품은 순금으로 만든 칠보 십자가였는데, 세로가
6cm 가로가 4cm 정도 되었다. 십자가에는 'INRI'라는 알파벳이 새
겨져 있었다. 이 글자는 '유대인의 왕 나사렛 예수'를 뜻한다.
　십자가는 포르투갈이나 스페인에서 만들어진 것으로 추정되었
다.[65] 임진왜란 때 승병장으로 나섰던 서산대사가 어떻게 이 십자가
를 소유하게 되었을까? 이 당시 조선에는 교회도 성직자도 없었는
데 서산대사의 유품에 십자가가 있었다는 사실은 무엇을 말해 주는
것일까?
　순금 칠보 십자가가 서산대사에게 전해진 유래는 여러 가지 전
승이 있다. 서산대사의 유품 목록에 십자가가 적혀 있었기 때문에
분명 누군가가 서산대사에게 십자가를 전한 것만은 사실이었다. 이

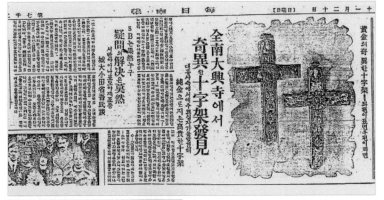

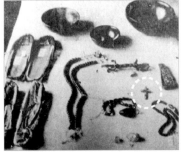

1. 전남 대흥사에서 십자가가 발견된 사실을 기재한 신문 기사(『매일신보』 1927. 11. 20.)
2. 구한말부터 일제시대 무렵 전남 지역의 문화재 사진을 수록한 『전남명승고적』에 실린 서산대사의 유물 사진. 유물 가운데 십자가가 보인다.

를 반증하듯 사명대사가 일본에 사신으로 갔을 때, 서양 신부를 만나서 선물로 받아 온 십자가를 스승인 서산대사에게 기념으로 드렸다는 설화가 있다. 이 설화는 1604년 사명대사가 서산대사의 입적 소식을 듣고 묘향산으로 가던 중 선조의 명으로 일본에 파견되었기 때문에 설화로 끝나고 말았다. 그러나 사명대사가 귀국 후에 십자가를 서산대사의 영전에 바쳤을지도 모를 일이다.

순금 칠보 십자가는 고니시 유키나가의 요청에 따라 조선에 온 세스페데스 신부의 것이라는 주장도 있다.[66] 이 십자가는 보통 십자가가 아니어서 주로 사제들이 패용하던 것이었다. 세스페데스 신부는 웅천에 체류하는 동안 고니시의 주선으로 명나라 장수를 만난 적이 있었다. 신부는 그 장수에게 가톨릭 신부들의 중국 입국을 황제가 허용해 줄 것을 요청했다. 이때는 서양 신부들이 북경에 진출하지 못하던 시절이었다. 그 당시 웅천 행성에서 진을 치고 있던 고니시 유키나가의 왜군을 대적했던 조선 병사들은 서산대사가 이끈 승병들이었다. 명나라 장수를 만난 세스페데스 신부가 고니시 유키나가의 주선으로 서산대사를 만날 수는 없었을까? 그러나 서양 신부와 조선 스님의 종교를 뛰어넘는 역사적인 만남은 이루어질 수 없었다.

서산대사에게 십자가가 전달된 의문스러운 경로는 또 하나의 설을 남기고 있다. 세스페데스 신부가 웅천 행성에서 다른 일본군 진영으로 말을 타고 갈 때 십자가를 떨어뜨렸는데, 조선 승려들이 진기하게 생긴 이것을 주워서 서산대사에게 바쳤다는 것이다.

십자가가 어떻게 서산대사에게 전해졌는가는 여전히 의문에 싸여 있지만, 이것이 대흥사에 보관되면서 임진왜란 후부터 불공을 드리러 온 조선인들에게 십자가의 종교 그리스도교를 알렸다는 점은 분명한 사실이다. 유배를 온 정약용은 대흥사의 한 암자에서 잠시 지내기도 했다. 정약용은 서산대사의 법통을 이어받은 혜장선사惠藏禪師(1772~1811)와 초의선사艸衣禪師(1786~1866)를 만나 교류했다. 혜장선사는 서산대사의 4대째 제자인 화악대사의 승통을 이었다. 초의선사는 대흥사 13대 대종사로서 다도茶道를 정립한 스님이다.

혜장선사는 정약용을 스승처럼 모셨다. 혜장선사가 먼저 세상을 떠나자 정약용은 그의 탑명을 지어 주기도 했다.[67] 천주 사학을 버렸던 정약용이지만 유배지에서 혜장선사와 초의선사를 만나 교류하면서, 그는 서산대사의 유품에 남겨져 있는 십자가를 전해 듣고 많은 상심에 빠졌을 것이다. 정약용이 말년에 다시 천주교에 심취해 가는 과정에서 서산대사의 십자가는 그에게 『조선복음전래사』를 쓰게 한 동기였을 지도 모른다는 추측을 해 본다.

서산대사 휴정

서산대사의 순금 칠보 십자가는 그리스도교가 임진왜란을 통해 조선으로 유입되는 모습을 어렴풋이 보여 준다. 더욱이 조선으로 돌아온 많은 조선인 기리시탄들이 조선에 성당을 세워 신앙 공동체를 형성해 갔다는 이야기는 예사롭지가 않다. 임진왜란이 끝나고 60여 년 후 「최근의 일본 소식」이라는 글에 조선 소식이 알려졌다. 이 글은 예수회 소속 신부가 중국인 무역상선 선장이 전한 조선 소식을 기록으로 남긴 것이다.

약 두 달 전에 일본으로부터 배 한 척이 마닐라에 도착했다. 사우키라는 선장이 최근 소식을 전했다. 사우키 선장이 전한 바에 따르면, 조선에는 아름다운 성당과 많은 천주교인들이 있으며 조선 조정은 일본에 바치던 조공을 거부했다. 또한 그곳에는 유럽 신부들도 있음

이 분명하다.[68]

사우키라는 이름의 중국인 선장이 조선에 성당이 있다고 말한 때는 하멜이 조선을 탈출한 1666년이었다. 조선이 일본에 조공을 바쳤다는 중국인 선장의 말은 신빙성이 떨어진다. 그 당시 조선에 유럽 신부들이 있었다는 내용은 기록을 일상화한 조선에서는 전해지지 않고 있다. 조선에 성당과 유럽 신부가 있다는 이야기는 중국인 선장이 떠도는 소문을 듣고 전해 준 것으로 짐작된다. 그러나 서산대사의 십자가와 귀국한 조선인 기리시탄들의 존재는 임진왜란을 통해 조선에 어떤 형태로든 그리스도교가 유입되었음을 부정할 수 없게 만든다.

조선인 기리시탄 중에는 승려에서 그리스도교로 개종하고 예수회에 입회한 최초의 조선인으로 알려진 가요Gayo라는 사람이 있었다.[69] 그는 기리시탄 일본인을 통해 그리스도교를 접한 후 베드로 모레흔Pedro Moerjon S.J. 신부에게 세례를 받았다. 가요는 1614년 도쿠가와 이에야스의 추방령에 의해 예수회 소속 신부들이 마닐라로 떠날 때, 그들과 동행했다. 이때 예수회 신부 88명, 복사服事 25명, 신학생 28명이 일본을 떠났으며, 이로 인해 1615년에는 베트남과 필리핀, 1616년에는 캄보디아에서 본격적인 예수회의 선교가 시작되었다.[70]

가요는 필리핀에서 일본에 있는 신도들을 돕기 위해 다시 일본으로 돌아왔다. 그는 나가사키에서 아이들과 신자들에게 『성경』을 읽어 주고 설교를 하면서 전도했다. 그는 나환자들을 돌보고 그들에게 생필품을 나누어 주면서 신앙생활을 했다. 서양 신부들이 추방되어 신부라곤 찾아볼 수 없던 나가사키에서 가요는 가는 곳마다 신자들에게 정신적 위로가 되었다. 그는 매주 금요일과 토요일에 금식을 하고 다른 사람의 영혼을 구제하기 위해 기도하는 것도 잊지 않았다.

그러던 중 가요는 감옥에 갇혀 있던 서양 신부를 돕기 위해 그를 찾아가면서 막다른 운명으로 내몰렸다. 가요가 기리시탄인 것을 알아본 경비병들은 그를 투옥하고, 배교하면 살려준다고 유혹했다. 그러나 가요는 자신이 믿는 신앙을 버릴 수 없었다. 그는 기도로 새벽을 깨우고, 남은 시간은 다른 죄수들을 위로하면서 투옥 생활을 이어갔다. 그의 앞에 죽음의 순간이 다가왔다. 형장으로 끌려가게 될 것을 전해 들은 그는 며칠 동안을 금식하면서 기도와 묵상으로 최후를 맞고 있었다. 가요 앞에는 화형이 기다리고 있었다.

그리스도의 용감한 기사인 가요는 그 광란의 불길을 두려워하지 않았습니다. 오히려 주님의 사랑으로 그 불과 함께 타서 죄를 씻도록 해 주신 주님께 감사하면서 불길 속에서 무릎을 꿇었습니다. 그러더니 이후엔 천국으로 통하는 문인 기둥을 다시 끌어안으면서 소리 높여 예수와 마리아의 이름을 불렀고, 마침내 그의 육체는 땅으로 쓰러졌습니다. 그리하여 53세의 나이로 그의 축복받은 영혼은 영원한 행복의 하늘나라로 갔습니다.[71]

1624년 11월 5일, 가요는 한 줌 재가 되었다. 가요는 필리핀 마닐라에서 그리스도교를 계속 전파할 수 있었지만 서양 신부들이 없는 일본 땅의 신자들을 위해 일본으로 돌아갔다. 가요는 1867년 교황 비오 9세에 의해 복자福者 품에 오르게 되었다. 복자는 교황청에 의해 공식적으로 시복 절차를 걸쳐 인정된 모범적인 신앙의 증거자를 말한다. 조선에서는 승려로 지내다가 포로가 되어 일본으로 끌려가 그리스도교로 개종한 가요는 반평생을 일본인들에게 모범적인 신앙생활을 보여 주면서 눈을 감았다.

가요가 세례를 받고 난 후 서양 신부 한 명이 그에게 예수 성화를 보여 주었는데, 가요는 신부에게 예수를 알고 있다고 말했다. 신부는 전쟁 포로로 끌려온 조선 사람이 성화를 어떻게 아는지 궁금해서 물어보았다. 가요는 조선에서 구도 생활을 할 때, 꿈속에서 존귀한 노인을 만났는데, 노인은 가요에게 많은 위험과 고통이 따르기는 하지만 바다를 건너면 소망을 성취할 것이라고 말했다고 했다. 가요가 꿈속에서 만났던 노인의 모습이 신부가 보여 준 예수 성화에서 빛나고 있었다. 예수는 교회가 없는 나라에서도 가요에게 나타나 영적 세계를 열어 주었다. 그것이 바로 조선 승려였던 가요가 만난 그루터기 신앙이었다.

조선인들의 동남아 선교

가요가 화형당한 2년 후 또 다른 조선인도 가요와 같은 길을 걷고 있었다. 가요와 같이 많은 조선 포로들이 그랬던 것처럼 그도 조선 이름을 남기지 않았다. 그러나 다행히 그는 권이라는 성씨만은 남겼으며, 이름은 비센떼Vicente로 불렸다. 권 비센떼의 아버지는 임진왜란 당시 승지 혹은 장군이었다고 하나 이에 대한 조선의 기록은 찾기 힘들다. 1626년 권 비센떼도 나가사키에서 화형을 당했다.

권 비센떼는 임진왜란이 일어나자 고니시 유키나가에게 잡혀 쓰시마로 끌려갔다. 조선에서 일본으로 돌아가던 세스페데스 신부가 쓰시마에 들러 비센떼를 일본으로 데리고 갔다. 그 당시 권 비센떼는 12살 가량이었다. 1592년 12월 세례를 받은 권 비센떼는 신학교에 입학해 5년 동안 일본어와 라틴어 교육을 받고 나서 조선인들과 일본인들에게 교리를 가르쳤다. 그는 복사服事로서 서양 신부들에게 매우 중요한 존재였다.

서양 신부들은 머리가 비상하고 신실했던 권 비센떼와 함께 조선 입국을 시도하기 위해 중국으로 갔다. 임진왜란이 끝난 후 일본 해상을 통해 조선으로 바로 들어가는 일은 생명을 담보해야 했다. 대안으로 권 비센떼 일행은 중국으로 들어가 압록강을 넘어 조선으로 들어가는 계획을 세웠다.

1612년 비센떼 일행은 마카오를 경유해 중국에 들어갔다. 중국 북경에 머무는 동안 중국어를 배운 권 비센떼는 압록강을 건널 기회만 기다리고 있었다. 약 5년 동안 중국에 머물면서 권 비센떼는 중국인들에게 교리를 전하면서 압록강을 향하는 길이 열릴 것을 기다렸지만 그에게 기회는 찾아오지 않았다. 북쪽에서 여진족이 일어나 청나라를 세우고 명나라와 교전을 준비하고 있었기 때문에 북경 위쪽으로의 진출이 좌절되었던 것이다.

권 비센떼가 중국에 머물 당시 서양 신부들이 조선에 복음을 전하려는 열의는 대단했다. 프란시스코 에우헤니오Francisco Eugenio 신부는 총장 신부 앞으로 조선 전도를 위한 열정을 담은 편지를 보냈다.

조선에서는 중국 대륙에서보다 더 큰 수확을 거둘 수 있으리라 믿습니다. 중국에는 많은 조선인 신도들이 살고 있습니다. 금이 은을 능가하듯이 믿음과 능력 면에 있어서는 이들이 중국인들을 훨씬 능가하기 때문입니다.[72]

에우헤니오 신부는 조선에 배를 타고 가서라도 복음을 전하려고 했지만 그의 꿈은 권 비센떼처럼 이루어지지 않았다. 박해가 시작된 일본에서의 선교가 더욱 급했던 예수회 신부들은 중국에 있던 권 비센떼를 일본으로 불러들였다.

권 비센떼는 1618년 마카오로 돌아와 2년 후 나가사키로 향했다. 나가사키에 도착한 그는 중국인 복장을 하고 중국어를 구사하면서 일본에 있는 중국인들에게 선교 활동을 시작했다. 권 비센떼의 유창한 중국어 실력에, 중국인들은 권 비센떼가 자신들을 탐지하기 위해 중국에서 파견된 관리라고 착각했다고 한다. 비록 고국 조선으로 돌아가는 것을 단념해야 했지만 그는 일본에서 조선, 중국, 일본 세 나라 사람들에게 비밀스럽게 선교를 계속했다.

그러던 중 1625년 12월 권 비센떼는 솔라Sola 신부 등 20여 명과 함께 시마바라에서 체포되었다. 권 비센떼가 화형당하기 얼마 전에 쓴 편지에는 그의 순교를 향한 마음이 절실히 묻어나고 있었다.

박해 기간에 용감한 순교자들의 투쟁을 보면서 저는 그 같은 고통을 제가 인내할 수 있을까 하는 의심도 하고, 두려워도 했으며 이 일로 여러 번 슬픔에 잠기곤 했습니다. 그러나 박해가 끝나고 천주교 세계에 평화가 찾아오는 때가 된다면, 그리고 그때까지 제가 살아 있게 된다면 하는 생각을 해 볼 때 전 성스러운 순교자들이 있던 때를 돌이키게 될 것이며 아마도 순교자들과 함께 동행하지 않았던 것과 그런 좋은 기회에 우리 주 예수 그리스도를 위한 삶을 영위하지 못한 것에 대해 고통과 후회를 느끼게 되리라고 생각했습니다.[73]

박해가 없는 평화의 세상이 오게 되면 순교자들과 동행하지 않았던 것에 대해 평생 죄책감을 안고 살아가야 될 것이라고 말한 권 비센떼는 감옥에서 온갖 가혹한 고문을 당했다. 그는 추운 겨울날 물고문을 받고 벌거벗은 채 나무에 꽁꽁 묶여 냉동 인간으로도 변해야 했다. 오히려 그에게는 활활 타오르는 장작불 속이 더 따뜻했다.

장작불은 권 비센떼에게 평온함과 기쁨과 구원에 대한 확신을 심어 주고 있었다. 장작불이 살갗을 태우고 뼈를 붉게 녹이는 동안 그의 영혼은 예수를 찬미하고 있었다. 예수와 함께 33년을 살다가 불속에서 순교해 간 그의 나이는 46세였다. 그는 복자 가요와 함께 205명의 일본 복자에 올라 있다. 포로가 되어 끌려갔던 조선인의 순교 정신이 조선 땅으로 돌아가지 못하고 나가사키에서 가슴 아픈 열매를 맺은 것이다.

일본에서 조선인들의 순교는 계속되었다. 토마스는 캄보디아에서 필리핀을 거쳐 일본으로 향하는 배에 타고 있었다. 그에게도 일본행은 죽음의 길이었다. 토마스도 권 비센떼처럼 순교자들이 남겼던 최후의 승리를 위해 일본으로 향했다. 토마스는 복사이자 교리교사가 된 조선인이었다. 그는 추방령으로 인해 서양 신부들을 따라 캄보디아로 가서 수년간 일본인들에게 전교를 했다. 캄보디아에 있던 일본인 기리시탄들은 토마스를 무척 존경하고 따랐다.

필리핀에서 출항한 토마스는 일본에 도착하여 비밀히 선교 활동을 했다. 1643년 토마스는 거미줄같이 퍼져 있던 금교령의 족쇄에 얼마 가지 못해 걸리고 말았다. 그를 기다리고 있는 것은 나가사키에서의 순교였다. 토마스가 나가사키의 순교지에 도착했을 때, 그는 거꾸로 묶인 채 교수대에 매달려야 했다. 그의 머리가 구덩이 속으로 들어가더니 이내 발끝이 사라지고 말았다.

복자福者 가요와 복자 권 비센떼, 복사服事 토마스는 조선에 그리스도교가 공식적으로 전래되기 이전에 외국 땅에 가서 그리스도교를 전했던 조선인들이다. 아마도 그들이 조선인으로서는 최초로 동남아시아에 그리스도교를 전했을 것이다. 이렇게 조선인들에 의해 중국과 베트남, 캄보디아, 필리핀 등의 동남아시아가 그리스도교를 만나고 있을 때, 조선에는 그리스도교가 공식적으로 들어올 수 없었다.

일본에 포로로 끌려갔다가 고향으로 돌아온 조선인 기리시탄들이 어떠한 신앙생활을 남겼는지는 알 수 없다. 그러나 서산대사의 유품으로 380여 년 보관되어 온 순금 칠보 십자가는 조선에 유입되는 그리스도교를 조용히 지켜보고 있었다.

380여 년 동안 전해져 왔던 순금 칠보 십자가는 이제 대흥사에서 사라졌다. 천주교회에서 대흥사의 순금 칠보 십자가를 유치하려고 했지만 성사되지 못했다고 한다. 역사적인 유물이었기에 어디에서 보관되더라도 그 진가는 길이 남을 수 있었다. 1985년, 대흥사에는 황당한 사건이 발생했다. 순금 칠보 십자가와 많은 유물들이 도둑을 맞은 것이다. 유물은 장물아비에게 넘어갔는데, 유물이 도둑맞았다는 뉴스를 접한 장물아비는 겁을 먹고 순금 칠보 십자가를 녹여 버렸다고 한다.

조선 중엽부터 현대까지 오랜 세월 대흥사에서 이루어졌던 부처와 예수의 만남은 이렇게 허무하게 끝나고 말았다. 그 만남 동안 임진왜란을 통해 조선에 유입되었던 그리스도교는 기리시탄이 되어 순교의 형틀로 사라져 갔던 조선인들의 신앙에서 부활하고 있었다. 조선인 기리시탄들은 고국에 돌아가 고향 땅에 그리스도교를 전하고 싶었지만 조선은 아직 씨를 뿌릴 수 없는 얼어붙은 동토였다. 그 동토에서 정약용은 『조선복음전래사』를 통해 임진왜란으로 조선에 유입된 그리스도교와 서산대사의 십자가를 붓으로 써 내려가지 않았을까.

3장

까울리의 십자가

고려군이 본 십자가 깃발

1950년 10월 17일부터 같은 해 12월 7일까지 황해도 신천에서 인구의 약 4분의 1에 해당하는 3만 5천여 명의 양민이 학살을 당했다. 이 비극을 배경으로 피카소는 〈조선에서의 대학살〉이라는 작품을 그렸다. 황석영은 그의 소설 『손님』에서 외국 손님인 그리스도교와 마르크시즘이 신천에 들어와서 손님이 바뀔 때마다 대학살이 정당화되었던 한국 현대사의 아픔을 썼다.

400년 전에도 그리스도교라는 손님은 임진왜란과 함께 조선에 들어와 양민을 학살하고, 조선인들을 포로로 끌고 갔다. 17세기 초 임진왜란 종결 후에 일어났던 일본의 야소교 금교령은 오히려 아시아 각국에 그리스도교라는 손님을 전파하는 계기가 되었다. 일본을 탈출한 서양 신부들은 중국, 베트남, 필리핀, 캄보디아 등지로 손님이 되어 뻗어 나갔다. 그리스도교는 아시아 전역으로 퍼졌다.

임진왜란에 개입한 불명예가 부끄러워서인지, 서양 신부들은 조선 땅만 밟지 않았다. 두 명의 서양 신부가 임진왜란 동안 조선 땅을 밟았지만, 그들은 조선의 손님이 아니었다. 그들은 조선 땅을 침략한 일본 군대의 손님이었다. 일본을 떠난 그리스도교 손님은 아시아 대륙 속으로 들어갔다. 그러나 그 손님은 아시아 대륙에 들어갔을 때, 또 다른 그리스도교 손님이 존재하고 있다는 사실에 놀라고 말았다.

가톨릭 손님이 아시아 대륙의 문을 두드릴 때, 또 다른 손님은 아시아의 안방에서 주인과 동화되어 가고 있었다. 그 손님은 동방 그리스도교의 한 분파인 네스토리안교였다. 서방 그리스도교에 의해 이단으로 낙인찍혀 동진東進한 네스토리안교는 서양 신부들이 아시아 대륙으로 퍼져 나가기 천 년 전부터 중국, 몽골, 만주, 고려 국경 일대에서 터전을 잡고 살아가고 있었다.[1] 중국인들은 네스토리안교를 빛나는 종교라는 의미로 경교景敎라고 불렀다. 그리고 몽골제국은 네스토리안교를 야리가온也里可溫이라고 했다.

동방 그리스도교는 아시아의 동북쪽 끝자락에 있는 고려를 향해서도 손을 내밀고 있었다. 몽골제국은 40년간의 전쟁을 통해 고려를 속국과 부마국으로 만들었다. 몽골제국에서 원元 제국을 세운 세조世祖 쿠빌라이(재위 1260~1294)는 일본에 엄청난 금화가 있다는 소문을 듣고 일본 침략을 준비했다. 원 제국은 일본 원정을 위해 고려에 정동행성征東行省을 설치하고 선박, 병력, 군량의 징발을 독촉했다.

제1차 일본 원정은 원나라의 부마인 고려 충렬왕忠烈王(재위 1274~1308)이 즉위하던 1274년에 시도되었다. 하지만 1차 원정은 실패로 끝났다. 쿠빌라이는 1차 원정의 쓰라린 실패를 만회하기 위해 1281년에는 고려군을 합쳐 총병력 14만 명과 선박 4,400척을 투입했다. 이 전투는 제2차 세계대전의 노르망디 상륙 작전 다음으로 세계 해상 전투사상 두 번째로 큰 규모였다.[2] 쿠빌라이의 제2차 일본 원정도 태풍을 만나 실패하고 말았다. 전쟁의 결과는 참혹했다. 10만 명의 원나라 병사와 3천 명의 고려 군사가 사망하고 불과 3만여 명만이 살아 돌아왔다. 일본 다카시마鷹島에 남겨진 약 2, 3만 명의 원정군은 일본군에 포로가 되어 모두 처형되고 말았다.

〈몽고습래회사〉蒙古襲來繪詞(부분)   고려·몽고 연합군에 맞서 싸우는 일본 무장 다케자키 스에나가. 이 그림은 1293년에 그림의 주인공 다케자키 스에나가가 자신의 무공을 알리기 위해 제작한 것이라고 한다.

이 당시 원 제국에 머물고 있던 마르코 폴로Marco Polo(1254~ 1324)는 그의 저서 『동방견문록』에서 일본을 치핑구Cipingu라고 소개하면서, 쿠빌라이의 일본 원정 동기와 실패를 말해 주고 있다.

누군가가 대카안에게 바로 이 같은 엄청난 재화에 대한 이야기를 하자, 지금의 통치자인 쿠빌라이는 그 섬을 정복하고 싶어 했다. 그래서 그는 수많은 배에 기병과 보병을 싣고 신하 두 사람에게 지휘하도록 하여 보냈다. ……성난 바람과 무서운 폭풍이 잠잠해지자 두 신하는 넓은 바다에서 난파를 모면한 많은 배들을 이끌고 그 섬으로 돌아왔다. 사람들의 숫자가 너무 많아 모두 배에 태울 수 없었기 때

몽골 군대의 십자가 모양 철갑주 (일본 겐코시료칸 소장)

문에, 그들은 지위가 높은 사람들, 즉 백인장百人將, 천인장千人將, 만
인장萬人將 들을 배에 타도록 했다. 그러고는 그곳을 출발해서 고향
으로의 항해를 시작했다. 이 섬에 피신해 남아 있던 사람들의 숫자는
거의 3만 명이었는데, 그들은 이제 죽은 목숨이라고 생각했다.[3]

『고려사』高麗史 또한 여몽연합군의 원정 실패를 다음과 같이 전
하고 있다.

일본군과 싸워 300여 명의 적을 죽였고 다음날에 다시 싸웠는바, 홍
다구洪茶丘의 군대는 크게 패전했으며, 범문호范文虎 또한 전함 500
척, 만군蠻軍 10여만 명을 거느리고 왔으나 때마침 큰 폭풍을 만나
민군이 모두 물에 빠져 죽었다. 『고려사』 충렬왕 7년

태풍으로 여몽연합군의 제2차 원정은 일본 열도에 전리품만 남

몽고정(좌)과 몽고정 석비(우)

긴 채 실패로 끝났다. 일본 후쿠오카 시福岡市 하카다 구博多區에 있는 겐코시료칸元寇史料館은 여몽연합군의 병기를 전시하고 있다.[4] 병기 중에 몽골 군대의 철갑주가 있는데, 특이한 것은 십자가 문양이 새겨져 있다는 점이다. 철갑주의 십자가는 다름 아닌 동방 그리스도교의 전통 문양이었다. 이 십자가 문양은 몽골 병사들 중에 동방 그리스도교인들이 있었음을 의미한다.

어떻게 십자가 문양이 새겨진 철갑주를 한 몽골 병사들이 원 제국 군대에 있었을까? 그들이 동방 그리스도교인이었다면 1, 2차 일본 원정에 연합군으로 참여하는 동안 그들에 의해 동방 그리스도교가 고려 병사들에게 알려지지 않았을까?

몽골 원정대가 고려에 남긴 흔적은 수없이 많다. 경상남도 창원시 마산합포구 자산동에는 경남문화재인 몽고정蒙古井이 있다. 이 우물은 몽골 원정대가 이 일대에 주둔하면서 용수를 위해 판 것이다. 1932년 이전까지는 고려정이라고 불렸는데, 마산고적보존회(일본인이 만든 단체)가 몽골에 대한 멸시의 감정으로 몽고정이라는 석비를 세우면서 이 이름이 유래하게 되었다고 한다. 몽고정은 700여 년이 지난 지금까지도 주민들의 공동 우물로 사용되고 있다. 몽고정은 물맛이 좋아서 간장 공장 등의 용수로도 사용되고 있다. 이 우물 바로 뒤편에 마산의 명물이라고 하는 몽고간장 회사가 자리하고 있다.

몽골 원정대의 병기를 만들기 위해 투입된 고려인, 몽고정 일대에 있던 고려인들은 동방 그리스도교를 믿는 몽골 병사들과 접촉하면서 이방으로부터 들어온 그리스도교 손님을 알게 되었을지도 모른다. 일본 원정에서 돌아온 동방 그리스도교 병사들의 소식은 마르코 폴로에게도 전해졌다. 동방 그리스도교 병사들은 일본의 우상 숭배에 대해서 보고 들은 것을 고국에 돌아가 전해 주었다.

가톨릭 신자인 마르코 폴로는 일본의 종교에 대해 많은 관심을 갖고 있었다. 마르코 폴로는 동방 그리스도교 병사들로부터 전해 들은 일본의 우상 숭배와 우상의 모습에 대해 책의 한 장을 할애할 정도였다.

손이 4개인 것, 손이 10개인 것, 손이 1,000개인 것도 있다. 손이 많을수록 좋은 것으로 여겨 더 공손하게 경배한다. 그리스도교인들이 물으면 그들은, "우리 조상들이 우리에게 이런 모양으로 물려주었으니, 우리도 자식에게 또 그 뒤에 올 후손에게 그대로 물려줄 것입니다"라고 대답한다. 이 우상 숭배자들이 하는 짓은 너무나 기이하고 악마적이라서 이 책에서 이야기하기에는 적합하지 않다. 왜냐하면 그리스도교인으로서 그런 이야기를 듣는 것은 지극히 좋지 않기 때문이다.[5]

불국사에서 만난 예수

마르코 폴로가 몽골의 동방 그리스도교 병사들로부터 전해 들은 일본의 우상 숭배 이야기처럼 고려인들 또한 그들로부터 그리스도교에 대해 듣지 않았을까?

고려 역사는 이것에 대한 기록을 남기지 않았지만, 고려 국경 일대에 퍼져 있던 동방 그리스도교와 몽골의 동방 그리스도교 병사들의 자취는 고려에 직간접적으로 영향을 미치고 있었다. 조선의 임진왜란처럼 고려 또한 전쟁을 통해 그리스도교라는 손님을 맞이하고 있었다. 그 손님은 몽골 병사로 옷을 갈아입고 고려에 서서히 얼굴을 드러내고 있었다.

제2차 일본 원정이 끝난 3년 후인 1287년에 칭기즈칸의 후손인 나얀(?~1287)이 만주 일대에서 40만의 기병과 보병을 이끌고 쿠빌라이에게 반기를 들었다. 마르코 폴로는 나얀의 반란에 대해서 상세하게 전하고 있다. 나얀은 세례를 받은 그리스도교인이었다. 그가 이끄는 군대는 고려, 여진 등 네 지역에서 온 병력으로 구성되었다.

반란 소식을 접한 쿠빌라이는 나얀의 반란을 진압하기 위해 26만 명의 군대를 이끌고 평원을 질주했다. 쿠빌라이 군대가 나얀의 진영에 도착했을 때는 반란군이 깊은 잠에 빠진 새벽이었다. 나얀의 반란군은 사방에서 압박해 오는 기습 공격에 속수무책이었다.

그들은 정말로 잔인하고 끔찍한 전투를 시작했다. 화살을 쏘아대자 하늘은 마치 비가 오듯이 온통 그것으로 뒤덮여 버렸다. 기병과 말들이 땅바닥에 나뒹구는 모습이 보였다. 비명소리가 어찌나 크고 시끄러운지 설사 신이 벼락을 친다고 해도 듣지 못할 지경이었다.

……여러분은 나얀이 세례 그리스도교인으로서 전투에서 깃발 위에 그리스도의 십자가를 달고 있었다는 사실을 알아야 할 것이다.[6]

그리스도교인 나얀에 의해 징병되었던 국경 일대의 고려인들은 몽골 내전에 동원되어 십자가 깃발 아래 죽어 갔다. 마르코 폴로는 이 전쟁을 그 어떤 전투보다도 위험하고 무서운 것이었으며, 그때까지 그렇게 많은 기병이 한 전쟁터에 모인 적은 없었다고 했다. 나얀에 대한 애정과 충성으로 뭉친 반란군은 도망하지 않고 끝까지 싸웠지만, 쿠빌라이의 군대는 강했다. 기습 공격에 전열을 잃은 나얀의 반란군은 더 이상 버틸 수 없었다. 결국 전쟁은 쿠빌라이의 승리로 끝났다.

쿠빌라이는 잡혀온 나얀을 처형하라고 명령했다. 나얀은 전통적인 몽골 귀족의 처형 방법에 따라 죽었다. 그는 카펫에 말린 뒤 여기저기로 거칠게 끌려 다니면서 죽어 갔다. 귀족을 이렇게 죽이는 이유는 피가 흘러나와 밖으로 보이거나 땅을 적시는 일이 없도록 하기 위함이었다.[7] 쿠빌라이가 승리하자 그곳의 백성들이 나얀의 십자가 깃발과 그리스도교인들을 비난하기 시작했다. 그러나 쿠빌라이는 조롱하는 백성들을 야단치면서 오히려 패잔병이 된 그리스도교인들을 위로했다.

하느님을 믿지 않던 그곳의 사라센, 우상 숭배자들, 유대인, 기타 많은 백성과 민족들은 나얀이 깃발 위에 달고 온 십자가를 조롱했고, 그곳에 있던 그리스도교인들을 비난하면서 "보라! 당신들의 하느님

불국사에서 만난 예수

의 십자가가 그리스도교인 나얀을 어떻게 도왔는지를!"이라고 말했다. 그들은 어찌나 크게 놀려대고 요란하게 조롱을 했는지 대카안 앞에서도 그렇게 할 정도가 되었다. 그 소리를 들은 대카안은 자기 앞에서 그렇게 조롱하는 사람들을 저주했다. 그러고는 그곳에 있던 많은 그리스도교인들을 불러서 위로하기 시작했고, "만약 너희 하느님의 십자가가 나얀을 돕지 않았다면 그것은 매우 올바른 일이다. 왜냐하면 만약 부당하고 그른 일이라면 그것을 절대로 행하지 않는 것이 좋기 때문이다. 나얀은 자신의 주군에 대해서 불충하고 반역했기 때문에 그가 당한 일은 너무나 당연한 것이고, 너희 하느님의 십자가가 올바르지 않은 그를 돕지 않은 것은 잘한 일이다. 왜냐하면 올바르지 않은 일을 행하지 않는 것이야말로 좋은 일이기 때문이다"라고 말했다.[8]

나얀의 십자가 군대는 그렇게 진압되었다. 쿠빌라이에게 투항한 그리스도교인들은 그에게 충성을 다짐했다. 그리고 그들은 한때 주군으로 모셨던 죽은 그리스도교인 나얀을 배반했다.

가장 위대하신 폐하! 정말로 진실을 말씀하셨습니다. 십자가는 자기 주군에 대해 반역하고 불충한 나얀이 한 것과 같은 나쁜 일과 불충한 일은 하지 않습니다. 그는 마땅히 그가 받아야 할 것을 받은 것입니다.[9]

원 제국 세조 쿠빌라이는 하느님, 그리스도교, 그리고 십자가를

1. 쿠빌라이를 만나는 마르코 폴로 일가
쿠빌라이가 들고 있는 병은 예루살렘 성전의 등불 기름이
고, 마르코 폴로가 바치는 문서는 교황의 서한이라고 한
다. 유럽인이 상상한 쿠빌라이는 유럽 왕의 복장을 하고
있다.
2. 마르코 폴로

분명하게 알고 있었다. 쿠빌라이는 나얀을 정복하고 나서 칸발리크 汗八里(위대한 칸의 거주지라는 뜻. 현재의 북경)로 돌아가 성대한 연회를 베풀었다. 연회는 몇 달이나 계속되었다.

마르코 폴로는 쿠빌라이가 예수의 부활절 기념 연회를 베풀었다고 상기시켜 주고 있다. 쿠빌라이는 부활절이 그리스도교인들에게 중요한 절기라는 것을 알고 그리스도교인들을 불렀다. 그는 그리스도교인들에게 4복음서를 가져오게 하여 『성경』에 입맞춤을 한 후, 그의 부하들에게도 입맞춤하도록 명령을 내렸다. 쿠빌라이는 부활절이나 성탄절과 같이 그리스도교에서 중요하게 여기는 절기에는 항상 그렇게 했다.[10]

쿠빌라이는 부활절과 성탄절뿐만 아니라 다른 종교의 주요 절기도 기념했다. 사실 쿠빌라이는 모든 종교에 관대했다. 이러다보니 유교, 불교, 그리스도교, 이슬람교를 믿는 사람들은 그를 호평했다. 유교에서는 그를 이상적인 군주라고 불렀으며, 불교에서는 보살, 이슬람교에서는 후원자, 그리스도교에서는 그리스도교인으로 개종할 자라고까지 할 정도였다.[11] 쿠빌라이는 모든 종교에 관용적인 이유를 이렇게 말했다.

모든 사람이 숭배하고 존경하는 네 명의 예언자가 있다. 그리스도교인들은 자기네 신이 예수 그리스도라 하고, 사라센은 마호메트라 하며, 유대인은 모세라 하고, 우상 숭배자들은 여러 우상들 가운데 최초의 신인 사가모니 부르칸(석가모니 부처)이라고 한다. 나는 이 넷을 모두 존경하고 숭배하며, 특히 하늘에서 가장 위대하고 더 진실한

쿠빌라이 몽골제국의 대카안이자 원나라의 초대 황제

그분에게 나는 도움을 부탁하며 기도를 올린다.[12]

쿠빌라이가 예수를 숭배하고 부활절과 성탄절 행사를 했던 것처럼 몽골에는 그리스도교가 있었다. 나얀이 만주 일대를 거점으로 반란을 일으켰을 때, 그곳에도 많은 그리스도교인이 거주하고 있었다. 주군이었던 나얀을 버린 그리스도교인 병사들 중에 고려인들이 얼마나 포함되어 있었는가는 알 길이 없다. 그러나 나얀의 십자가 깃발을 바라보면서 고려인 병사들의 마음도 이방의 손님인 그리스도교를 알아 가고 있었다. 그러면, 쿠빌라이가 예수와 십자가를 알고 경배했다면, 그의 사위였던 고려 충렬왕은 그리스도교를 몰랐을까?

충렬왕은 나얀도 잘 알고 있었다. 고려에서는 나얀을 내안 대왕乃顔大王이라고 불렀다. 나얀이 일본으로 출정할 때, 충렬왕은 궁문에서 그를 위해 친히 전송연을 베풀기도 했다.[13] 나얀의 반란 소식

불국사에서 만난 예수

을 한 달 후에 접한 충렬왕은 친히 고려군을 이끌고 장인인 쿠빌라이를 돕기 위해 원정길에 올랐다. 그러나 충렬왕은 반란이 진압되었다는 소식에 군사를 돌려 칸발리크에 들어갔다. 장인인 쿠빌라이의 생일을 축하하라는 명령을 받았기 때문이다.

쿠빌라이의 생일잔치에는 불교, 이슬람교, 그리스도교 등 모든 종교인이 모였다. 쿠빌라이가 있던 칸발리크는 마치 국제 종교의 거대한 전시장과 같았다. 쿠빌라이의 생일잔치에는 1만 2천 명의 신하가 참석했고, 불교, 그리스도교, 이슬람교도들이 모여 그의 장수와 건강을 위해 열렬한 간구와 기도를 올렸다. 쿠빌라이의 사위인 충렬왕은 상석에 앉아서 그리스도교인들의 간구와 기도를 지켜보았을 것이다. 『고려사』는 충렬왕이 나얀의 반란을 진압하는 과정과 쿠빌라이의 생일에 참석한 것을 다음과 같이 기록했다.

왕이 나얀의 반란 소식을 듣고 장군 유비柳庇를 원나라에 보내어 "고려에서도 군대를 출정하여 역적 토벌을 원조하겠다"고 청했다. ……왕이 친히 원정하게 되어 계유일에 공주가 양루凉樓에서 왕을 전별하고 겸하여 출정하는 장령들과 병사들을 위문하는 연회를 배설했다. ……8월 정묘일에 유비, 오인영 등이 원나라에서 돌아와 말하기를, "황제가 친히 나얀을 정벌하여 그를 사로잡고 그 성을 함락시키고 이미 연경에 귀환하였으므로 여러 노路들에서 군사들을 징발·파송하는 것을 정지하라!"고 하였으며, 또 "왕은 역참의 말을 타고 입조入朝하여 황제의 생일을 축하하라"고 명령했다. 『고려사』 충렬왕 13년

『고려사』의 기록에 따르면, 나얀이 반란을 일으키기 전에 고려의 배반자 유초(庾超)를 고려에 보내 도망한 자신의 병사들을 조사·대조했다고 한다. 그러나 고려의 역사에는 그리스도교의 기록이 없다. 역사는 제왕의 업적의 향연일 뿐, 강제 동원되어 전쟁에 나간 민초들의 이야기는 아니었다. 고려인들과 그리스도교의 접촉 또한 역사 속으로 파묻혀 버렸지만, 충렬왕은 장인 쿠빌라이의 생일잔치에서 그리스도교 사제들이 올리는 기도를 묵묵히 지켜보았을 것이다.

한국 개신교의 역사는 그리스도교라는 손님이 1885년 조선 땅을 밟으면서 시작되었다고 말한다. 한국 천주교의 역사는 그 손님이 1784년 북경에서 세례를 받고 돌아온 이승훈이 정약용, 권일신 등과 함께 수표교 근처에 있는 이벽의 집에서 신앙공동체를 탄생시킴으로써 비롯되었다고 한다. 그리고 임진왜란을 천주교 전래의 전사(前史)로 소개하기도 한다.

그리스도교 손님은 나얀의 군대에 있던 고려의 군인들에게 나타나지는 않았을까? 십자가를 앞세웠던 고니시 유키나가의 선봉대처럼 고려를 찾아온 손님도 십자가 깃발을 휘날리고 있었다. 그러면 몽골에 의해 징병되었던 고려인들은 일본 열도에서 만주 광야에서 십자가 깃발을 따라 죽어 가지는 않았을까? 장인인 쿠빌라이가 알고 있는 그리스도교를 사위인 충렬왕은 정녕 몰랐을까?

고려촌의 흙 십자가

1927년, 일본 고고학 조사단은 중국 안산鞍山 일대에 있는 한 고분을 발굴하고 있었다.[14] 조사단은 고분에서 일곱 구의 시신을 발견했다. 시신 한 구는 아주 완벽한 상태였다. 시신들 머리맡에는 흙으로 만든 십자가가 놓여 있었다. 조사단은 무덤에서 발견한 송나라 때의 동전으로 시신들이 998년에서 1006년 사이의 것이라고 추정했다.

조사단이 추정한 시기는 고려 제6대 왕 목종穆宗(재위 997~1009) 때였다. 이 지역은 왕건王建(재위 918~943)이 고려를 건국하기 이전까지는 고구려와 발해의 영토였다. 비록 고려의 국경은 압록강 이남이었지만 고분이 발견된 안산 일대는 많은 고구려와 발해 유민, 그리고 고려인들이 농사를 짓고 살던 지역이었다. 그러면 이 지역에서 발견된 흙 십자가는 고려인들과 어떤 관련이 있는 것일까?

안산 일대는 압록강에서 서북쪽으로 약 150km 떨어져 있다. 안산에서 압록강 쪽으로 내려가면 청나라와 조선의 국경이었던 책문이 있다. 책문과 인접한 조선의 변방 의주는 중국과의 교류로 북새통을 이루었다. 1765년 중국으로 가는 사신 일행을 따라나섰던 홍대용은 의주 읍리에만 해도 장사를 위해 집집마다 말을 부려서 천필에 가까운 말이 있었다고 기록했다.[15] 1780년 사행을 따라나선 박지원도 책문과 의주 주변 풍경을 다음과 같이 묘사했다.

들판이 평평하고 넓게 트였다. 비록 개간하고 경작하지는 않았지만 곳곳에 나무를 베어 낸 뿌리가 어지러이 흩어져 있고, 소 발자국과 수레바퀴 자취가 풀 사이로 이리저리 나 있는 것을 보니 이미 책문이 가까워졌음을 알겠고, 거주하는 인민들이 대수롭지 않게 책문을 넘나들고 있음을 짐작할 수 있겠다. ……만상 중에서 한韓이나 임林과 같은 자들은 해마다 북경 출입하기를 마치 제 집의 문과 뜰을 드나들 듯 하여 북경의 장사치들과는 서로 짝짜꿍이 맞아떨어져 물건을 조종하고 값을 올리고 내리고 하는 것이 모두 그들의 손아귀에 달려 있다. 중국 물건의 값이 날로 오르는 이유도 실상은 그들 때문인데도, 온 나라 사람들은 이를 이해하지 못하고 오로지 역관 탓이라고 나무란다. 『열하일기』 「도강록」渡江錄

책문 안에는 많은 조선인들이 살고 있었다. 박지원은 책문을 넘으면서 고구려와 발해의 옛 영토였던 만주 일대가 고려에 와서 압록강 이남으로 줄었음을 통탄했다. 그리하여 그는 그 일대에 조상 대대로 살면서 버려진 조선인들을 안타까워하기도 했다. 그 일대에는 고려 때 부락을 이루고 살던 고려인들이 있었다. 부락의 이름은 고려촌高麗村이라고 불렸다.

고려촌은 지금 심양인 봉황성 근처에 자리하고 있었으며, 북경으로 가는 길목에 있었기 때문에 사신들은 이곳을 통과해야만 했다. 만주 일대에는 고려인 집단 부락이 형성되고 중국과의 교류가 활발해지면서 한중 문물이 유통되는 장소가 되어 가고 있었다. 중국의 한문 서학서도 고려촌을 가로질러 들어왔다. 고려촌을 통해 그리스도의 신앙이 조선으로 유입되었다.

1874년, 스코틀랜드연합장로교 소속인 존 로스John Ross(1842~

불국사에서 만난 예수

로스 선교사와 로스
선교사가 번역해서
1882년에 출판한 첫
한글 성경 『예수성
교전서』 표지

1915) 선교사가 고려촌에서 의주 상인 이응찬李應贊을 만났다.[16]
1879년 이응찬에게 조선어를 배운 로스 선교사는 4복음서와 「사도
행전」을 한글로 번역했다. 이응찬은 같은 의주 출신인 서상륜徐相崙
등과 함께 한글 낱권 복음을 인쇄하기 시작했다. 로스 선교사는 한
글『성경』 발행에 대해 이런 기록을 남기고 있다.

> 최초 한글 성서 발행이 조미조약 체결과 거의 동시에 이루어졌다는
> 것은 하느님의 섭리이다. 완고한 '고려문'이 '열린 문'이 되면 곧바
> 로 복음이 이 민족 안으로 들어갈 것이다.[17]

국경 일대에서의 서양 선교사와 의주 상인의 만남은 1882년 봉
천에서 최초의 한글 「요한복음」과 「누가복음」을 발행하는 것으로
이어졌다. 이렇게 인쇄된 낱개의 복음은 의주, 평양, 황해도 일대의
조선인들에게 전파되었다. 의주 상인 서상륜은 동생 서경조와 함께

황해도 소래에 초가집 하나를 이용해 교회를 세우기도 했다. 이 교회가 조선의 첫 개신교 예배당인 소래교회가 되었다. 조선에 개신교가 창설되기 1년 전인 1884년의 일이다.

고려촌 아래 있던 책문은 말 그대로 국경에 불과했다. 책문을 뛰어넘어 조선에도 고려에도 그리스도교가 유입되고 있었다. 책문은 닫힌 문이 아니라 열린 문이었다. 그곳을 통해 사신들과 의주 상인들은 이방의 신앙을 접했다. 만주 일대에서 발견된 흙 십자가는 만주와 고려 국경 지역에 그리스도교가 널리 퍼졌음을 조용히 말해 주고 있다.

고려촌을 통해 최초의 한글 『성경』이 들어오기 800여 년 전에 그리스도교는 고려인들에게 모습을 드러내고 있었다. 그 당시 만주 일대에 퍼졌던 그리스도교는 동방 그리스도교였다. 1287년, 쿠빌라이에게 저항했던 나얀과 그의 부하들은 만주 일대에 전해진 동방 그리스도교를 믿는 사람들이었다. 나얀의 고려인 부하들 중에는 흙 십자가를 남긴 그리스도교인들의 후손도 있었을 것이다.

동방 그리스도교는 고려촌이 있던 만주 일대에만 전파된 것은 아니었다. 동방 그리스도교는 중동에서부터 시작하여 중앙아시아 대륙 그리고 만주 끝까지 연결되는 실크로드의 주요 거점 도시에 산재해 있었다. 13세기를 전후하여 동방 그리스도교는 중동에서부터 고려의 국경 일대까지 동진했다. 중앙아시아에 있는 사마르칸트와 타슈켄트는 동방 그리스도교의 요충지였다.

돈황, 숙주, 감주, 난주, 서안 등의 중국 내륙에도 동방 그리스도교가 있었다. 동방 그리스도교는 원 제국의 수도인 칸발리크를 비롯해 양주, 진강, 항주의 해안 도시에도 형성되어 중국 대륙 전체에 분포되었다.[18] 이를 미루어 보면, 중국 문물의 집결지였던 고려의 국경 일대에 동방 그리스도교가 들어왔고, 그로 인해 흙 십자가가 발굴되었다는 사실은 당연한 것이 아닐까? 고려 당시 세계 대륙에 전파되어 있던 그리스도교를 통해 고려촌에서 흙 십자가가 나온 배경을 유추해 볼 수 있지 않을까?

마르코 폴로는 중앙아시아와 만주 대륙에 분포되어 있던 동방 그리스도교에 대해 자세한 기록을 남겼다. 1271년, 마르코 폴로는 아버지와 숙부를 따라서 지중해에 위치한 항구 도시 라이아스를 출발해 실크로드를 타고 몽골제국에 들어갔다. 마르코 폴로의 아버지와 숙부는 두 번째로 쿠빌라이를 알현하러 가는 길이었다.

첫 번째 만남에서 쿠빌라이는 그들에게 교황 사절단이라는 특명을 부여했다. 쿠빌라이는 교황에게 예루살렘 성전의 등불 기름과 그리스도교인 100명을 보내 줄 것을 요청했다. 새로 선출된 교황 그레고리오 10세Gregorius PP. X(재위 1271~1276)는 마르코 폴로 일가에게 등불 기름을 주고, 수사 두 명만을 파견했다. 그러나 두 명의 수사는 여행 노정에서 만난 전쟁을 두려워하여 귀환하고 말았다. 수사들 없이 마르코 폴로 일가는 몽골제국의 여름 수도인 케메인푸에 도착하여 쿠빌라이에게 교황의 친서와 예루살렘 성전의 등불 기름을 받쳤다.

마르코 폴로는 여행 노정에서 사마르칸트에 세례 요한을 기념하는 교회가 세워져 있는 것을 보았다. 사마르칸트는 쿠빌라이의 삼촌인 차카타이가 통치하고 있었다. 요한을 기념하는 교회에는 이

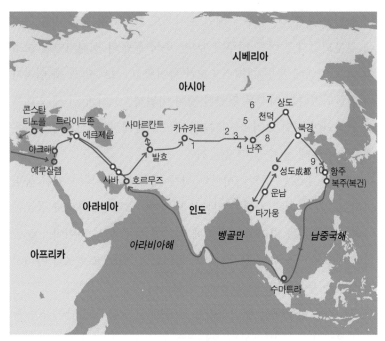

마르코 폴로의 여정(1271~1295)과 『동방견문록』에 기록된 그리스도교의 분포
1 아르칸 2 탕구트 3 숙주 4 감주 5 긴긴 탈라스 6 카라코룸 7 몽골 8 은천 9 양주 10 진강부

적이 전해지고 있었다. 사마르칸트의 군주인 차카타이가 그리스도
교로 개종했다는 소식을 들은 사마르칸트의 그리스도교인들은 기
념으로 세례 요한 교회를 짓고, 무슬림이 소유하던 아름다운 돌을
가져와 교회의 주춧돌로 삼았다.

차카타이가 죽자 무슬림들은 그 돌을 빼앗아 오기로 결정했다.
그들은 그리스도교인들에게 돌을 돌려달라고 요구했다. 그리스도
교인들은 무슬림들에게 돌 대신에 다른 보화를 주겠다고 했지만 그
들은 막무가내였다. 무슬림들이 그리스도교인들보다 수적으로 우

불국사에서 만난 예수

세했기 때문이었다. 그 소식을 들은 차카타이의 후계자는 그리스도교인들에게 돌을 돌려주라고 명령했다. 그리스도교인들은 할 수 없이 돌을 돌려주기로 했다. 그러나 돌을 돌려주기로 한 날 아침에 이적이 일어났다. 돌 위에 있던 기둥이 세 뼘 위로 올라가 공중에 떠 있었던 것이다.

마르코 폴로가 사마르칸트에 도착했을 때에도 기둥이 돌 위에 떠 있었다. 사마르칸트 교회의 이적은 중국의 기록에서도 볼 수 있다. 중국 기록은 사마르칸트 교회를 천하의 12대 교회 중 하나로 소개했다. 교회의 높이는 12미터이며 기둥 네 개가 받치고 있는데 그 중 하나는 지상에서 30센티미터 정도 떠 있다고 하였다.[19] 동방 그리스도교는 중앙아시아와 중국 내륙에서 이슬람교와 함께 신앙으로 자리매김하고 있었다. 이슬람은 이슬람교를 바탕으로 하는 이슬람 문명 전반을 가리키며, 무슬림은 이슬람교도를 뜻한다. 그 당시만 해도 그리스도교와 이슬람교는 오늘날처럼 적대적이지 않았으며, 여러 지역에서 공존하고 있었다.

중앙아시아와 몽골제국에서 마르코 폴로가 보았던 그리스도교와 무슬림교의 공존은 아래와 같이 분포되고 있었다.[20]

사마르칸트 세례 요한 교회의 이적. 다수의 무슬림과 소수의 동방 그리스도교인들이 있었다.

카슈카르 주민들은 무슬림이었고, 소수의 동방 그리스도교인들이 있었다.

야르칸 주민들은 무슬림이었고, 소수의 동방 그리스도교인들이 있었다.

탕구트　주민들 대부분은 우상 숭배자들이지만 동방 그리스도교인들과 무슬림도 있었다.

긴긴 탈라스　우상 숭배자, 무슬림, 동방 그리스도교인들이 있었다.

숙주肅州　동방 그리스도교인들이 있었다.

감주甘州　주민들은 우상 숭배자들이지만 무슬림도 더러 있고, 동방 그리스도교인들은 아름다운 세 개의 교회를 가지고 있었다.

카라코룸　그리스도교인 사제왕 요한의 전설이 전해지고 있었다.

양주涼州(에르주울)　대부분의 주민은 동방 그리스도교인이며, 무슬림은 소수였다.

서녕西寧　무슬림과 소수의 그리스도교인들이 있었다.

은천銀川(에그리가야)　동방 그리스도교 교회가 세 개 있었다.

천덕天德(텐둑)　쿠빌라이의 부마인 군주 조지Giorigis(闊里吉思)가 가톨릭 신자였으며, 무슬림도 많았다.

몽골　무슬림들과 약간의 동방 그리스도교인들이 있었다.

운남雲南(카라잔)　무슬림들, 우상 숭배자들, 그리고 소수의 동방 그리스도교인들이 있었다.

진강부鎭江府(친기안푸)　동방 그리스도교 교회가 두 개 있었다.

복주福州(혹은 복건福建)　「시편」의 내용이 담긴 경전과 예수가 파견한 70인 사도 중 세 명의 초상화를 가지고 있는 동방 그리스도교의 교회가 있었다.

항주杭州(킨사이)　동방 그리스도교 교회가 한 개 있었다.

북경北京(칸발리크)　쿠빌라이는 부활절이나 성탄절과 같은 그리스도교의 중요한 절기에 그리스도교인들을 불러서 성대한 의식을 치렀으며, 칸발리크 시내에는 그리스도교인, 사라센, 카타이인(거란족) 등 약 5천여 명의 점성술사들이 있었다.

마르코 폴로가 실크로드를 지나며 목격한 동방 그리스도교는 이슬람교와 공생하면서 그들 각자의 신앙을 지켜 나가고 있었다. 그는 만지(악크발렉 만지: 복건성, 강소성을 포함하는 중국 동남부 지역) 지방 에서 동방 그리스도교를 믿는 사람들이 70만 호 이상이나 된다고 하였다.[21] 그가 중국 내륙인 운남성으로 향했을 때, 그곳에도 소수 의 동방 그리스도교인들이 존재했다. 마르코 폴로는 17년간 몽골제 국에서 머물고 고향인 베니스로 돌아갈 때는 해로를 이용했다.

마르코 폴로는 천주泉州 항을 출발하여 남중국해를 거쳐 싱가포 르와 인도를 통과해 페르시아 만 입구인 호르무즈 해협에 도착했 다. 그는 그곳에서 중동의 육로를 타고 흑해까지 가서 지중해를 가 로지르는 배에 올라탐으로써 베니스에 귀향할 수 있었다. 그가 베 니스에 도착한 때는 고려 충렬왕이 왕위에 오른 지 21년째 되던 해 (1295)였다.

마르코 폴로는 유럽의 대항해가 시작되기 이전에 유럽과 중국 을 연결했던 대륙 실크로드와 해상 실크로드를 모두 체험한 인물이 었다. 그야말로 그 당시의 세계를 일주한 것이다. 쿠빌라이는 귀향 하는 마르코 폴로 일가에게 사절의 임무를 부여해 교황, 프랑스 국 왕, 스페인 국왕, 그리스도교 국가의 다른 국왕들을 만나도록 했다. 그는 또한 몽골인들을 그리스도교인으로 개종시키기 위해 마르코 폴로 일가를 통해서 100명의 그리스도교인들을 보내달라는 친서를 교황 앞으로 보냈다.

"너희들은 교황에게로 가서 너희들의 종교를 믿는 100명의 현자를 짐에게로 보내 달라고 나를 대신하여 청원하라. 그래서 이 우상 숭배자들 앞에서 그들의 행동을 꾸짖고, 그들이 그런 일을 할 수는 있지만 그것이 악마와 악령의 사술이기 때문에 하지 않을 뿐이라는 사실을 말해 줌으로써, 그들이 감히 그런 일을 하지 못하게 억제하면 어떻겠는가? 그런 것을 보게 되면 우리는 그들과 그들의 율법을 비난하고, 나는 세례를 받게 될 것이다. 내가 세례를 받으면 나의 신하와 대인들도 세례를 받게 될 것이고, 그러고 나면 나의 백성도 받게 되어, 아마 너희들 고장보다도 더 많은 그리스도교인이 생겨날 것이다."

처음에 말했듯이, 만약 교황께서 우리의 신앙을 포교할 만한 적절한 사람을 그에게 보냈더라면, 이 대카안은 그리스도교인이 되었을 것이다. 왜냐하면 그가 그렇게 되기를 간절히 바라고 있었다는 것은 분명한 사실이기 때문이다.[22]

마르코 폴로는 귀향하는 길에 인도에 들러 그곳에서 보았던 그리스도교에 대해 흥미로운 사실을 기록했다. 기록에 따르면, 인도의 동남부에 위치한 마드라스 근교의 마일라푸르에는 예수의 12제자 중 한 명인 사도 토마스(성 도마)의 유해와 교회가 있었다. 그곳은 그리스도교인들과 무슬림들에게 순례지였다. 무슬림들은 사도 토마스를 예언자라고 하면서 아바리운avariun이라고 불렀다고 한다. 아

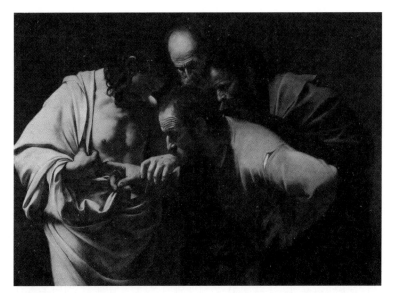

〈사도 토마스의 불신不信〉 The incredulity of Saint Thomas 카라바조의 그림. (107×146cm, 유화)

바리운은 그리스도의 사도들을 가리키는 아랍어 하와리운hawariyun
을 옮긴 것으로 앞의 h가 탈락한 것이었다.[23] 그리스도교인들과 무
슬림들이 예수 제자의 무덤을 보기 위해 함께 순례를 하고 있었던
것이다.

　마르코 폴로가 몽골제국에 있을 때인 1291년, 교황의 특사 자격
으로 쿠빌라이를 만나기 위해 칸발리크로 향하던 존 몬테코르비노
John of Montecorvino(1246~1328) 신부는 인도에 13개월 동안 거주하
면서 사도 토마스의 교회를 방문하고, 그곳에서 100여 명에게 세례
를 주기도 했다.[24] 인도의 초대 대통령 라젠드라 프라사드Rajendra
Prasad(1884~1963)는 사도 토마스의 교회에 대해서 다음과 같이 말
하기도 했다.[25]

사도 토마스는 유럽의 많은 나라가 그리스도 국가가 되기 이전에 인도에 왔다는 것을 기억해야 합니다. 그래서 그에게서 그리스도교를 물려받은 인도인들은 유럽 어느 나라의 그리스도교인들보다 오래된 역사와 조상을 갖게 되었습니다. 이러한 사실이 있었다는 것은 정말 우리의 자랑이 아닐 수 없습니다.

마르코 폴로는 사도 토마스가 에티오피아에서 전도를 한 후 인도로 갔다고 했다. 에티오피아에서 가장 강력한 왕은 그리스도교인이었으며, 다른 여섯 명의 왕들 중 셋은 그리스도교인이고 셋은 무슬림이었다. 그리스도교 역사에서 최초의 이방인 개종자는 에티오피아의 내시였다. 사도 빌립은 예배하러 예루살렘에 온 에티오피아의 내시를 만나 세례를 베풀었으며, 에티오피아 왕국은 로마와 비슷한 시기에 그리스도 국가로 선포되었다.[26]

마르코 폴로는 인도의 남단 서해안에 있는 퀼론이라는 곳에도 그리스도교인들이 있다고 기록했다. 그는 아프리카에 대해서도 설명을 했는데, 소말리아의 섬인 스코트라에 세례를 받은 그리스도교인들이 있었다고 한다. 그곳에는 대주교가 있었지만 로마 교황과는 아무런 관계가 없었다. 대주교는 바그다드에 있는 동방 그리스도교에서 파견되었다. 동방 그리스도교는 아시아 일대뿐만 아니라 아프리카에도 퍼져 있었던 것이다.

마르코 폴로의 『동방견문록』은 쿠빌라이의 종교 정책과 반란을 일으켰던 동방 그리스도교인 나얀에 대해 풍부한 이야깃거리를 제공한다. 마르코 폴로는 또한 중국, 중앙아시아, 인도, 아프리카 등지에 흩어져 있던 그리스도교에 대해서도 소상하게 설명하고 있다. 실크로드를 따라 문명이 교류되는 대부분의 지역에는 그리스도교가 있었다. 그렇다면, 쿠빌라이가 교황에게 친서를 보내고, 동방 그리스도교인 나얀이 만주 일대에서 고려인들을 징병하여 반란을 일으키는 동안 고려만은 그리스도교를 몰랐을까?

쿠빌라이의 생일잔치에서 그리스도교인들이 그의 무병장수를 위해 기도를 드리고 있을 때, 사위인 충렬왕은 사신들과 함께 그 잔치에 참여했다. 충렬왕과 사신들의 눈에 그리스도교인들의 기도하는 모습이 보이지 않았을까? 더욱이 해상을 이용하여 국제무역이 성행했던 고려에서 아시아 전역에 퍼진 그리스도교를 몰랐다는 것은 역사의 아이러니가 아닐 수 없다.

까울리의 국제무역 항구 벽란도

서기 1,000년, 로마의 지배하에 있던 나라에는 3천 8백만 명의 그리스도교인들이 있었으며, 아시아 대륙에는 1천 2백만 명의 그리스도교인들이 있었다고 한다.[27] 세계 대륙에 5천만 명의 그리스도교인이 살았던 11세기 초에서 12세기 중반은 고려의 전성시대였다. 고려는 송나라뿐만 아니라 아라비아와도 국제무역을 했다. 아라비아 상인들은 송나라의 항주를 거쳐 고려의 수도 개성 부근에 있던 예성강 벽란도에까지 각종 물화를 가지고 찾아왔다. 마르코 폴로는 항주를 '하늘의 도시'라고 부르면서 160만 가구와 1만 2천 개의 점

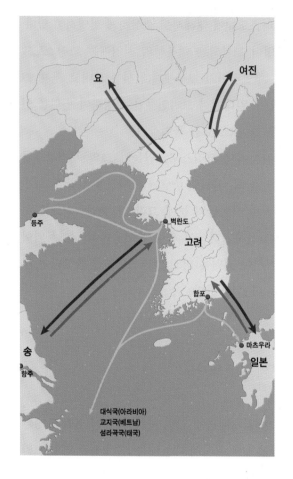

고려의 대외무역

포가 있을 만큼 번성한 곳이라고 하였다.

마르코 폴로보다 50여 년 후에 30년간 아시아, 유럽, 아프리카 3대륙을 여행한 이븐 바투타Ibn Batutah(1304~1368)도 그의 여행기에서 항주는 지구상에서 그가 본 도시들 중 가장 큰 도시였다고 기록했다. 그가 본 항주에는 무슬림의 거주 구역, 무슬림을 위한 대사

불국사에서 만난 예수

원 등이 있었다. 그는 또한 항주에 많은 유대인과 그리스도교인이 거주하고 있는 것을 목격했다. 유대인들은 기원전부터 중국에 정착하여, 유대교를 믿고 있었다. 유대교는 『구약성경』을 기본 경전으로 하면서 메시아인 예수 그리스도는 믿지 않았다.

항주는 그야말로 국제 도시였다. 항주의 가수들은 중국어, 아랍어, 페르시아어로 노래를 불렀다고 한다. 국제무역이 성행하자 많은 고려인들이 항주에 거주했다. 고려인들은 서적이나 지도 등을 대량 구입하여 고려로 돌아갔다. 항주에 고려인들이 늘어나기 시작하자 항주 지사였던 소식蘇軾(1037~1101)은 고려와의 교역을 중단할 것을 황제에게 건의할 정도였다. 이 시기에 항주에서 활동했던 대표적 인물이 대각국사大覺國師 의천義天(1055~1101)이다. 의천은 고려 제11대 왕 문종文宗의 넷째 아들이다. 승려가 된 의천은 1085년에 제자 두 명과 함께 송나라 상인의 배를 타고 항주에 가서 혜인사慧因寺에 화엄경각華嚴經閣을 짓기도 했다. 혜인사는 후에 고려교원高麗教院이라 개칭되었으며, 청나라 때에는 법운사法雲寺로 불렀다.[28]

중국에 항주라는 국제무역항이 있었다면 고려에는 벽란도가 있었다. 벽란도에는 송나라와 아라비아에서 온 상인과 사신들로 붐볐다. 이규보李圭報(1168~1241)는 벽란도의 번창한 모습을 한 편의 시로 읊었다.

조수는 밀려왔다 다시 밀려가고
오가는 뱃머리 서로 잇대었도다.
아침에 이 누대 밑을 떠나면

한낮이 못 되어 남만에 이르도다.

사람들은 배를 물 위의 역마라고 말하는데

바람처럼 달리는 준마도 이만 못하도다.

만약 돛단배 바람 속에 달리듯 한다면

순식간에 봉래蓬萊 선경仙境에 이르리니.

어찌 달팽이 뿔 위에서 아옹다옹 다투리요

배 타면 어딘들 가지 못하랴.

『동국이상국집』 제16권 「또 누 위에서 조수를 보고」又樓上觀潮

이규보는 벽란도에서 배를 타면 한낮이 못 되어 남만南蠻에 이른다고 노래했다. 항주와 동남아를 향해 나아가는 돛단배의 경쾌함이 벽란도의 국제무역을 잘 보여 주고 있다. 아라비아 상인들은 수은, 향료, 염료, 약품 등을 가지고 벽란도에 와서 고려의 은, 비단과 교환해 갔다. 벽란도에는 이들을 위한 접대·숙박 시설까지 갖추어져 있을 정도였다.

벽란정碧瀾亭은 예성강禮成江의 강언덕에 있는데, 왕성王城에서 30리 떨어져 있다. 신주神舟(조서를 실은 사신의 배)가 강언덕에 닿으면 병사가 징과 북으로 환영하고 조서를 인도하여 벽란정으로 들어간다. 벽란정은 두 자리가 있으니 서쪽을 우벽란정右碧瀾亭이라 하여 조서를 봉안하고, 동쪽을 좌벽란정左碧瀾亭이라 하여 정사와 부사를 접대한다. 양편에 방이 있어 두 절節의 인원을 거처케 하는데, 갈 때와 올 때에 각각 하루씩 묵고 간다. 『고려도경』 제27권 「벽란정」

불국사에서 만난 예수

벽란도에 사신의 배가 도착하면 사신들을 수행하기 위해 호위 군사 1만 명이 양 갈래로 나뉘어 행진했다고 한다. 이렇게 국제무역이 성행하면서 고려는 '꼬레아'로 서방 세계에 알려지고 있었다. 꼬레아라는 말은 1254년 프랑스의 루이 9세가 원나라에 파견한 루브룩William of Rubruck 신부에 의해 처음으로 사용되었다. 루브룩 신부는 그의 여행기에서 고려를 중국식 발음인 '카울레'Caule로 표기하여 서방 세계에 처음 소개했다.

그 후 페르시아의 역사가 라시드 앗 딘Rashid ad-Din(?~1319)의 저서 『집사』集史(1307~1311)에서 고려를 '까올리'Kaoli라고 함으로써 '꼬레아'라는 이름이 본격적으로 퍼지게 되었다.[29] 마르코 폴로도 고려를 '까울리'Cauli라고 불렀지만 그의 『동방견문록』은 1559년에서야 처음으로 인쇄되어 유럽에 널리 알려질 수 있었다.[30]

까울리 고려에 찾아온 아라비아인들은 대식국大食國 사람으로 불렸다. 11세기 중엽에 아라비아인은 고려에 빈번하게 찾아왔다. 한 번 방문할 때마다 100여 명이 무리를 지어 와 고려 왕에게 토산물을 바쳤다. 고려에 찾아온 아라비아인들 중에 열나자悅羅慈, 보나개保那盖, 만하蠻夏, 선나자詵羅慈로 불리는 사람도 있었다. 아라비아인들의 이름이 『고려사』에 기록되어 있는 것을 보면, 그들이 고려에서 꽤 알려졌음을 보여 준다. 그들이 고려 왕에게 토산물을 바치면 왕은 그들을 객관에서 후하게 접대하도록 했으며, 돌아갈 때는 금과 비단을 하사하기도 했다.

아라비아인들은 무슬림인데, 고려에서는 무슬림을 회회인回回人이라고 불렀다. 고려를 향한 회회인들의 발길은 원 제국 때 절정을 이루었다. 원 제국은 회회인들을 중용했고, 이들 중에는 고려에 귀화하는 이들도 많았다. 덕수 장씨의 시조인 장순룡張舜龍이 대표적인 인물이다. 그는 고려 충렬왕의 왕비이며 쿠빌라이의 딸인 제국대장공주齊國大長公主(1259~1297)의 수행 관리로서 고려에 왔다. 충렬왕에게 장순룡이라는 이름을 하사받고 덕성부원군으로 봉해지기도 했다.

무슬림들이 많아지자 개성에는 무슬림 공동체가 생겨났다. 무슬림들은 그들의 사원을 짓고 예배를 드렸으며, 예배를 관장하는 성직자인 회회사문回回沙門이 고려에 등장했다. 무슬림들은 고려가 멸망한 후 조선 초기까지 명맥을 이어갔다. 세종世宗(재위 1418~1450) 때에 무슬림들은 종묘제례에 참석하여 송축을 올리기도 했다. 세종은 회회사문에게 식량을 하사했으며 무슬림들을 조례에 참여시켰다.

그러나 무슬림을 조례에까지 참석시킨 세종의 개방적인 사고는 지속될 수 없었다. 무슬림들이 조례에 참석할 때 자신들의 고유 의관과 예배 방식을 고수하여 예조에서 문제를 삼았기 때문이다.

회회교도는 의관이 보통과 달라서, 사람들이 모두 보고 우리 백성이 아니라 하여 더불어 혼인하기를 부끄러워합니다. 이미 우리나라 사람인 바에는 마땅히 우리나라 의관을 좇아 별다르게 하지 않는다면 자연히 혼인하게 될 것입니다. 또 대조회大朝會 때 회회교도들의 기도하는 의식도 폐지함이 마땅합니다. 『세종실록』 9년 4월 4일

불국사에서 만난 예수

무슬림이 고려와 조선 초까지 우리 땅에 집단 거주하면서 그들의 공동체를 이루고 예배를 드리는 동안 그리스도교 손님들은 고려에서 무엇을 하고 있었을까? 고려가 까울리라는 이름으로 서방 세계에 알려지고, 아라비아 상인들이 고려의 수도 개성까지 왕래했는데 그리스도교인들이 개성에 발을 들여놓았다는 기록은 전해지지 않는다. 고려의 벽란도와 중국의 항주가 서로 문물을 교환하고 많은 고려인들이 항주에 거주할 때, 그곳에는 분명 그리스도교인들이 살고 있었다.

몽골제국의 해상망과 육로망은 서양과 동양의 문물을 교차시키는 가교 역할을 했다. 서방 그리스도교에 의해 이단으로 낙인찍혀 동진했던 동방 그리스도교는 쿠빌라이가 있던 칸발리크에서 전성기를 구가하고 있었다. 13세기 초반에는 원 제국의 수도 칸발리크에 약 2만 명의 고려인이 살았을 것으로 추정되며, 요동 지방에는 상당수의 고려인들이 거주하고 있었다.[31]

고구려, 발해 유민들이 고려인들과 함께 어울려 살았던 고려촌 일대에서 발견된 흙 십자가는 무구한 세월 동안 고려인들의 마음에 녹아들어 그들만이 아는 하느님을 품어 가게 했을지도 모른다. 국경을 넘은 종교가 세력이 약할 때는 기존의 종교에 흡수되어 어렴풋한 흔적만 남기고 동화되어 가기 때문이다.

충렬왕의 처 할머니 소르칵타니 베키

동방 그리스도교는 몽골제국에 어떻게 전파되었으며, 몽골제국에서 부흥기를 맞이한 동방 그리스도교는 부마국 고려에 어떤 영향을 미쳤을까? 그리스도의 복음은 선교사들에 의해서만 전파되는 것이 아니었다. 불교와 이슬람교 등의 종교처럼 그리스도교는 실크로드를 타고 온 상인, 수도사들에 의해, 그리고 결혼, 전쟁 등에 의해 도읍에서 도읍으로 나라에서 나라로 전파되었다. 마치 보부상이 전국을 돌면서 윗동네 소식을 아랫동네로 전해 주고, 도읍의 신기한 이야기를 우물가에서 풀어 놓는 것처럼 종교도 그렇게 전파되었다. 동방 그리스도교도 그렇게 전파되면서 몽골제국에서 빛을 발했다. 그러나 전쟁을 통한 전파는 혹독한 시련을 안겨 주었다.

1206년, 칭기즈칸(재위 1206~1227, 묘호는 태조太祖)이 몽골 초원의 유목민들을 통합하여 나라를 세움으로써 유럽과 아시아 대륙은 격변에 휩싸였다. 몽골 기마군단은 동서남북으로 종횡무진 달려 각 나라를 정복했다.

1215년, 금나라의 북경이 함락됐다. 1222년, 몽골 기마군단은 중앙아시아와 흑해를 지나 러시아 남부 지역까지 뻗쳐 갔다. 그들은 서방 세계에 전혀 알려져 있지 않았다. 몽골 기마군단의 갑작스런 출현에 러시아 역사가는 그들이 어디에서 왔는지, 그들의 언어, 인종, 신앙은 무엇인지 아무도 모른다고 했다. 오로지 하느님만이 그들이 누구이며 어디에서 왔는지 안다고 할 정도였다.[32]

중국, 중앙아시아, 서아시아가 차례차례로 무너졌다. 1237년,

불국사에서 만난 예수

1. **칭기즈칸**

2. **칭기즈칸의 즉위식** 테무진은 1206년 쿠릴타이를 열고 몽골 울루스(큰 몽골 나라)를 세우고 새로운 통치자로 즉위했다. 통치자의 칭호는 칭기즈칸이었다.

3. **몽골 군과 유럽 연합군의 전투** 칭기즈칸의 손자 바투가 이끄는 몽골의 군대와 유럽 연합군이 폴란드 레그니차에서 벌인 전투. 이 전투는 몽골 군의 승리로 끝났으며 몽골 군의 전투력을 유럽에 직접 보여 주는 계기가 되었다.

몽골 기마군단은 다시 러시아를 향해 나아갔다. 러시아의 각 도시는 그들 앞에 모래성과 마찬가지였다. 모스크바를 파죽지세로 통과한 그들은 폴란드, 헝가리, 오스트리아까지 점령했다.

칭기즈칸의 차남 차카타이(1185~1242)는 중앙아시아에 차카타이 칸국을 세웠다. 칭기즈칸의 삼남인 우구데이(재위 1229~1241, 묘호는 태종太宗)가 대카안으로 즉위한 후, 그의 동생 톨루이(1190~1232)의 아들인 훌레구(1218~1265)는 페르시아에서 일 칸국을 건설했다. 1253년, 칭기즈칸의 장남 주치(1185~1227)의 아들 바투(1207~1255)가 러시아와 카자흐스탄에 킵차크 칸국을 세움으로써 몽골제국은 팍스 몽골리아를 건설하게 되었다. 동쪽 고려에서부터 서쪽 헝가리까지 몽골제국의 통제권에 들어갔다. 그야말로 해 뜨는 나라에서 해 지는 나라까지 몽골제국의 안뜰이 되어 버렸다.

몽골제국의 정복 전쟁은 대량 살상과 대량 파괴로 얼룩졌다. 성당과 이슬람 사원도 기마군단에 의해 한줌 재로 변했다. 몽골제국과의 전쟁은 유럽의 그리스도교와 서아시아의 이슬람교가 벌인 십자군 전쟁 이후 난생 처음 겪어 보는 전쟁이었다.

힘으로 세계를 제패한 몽골제국은 각 나라를 통치하기 위해 종교 포용 정책을 고수해 나갔다. 칭기즈칸은 각 종교가 서로 존중하고 성직자들이 존경받아야 함을 법으로 정하고, 아시아에 흩어져 있는 그의 후손들에게 이 원칙을 준수하도록 명령을 내렸다. 법은 종교인들의 면세도 천명했다.

이 법이 야사yasa인데, "모든 사람은 천지를 창조한 유일신 하느님을 믿어야" 함을 공포하기도 했다.[33] 야사는 몽골의 관습법을 포

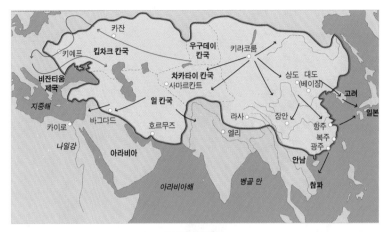

몽골제국의 영토

함한 대법령이며, 그중 종교에 관한 항목이 들어 있다. 그리하여 몽
골제국은 세계 모든 종교의 총집산지를 방불케 했다. 유럽과 아시
아 대륙에 흩어져 있던 그리스도교, 불교, 이슬람교, 도교, 마니교,
라마교 등은 몽골제국에서 종교 르네상스를 구가했다. 그중에 동방
그리스도교가 있었다. 동방 그리스도교는 칭기즈칸의 정략결혼에
의해 더욱 빛을 발하고 있었다. 이로 인해 동방 그리스도교는 고려
에도 미세한 빛을 쪼이고 있었다.

칭기즈칸은 믿는 종교가 없었지만 그의 직계에는 동방 그리스
도교를 믿는 이들이 많았다. 그의 후계자인 삼남 우구데이는 그리
스도교에 관용적이었다. 우구데이의 후계자인 제3대 대카안 구육
(재위 1246~1248, 묘호는 정종定宗)은 동방 그리스도교인이었다. 구육
이후부터 대카안의 자리는 칭기즈칸의 막내아들인 톨루이 가계로
승계되었다.

톨루이와 소르칵타니 베키

 톨루이의 부인 소르칵타니 베키(1198~1252)는 독실한 동방 그리스도교인이었다. 베키는 동방 그리스도교를 믿는 중앙아시아의 케레이트 부족 출신 공주였다.

 케레이트 부족은 11세기에 실크로드를 타고 온 그리스도교인 카라반들에게 동방 그리스도교를 소개받고 개종하기 시작했으며, 13세기에는 전 부족이 동방 그리스도교를 믿게 되었다.[34] 케레이트 부족의 군주였던 토오릴은 칭기즈칸의 의부였으며, 한때는 그가 칭기즈칸을 보호해 주기도 했다. 칭기즈칸이 제의한 혼인 동맹이 케레이트 부족에 의해 파기되자, 그는 토오릴과 결사 항쟁을 치렀다. 전쟁에서 승리한 칭기즈칸은 케레이트 부족을 병합했고, 토오릴의 동생에게 다시 혼인을 요청했다.

토오릴의 동생은 혼인 요청을 거절할 수 없었다. 그는 세 딸을 칭기즈칸과 그의 아들들에게 신부로 보내야만 했다. 그래서 그의 첫 딸인 이바카 베키는 칭기즈칸의 부인이 되고, 둘째 딸은 칭기즈칸의 장남인 주치의 부인으로 갔다. 끝으로 셋째 딸인 소르칵타니 베키가 칭기즈칸의 막내아들인 톨루이의 부인이 되었다. 몽골제국의 황녀가 된 그녀들은 모두 동방 그리스도교인들이었다. 케레이트 부족의 공주들이 몽골제국의 황녀가 되면서 동방 그리스도교는 급속도록 퍼져 나갔다.

소르칵타니 베키는 제2의 성 헬레나St. Helena로 불릴 정도로 몽골제국 전역에 그리스도교를 전파하는 데 영향을 미친 인물이다. 성 헬레나는 콘스탄티누스 1세의 어머니로서 313년 밀라노 칙령으로 로마 가톨릭을 정식 종교로 공인하는 데 상당한 영향을 미친 그리스도교인이었다. 성 헬레나와 마찬가지로 소르칵타니 베키의 신앙은 자녀들이 동방 그리스도교인이 되는 데 결정적인 역할을 했다.

소르칵타니 베키는 몽골, 중국, 페르시아를 통치하는 황제들의 어머니였다. 그녀에게는 네 명의 아들이 있었다. 큰 아들 뭉케(재위 1251~1259, 묘호는 헌종憲宗)는 제4대 대카안이 되었는데, 그는 어머니의 신앙을 물려받은 동방 그리스도교인이었다. 둘째 아들은 제5대 대카안이 되면서 원 제국을 세운 쿠빌라이(재위 1260~1294, 묘호는 세조世祖)였으며, 셋째 아들인 훌레구는 일 칸국을 세웠다.

쿠빌라이는 무교였지만 동방 그리스도교에 관용적이었다. 쿠빌라이는 어머니를 존경하며 정성을 다해 모셨고, 그녀가 죽고 나서도 그녀의 혼백을 위해 헌물을 바치는 것을 아끼지 않았다.[35] 소르

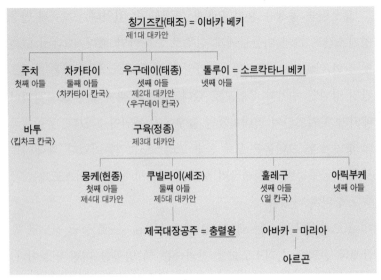

칭기즈칸의 가계도

칵타니 베키는 몽골제국의 성녀聖女로서 숭배와 제사의 대상으로 승화되었다. 그 당시의 기록은 그녀의 자녀 교육과 부족에 대해 전하고 있다.

여왕에게는 뭉케, 쿠빌라이, 훌레구, 그리고 아릭부케라는 네 아들이 있었으며, 아들들을 잘 훈육했다. 그래서 그들은 어머니의 교육 능력에 놀라워했다. 그녀는 콘스탄티누스의 어머니 헬레나처럼 신실하고 참다운 그리스도교인이었다. 그녀를 찬송하는 시는 이렇게 노래 부른다. "여왕의 부족 중에 그녀와 같은 다른 여인을 보게 되더라도, 그 부족은 어떤 남자의 부족보다 훨씬 뛰어나다고 말하리라." [36]

소르칵타니 베키는 동방 그리스도교인이었지만 다른 종교에도 매우 관용적이어서 불교, 도교, 이슬람교를 후원하기도 했다. 그녀는 가난한 무슬림들에게 기부금을 내어놓기도 했으며, 무슬림 사원과 학교를 짓는 데도 자금을 댔다.[37] 그래서 그녀는 서양의 수도사와 무슬림에게도 존경을 받았다. 그 당시 몽골제국을 방문한 프라노 카르피니Friar John of Plano Carpini 신부는, 그녀가 가장 유명하며 어느 누구보다도 큰 영향력을 행사한다고 했다.

무슬림인 라시드 앗 딘도 소르칵타니 베키의 지혜와 능력을 칭송할 정도였다. 그는 그녀가 아주 지적이고 능력 있는 여인이며, 세상의 어떤 여인보다도 뛰어났다고 했다. 남편 톨루이가 죽자 그녀는 어려움 속에서도 자식들을 잘 교육시켜 훌륭한 예의를 갖추게 했으며, 많은 업적을 남겼다. 그녀는 또한 아들들의 부인들이 마음으로 서로 사랑할 수 있도록 영향을 미쳤다. 라시드 앗 딘은 그녀의 지혜와 능력으로 아들들을 그들의 사촌들보다 더 높은 위치에 오르게 할 수 있었다는 것에는 의심의 여지가 없다고 강조했다.[38]

또 다른 페르시아의 역사가 주베이니Ata Malik Juvayni(1226~1283)는 그녀에 대해 이런 기록을 남겼다.

(톨루이가 죽은 뒤 그녀는) 그녀의 일족과 친척들에게 선물을 나누어 주고 군인과 이방인들에게도 아낌없이 베풀어 줌으로써 모든 사람들의 호감을 샀다. 그래서 모두 그녀의 뜻에 복종하는 마음을 갖도록 만들었고, 모든 사람의 마음과 영혼 속에 그녀에 대한 애정을 심어 주었다. 그런 연유로 구육 카안이 사망하자 대부분의 사람들은

합심하여 왕국의 열쇠를 그녀의 아들인 뭉케 카안에게 맡기기로 한 것이다. 그녀의 지혜와 신중함에 대한 소문, 그녀의 통찰력과 현명함에 대한 명성이 온 사방으로 퍼졌기 때문에 아무도 그녀의 말을 거역하지 못했던 것이다.[39]

소르칵타니 베키의 영향으로 그녀의 아들들은 그리스도교를 믿는 부인들을 맞아들였다. 제4대 대카안 뭉케와 일 칸국 왕 훌레구의 부인들은 동방 그리스도교인들이었다. 훌레구의 후계자였던 아바카(1234~1282) 또한 그리스도교인인 마리아를 부인으로 맞이했다. 그녀는 비잔틴에서 온 가톨릭교도였다. 그녀는 아바카가 죽자 콘스탄티노플로 가서 수녀가 되었다. 마리아는 콘스탄티노플의 지금 지명인 이스탄불에 여러 유적들을 남겼다. 현재 이스탄불에는 '몽골인의 성모 마리아 교회'가 있는데, 마리아가 그곳에 가서 이 교회를 세웠다.[40]

아바카의 아들인 일 칸국 왕 아르곤은 그리스도교를 옹호하고 예루살렘을 회복시키기 위해 로마 교황과 신성로마제국에 연합하자는 제안도 하였다.[41] 아르곤 왕은 그의 아들 올자투의 세례명을 니콜라스 교황의 이름으로 지었다.[42] 아르곤 왕은 라반 소마Rabban Sawma를 동방 그리스도교의 감독으로 선임하고, 그를 위해 교회를 세우기도 했다. 라반 소마는 위구르인으로서 칸발리크의 동방 그리스도교 가정에서 태어났다. 1276년경에 그는 쿠빌라이의 지원으로 친구 마르코와 함께 예루살렘 순례 길에 올랐으나 예루살렘 일대에서 일어난 전쟁으로 실패하고 말았다.

일 칸국 왕 아르곤은 성지 회복을 위해 라반 소마를 교황 니콜라오 4세Papa Nicholaus IV(재위 1288~1292)에게 특사로 파견했다. 1287년 바그다드를 떠난 라반 소마는 1년 후에 교황을 만났다. 그는 교황으로부터 예수가 걸쳤던 옷 조각과 여러 가지 성물을 받고 그리스도교를 감독하는 순회사로 임명되어 귀환했다. 그는 이 당시에 몽골제국 전역에 퍼져 있던 동방 그리스도교에 대해서 이렇게 말했다.

> 우리의 수많은 교부들이 몽골, 투르크, 중국의 여러 나라로 가서 그곳에서 복음을 가르쳤음을 알아야 한다. 지금 몽골제국에는 아주 많은 몽골 그리스도교인들이 있다. 몽골 왕들과 여왕들의 많은 아들들이 세례를 받고 그리스도를 고백했다. 그리고 그들은 군인 막사 안에 교회를 세웠다. 교황으로부터는 아무도 우리 동양인들에게 오지 않았다. 내가 이름을 언급한 거룩한 사도들이 우리에게 복음을 가르쳤다. 그들이 우리에게 전파한 것을 우리는 지금까지 지키고 있다.[43]

소르칵타니 베키에 의해 몽골제국에는 동방 그리스도교가 번창해 갔다. 그녀는 쿠빌라이의 어머니였으며, 충렬왕의 왕비였던 제국대장공주의 할머니였다. 동양의 성녀라 불렸던 소르칵타니 베키는 바로 충렬왕의 처 할머니였다. 역사 기록에는 남아 있지 않지만, 부마국 고려는 분명 소르칵타니 베키의 신앙에 어느 정도 영향을 받았을 것이다. 누구보다도 소르칵타니 베키를 처 할머니로 둔 충렬왕은 그녀의 동방 그리스도교를 가까이에서 접했으리라 짐작된다.

하느님을 노래한 이색

동방 그리스도교는 다양한 경로로 몽골제국 깊숙이 들어갔다. 실크로드를 따라 물물 교역을 하던 카라반들이 쿠빌라이의 어머니가 살던 중앙아시아에 동방 그리스도교를 전했던 것처럼 그들은 동쪽 멀리 만주까지 나아갔다. 몽골제국은 그동안 이슬람 국가에 의해 막혀 있던 실크로드를 활짝 열었다. 이로 인해 가톨릭도 동방으로 향하는 실크로드를 탈 수 있었다.

몽골제국의 도로는 실크로드를 따라 사통팔달四通八達로 주변 도시와 도시를 연결했다. 공무로 여행하는 사람들과 상인들을 위해 모든 도로는 역참을 거점으로 이어졌다. 쿠빌라이 때는 40킬로미터마다 역참을 두었다.[44] 각 역참에는 전령들을 위해 400마리의 말이 준비되어 있었고, 그들과 상인들을 위한 숙박 시설이 생겨났다. 강이나 호수가 있는 역참에는 항상 서너 척의 배가 대기하고 있었다.

이렇게 해서 몽골제국에는 1,500군데의 역참이 들어섰다. 역참에는 20만 마리 이상의 말들이 배치되었으며, 숙박 시설이 1만 개소 이상에 이르렀다. 마르코 폴로보다 50여 년 뒤에 북경에 도착한 이븐 바투다는 중국 남부 도시 광주에서 북경까지 약 6천 킬로미터에 걸쳐 연결되어 있는 역참 제도를 보며 놀라움을 금할 수 없었다.

여행자에게는 중국이 가장 안전하고 가장 좋은 고장이다. 한 사람이 단신으로 거금을 소지하고 9개월간이나 돌아다녀도 걱정할 것 없는 곳이다. 그들의 여행 질서를 보면 전국의 모든 역참에는 여인숙이

불국사에서 만난 예수

있는데, 관리자가 기병과 보병을 데리고 상주하고 있다. 해가 지고 나서나 저녁이 되면 관리자가 자신의 서기와 함께 여인숙에 와서 전체 투숙객의 이름을 등록하고는 일일이 확인 도장을 찍은 다음 여인숙 문을 잠근다. 다음날 아침, 날이 밝으면 관리자가 서기와 함께 와서 투숙객을 점호하고 상황을 상세히 기록한다. 그리고는 사람을 파견해 다음 역참까지 안내한다. 안내자는 다음 역참의 관리자로부터 전원이 도착했다는 확인서를 받아 온다. 만일 안내자가 그렇게 하지 않으면 여행자들이 그렇게 하도록 한다. 쉬눗 쉰(광주)으로부터 칸발리크까지 전국의 모든 역참에서는 이렇게 하고 있다.[45]

상인들은 사통팔달로 뚫린 도로를 이용하여 그리스도교를 알렸다. 또한 라반 소마가 말한 것처럼 서아시아의 교부들 또한 열린 실크로드를 통해 동아시아로 복음을 전하러 갔다. 로마 교황은 실크로드가 열리자 사절단을 본격적으로 몽골제국에 파견했다. 예루살렘 성지 회복을 위해 무슬림 국가들과 십자군 전쟁을 일으켰던 유럽 국가와 로마 교황청은 몽골제국의 절대적인 협조가 필요했다. 그래서 몽골제국으로 파견된 신부들은 교황의 정치적 특사 자격과 선교 임무를 겸하고 있었다.

1242년부터 1342년까지 100년 동안 교황청 특사가 10차례 몽골제국에 파견되었다.[46] 10년에 한 번 꼴로 파견된 셈이다. 이러한 과정을 통해 고려를 카울레라고 유럽 대륙에 소개한 루브룩 신부도 1254년에 몽골제국을 향해 떠나게 되었다. 그는 여행길에서 만난 윌리엄이라는 사람에게서 카울레의 사신들이 국경을 넘어오는 소식을 들었다고 했다. 이렇게 해서 고려가 유럽 대륙에 소개된 것이다.

처음으로 몽골 대륙을 찾은 신부는 소르카타니 베키를 알린 바 있는 카르피니였다. 그는 1245년에 몽골제국으로 파견되었다. 카르피니 신부는 제3대 대카안이며 동방 그리스도교인인 구육에게 보내는 교황 인노첸시오 4세Innocentius PP. IV(재위 1243~1254)의 친서를 가지고 있었다. 교황은 친서에서 구육에게 평화협정 체결과 세례를 받을 것을 권유했다. 친서를 받아 본 구육은 자신만만한 회신을 교황에게 보냈다. 편지는 길었지만 구육은 하느님의 능력을 확실히 믿고 있었다.

하느님의 능력으로 만민의 칸, 곧 황제인 구육이 위대한 교황에게. 당신과 모든 그리스도교인이 우리에게 보낸 친서를 받았다. 만일 평화를 원한다면 당신과 모든 왕들과 군주들은 지체 말고 나에게 와서 평화 문제를 해결하자. 그러면 당신은 우리의 답변과 의지를 알 수 있을 것이다. 당신은 친서에서 우리에게 세례를 받고 그리스도교인이 되라고 하였다. 그러나 나는 그런 일을 왜 해야 하는지 모르겠다. 당신은 우리가 그리스도교인들과 헝가리인, 폴란드인, 모라비아인들을 학살했다고 경악하지만 그들은 하느님과 칭기즈칸의 명령을 준수하지 않았으며 또 잘못된 지도를 받고 우리의 대사들을 죽였기 때문이다. 그리하여 하느님이 당신들을 멸절시키도록 명령하셨다. 만일 하느님의 하시는 일이 아니었다면 어떻게 한 사람이 다른 사람을 대적하여 싸울 수 있겠느냐? 당신네 서양인은 하느님을 경외한다고 하는데 당신은 당신들만이 유일한 그리스도교인이라고 믿고 다

불국사에서 만난 예수

른 사람들을 멸시하고 있다. 하느님이 누구에게 은혜를 주시는지 당신이 어떻게 알겠느냐? 우리는 하느님께서 그의 권능으로 동쪽에서 서쪽까지의 모든 나라를 멸망시키고 있음을 경배한다. 만일 이것이 하느님의 권능이 아니라면 사람들이 무엇을 이룰 수 있었겠는가? 따라서 당신이 평화를 원하고 우리에게 기꺼이 항복하겠다면 교황 당신과 그리스도교인 왕자들이 나에게 지체 없이 와서 평화 협정을 맺자. 그러면 우리는 당신이 우리와 함께 평화를 소망한다는 것을 알 것이다. 그러나 당신이 나의 편지와 하느님의 명령을 믿지 않는다면 우리는 당신이 전쟁을 원한다고 간주하겠다. 이로 인해 차후에 어떤 일이 일어날지 우리는 알지 못한다. 다만 하느님만이 아실 뿐이다.[47]

카르피니 신부가 구육의 편지를 가지고 귀환하자 다급해진 교황은 제2차 사절단을 파견했다. 이렇게 해서 로마 교황청은 서양 신부들을 몽골제국에 계속 파견했다.

1294년, 칸발리크에 도착한 몬테코르비노 신부는 그곳에서 약 30년간 거주하며 성당을 세웠다. 성당에는 종탑이 올라갔고, 3개의 종이 달렸다. 그는 6천 명에게 세례를 주었고, 내몽골에 로마 교회를 세웠다. 타종교의 중상모략이 없었다면 그는 3만 명 이상에게 세례를 주었을 것이라고 하였다. 중국 북경에 가톨릭 성당과 신자들이 생겨났던 것이다.

몬테코르비노 신부의 활동에 고무된 교황 클레멘스 5세Clemens PP. V(재위 1305~1314)는 칸발리크에 교구를 설치하고, 그를 대주교와 동양의 총주교로 임명했다. 1342년에는 마리뇰리John Marignolli

신부가 파견되었다. 그러나 몽골제국의 운명이 다하면서 중국에서의 가톨릭과 동방 그리스도교는 추락의 길을 걷고 있었다. 1362년 자이툰(복건성 천주泉州)의 마지막 주교였던 프로렌스James of Florence 신부는 한족漢族이 그 도시를 탈환할 때 순교했다. 그리고 명나라가 건국된 다음 해인 1369년에는 칸발리크에 있던 모든 그리스도교인들이 추방되고 말았다.[48]

몽골제국의 멸망과 함께 로마 가톨릭과 동방 그리스도교는 중국 대륙에서 잊혀 갔다. 로마 가톨릭이 중국에 다시 알려지기 위해서는 250여 년의 세월이 흘러야만 했다. 1601년 마테오 리치 신부가 북경에 도착함으로써 중국인들에게 잊혀 있던 로마 가톨릭이 새롭게 알려졌다. 1368년 명나라가 건국된 이후부터 1601년 마테오 리치 신부가 북경에 도착할 때까지 로마 교황청에서 파견한 신부는 없었다.

몽골제국의 운명과 함께 서양과 동양의 교류는 멈추고 말았지만 대륙 실크로드를 따라 카라반들과 성직자들에 의해 전파된 동방 그리스도교는 수많은 개종자들을 낳았다. 몽골제국은 많은 동방 그리스도교인들을 신하로 등용했다. 진강부의 부 다루가치로 임명된 사마르칸트 출신의 동방 그리스도교인 세르기스薛里吉思는 그곳에 6개의 교회를 세우고 항주에 1개의 교회를 세웠다. 교회의 이름은 사찰의 이름과 너무나도 흡사해 혼돈스러울 정도였다.

원대元代에 만들어진 색목인용俑

불국사에서 만난 예수

세르기스가 세운 교회 이름은 대흥국사, 운산사, 취명산사, 사독안사, 고안사, 감천사, 그리고 대보흥사였다. 그 외에 다른 지역에서 대법흥사, 대광명사라는 교회가 들어섰다. 세르기스가 있던 진강부에는 한족 이외에도 천여 명의 외지인들이 거주했는데 그중에 약 10%가 동방 그리스도교인이었다. 그들을 위해서 6개의 교회가 건립된 것이다.[49]

쿠빌라이가 로마 교황청에 사신으로 파견했던 이사愛薛는 동방 그리스도교인으로 원 제국의 비서감秘書監과 숭복사崇福司를 총괄하는 장관이 되었다.[50] 그는 색목인色目人이었다. 몽골제국에서 색목인은 중요한 역할을 담당했다. 소르칵타니 베키의 가속이었던 이사는 그녀의 시종과 결혼했다. 다방면에 특출했던 그는 쿠빌라이의 눈에 띄어 관직으로 나아갔다. 그가 초대 장관으로 있던 숭복사는 동방 그리스도교의 사무를 총괄하는 관청이었다. 『원사』元史는 숭복사에 대해 이렇게 기록하고 있다.

> 마르 카시야馬兒哈昔, 랍반 에르케운列班也里可溫 등이 일하고 있는 십자사十字寺에서 예배를 올리는 사무를 관장한다. ……지원至元 26년(1289)에 설치되었으며, 연우延祐 2년(1315)에 원院으로 바꾸었다. ……전국의 에르케운 장교사掌敎司 72개소를 통합하여 그 사무를 모두 그곳으로 귀속시켰다. 7년(1320)에 다시 사司로 바꾸었다.[51]

마르 카시야와 랍반 에르케운은 각각 동방 그리스도교의 주교와 사제를 가리키는 것으로 추정된다고 한다. 숭복사는 몽골제국에 있던 동방 그리스도교의 예배를 관장함으로써 공식 기관으로 자리를 잡았다. 숭복사의 초대 장관이었던 이사는 한림원翰林院의 승지를 역임하기도 했다. 그는 쿠빌라이가 불교 행사를 거행하려고 하자 이를 강력하게 반대하여 뜻을 관철시키기도 했다. 반대 이유는 "고려가 이제 막 귀부했고 산동도 안정된 지 얼마되지 않았으며 강남은 아직 정복되지 않아 천하가 피폐하다"는 것이었다.[52]

몽골제국의 부마국인 고려에도 한림원이 있었다. 고려 한림원과 몽골제국의 한림원이 문물을 교류했을 가능성은 매우 크다. 교류를 통해 한림원 승지였던 이사의 신앙을 전해 듣지는 않았을까? 고려인 중 몽골제국의 한림원에서 벼슬을 했던 대표적인 인물이 목은牧隱 이색李穡(1328~1396)이다. 그는 고려에 귀국하여 여러 관직을 거쳐 대사성이 되었으며, 정몽주鄭夢周(1337~1392) 등과 함께 성리학 발전에 공헌했다.

이색은 조선 태조 이성계李成桂(재위 1392~1398)가 위화도 회군(1388)을 할 때, 이를 막으려다가 유배의 길에 오르기도 했다. 조선이 개국된 후 이성계는 이색의 인물됨을 알아보고 중용하려 했지만, 그는 조선에서의 관직은 끝내 사양했다. 이색의 아버지 이곡李穀(1298~1351)은 원나라에서 중서사中瑞司 전부典簿를 역임했는데, 이색은 원나라 조정 관리의 아들로서 국자감 생원으로 뽑혀 3년간 재학했다.

아버지 이곡의 상喪을 당해 고려로 돌아온 이색은 1353년에 서장관으로 몽골제국에 다시 가서 과거를 보고 한림원의 관리가 되어 5년간 재직했다. 원 제국과 고려에서 벼슬을 하고, 조선에서조차

중용하려 했던 이색이라면, 한림원의 승지를 역임한 이사의 신앙심과 동방 그리스도교에 대해 알았을 것이다.

이색은 공민왕에게 불교의 폐단에 대해 간곡한 상소를 올렸다. 상소의 내용은 『고려사』에 상세히 전하고 있다.[53] 이색은 만 번이라도 죽을 각오로 불교를 숭상하는 공민왕에게 불교의 폐단을 척결할 것을 권고했다. 이색은 절과 민가가 구별 없이 뒤섞여 있고, 강기슭과 산모퉁이마다 절 없는 곳이 없을 정도로 번성했으며, 중들이 타락했다고 주장했다. 그리고 불교의 병폐가 이처럼 심하니, 부처를 귀신처럼 여겨야 할 것이라고 했다.

이색은 왕이 백성들에게 공덕을 널리 베풀면 그것이 바로 불경佛經의 가르침이니, 굳이 왕이 불경을 끼고 있을 필요가 없다고까지 말했다. 이러한 이색이지만 동방 그리스도교에 대해서는 기록을 남기지 않았다. 하지만 기록을 남기지 않았다 하여 고려와 원나라에서 수재로 알려진 이색이 이사의 신앙심과 동방 그리스도교를 몰랐을 것이라고 한다면 이것은 그를 너무나 편협하게 만드는 것이다.

그래서인지 고려 시대 말기와 조선 시대 초기를 살았던 이색의 한시에서 또 다른 하느님과 조우하게 된다.

촉촉이 내려 땅속까지 적셔 주는 비	興雨祁祁入土深
사람 사랑이 결국은 하느님의 마음이라.	愛人終是上天心
서쪽 교외에선 얼마나 또 얼굴 펴질꼬	西郊倍見欣然色
짐승 잡는 우림의 말 실컷 달리겠군그래.	擊獸橫馳有羽林

『목은시고』牧隱詩藁 제32권 「희우」喜雨

어찌 일찍 반성치 아니했던가	胡反觀之不蚤兮
하느님 환히 내려 보시네.	上帝臨之而赫赫也
올바르게 예를 지켜서	其循循而蹈禮兮
지척도 어김 없으리.	則不違於咫尺也
죄를 알아 사과를 하면	引罪辜以謝過兮
누가 지난 일을 다시 책하랴.	孰旣往之追責
나를 칭찬한들 어찌 기뻐하며	貸予褒兮何欣
나를 훼방한들 어찌 두려워하랴.	附予毁兮何怵
백관의 반열 속에 조용히 서서	雍容袍笏之班兮
나도 몰래 하늘 법을 순종하려 하네.	不識不知而順帝之則也

『목은시고』 제1권 「자송사」 自訟辭

이색이 이사에 대해 언급한 것은 고려의 역사에는 전해지지 않는다. 그러나 이사의 신앙심은 아들들의 이름을 그리스도교식으로 작명한 것에서도 잘 나타나고 있다. 그는 여섯 명의 아들을 두었는데, 아들의 이름을 엘리야也里牙(Eliya), 덴하腆合(Denha), 흑시黑廝, 기와르기스闊里吉思(Giwargis), 루가魯合(Luka), 교난咬難(Johanan)으로 불렀다.[54] 이들 또한 아버지처럼 모두 원 제국의 주요 관직으로 나아갔다. 엘리야는 『구약성경』에 나오는 예언자이다. 기와르기스는 3세기의 그리스도교 성자였으며, 루가는 「누가복음」과 「사도행전」의 저자이다. 이렇게 이사는 아들에게 의미 있는 그리스도교식 이름을 붙여 주었다.

이사와 같이 숭복사의 수장을 지낸 사람 중에 별불화別不花가 있

불국사에서 만난 예수

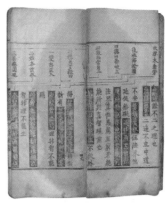

『**청량답순종심요법문**』(고려대학교 박물관 소장)

다. 별불화는 고려 충선왕忠宣王(재위 1298, 복위 1308~1313)과 함께 원 제국의 무종武宗(재위 1307~1311)을 황제위에 옹립하는 데 결정적인 역할을 했다. 충선왕은 이때 원 제국에서 10년이라는 세월을 보내 야만 했다. 충선왕과 별불화는 원 제국 2대 황제인 성종成宗 테무르 (재위 1294~1307) 이후에 다른 사람을 황제위에 올리려는 음모를 알 아차리고 이 거사를 미연에 방지했던 것이다.

별불화는 고려대학교에서 소장하고 있는 고려 금속활자본인 『청량답순종심요법문』淸凉答順宗心要法門과 깊은 인연이 있는 인물이 다.[55] 그는 이 책을 만드는 자금을 대었으며, 고려는 이 책을 활자로 찍어서 그에게 전해 주었다. 이것이 바로 최초의 금속활자인『직지 심체요절』直指心體要節보다 70여 년 앞서는 것으로 알려진 고본이 다. 고본의 서문에는 동방 그리스도교를 관장하는 숭복사의 장관 인 별불화에 의해서 이 책이 발간되어 이를 축하한다는 내용이 적혀 있다.

충선왕이 숭복사의 장관이었던 별불화와 함께 원 제국 3대 황제 무종을 황제위에 올리고, 별불화는 고려 금속 활자본의 발간을 위해 사재까지 털었으니, 고려와 별불화의 인연은 각별하다. 그럼에도 불구하고 고려는 숭복사가 동방 그리스도교를 관장하는 기관이라는 사실을 몰랐을까?

고려와 조선에 잘 알려진 원 제국의 동방 그리스도교인 신하는 또 있다. 원 제국의 대표적인 문장가로 고려와 조선에 이름을 날렸던 마조상馬祖常 또한 동방 그리스도교인이었다. 그의 집안은 4대째 동방 그리스도교를 믿는 가문이었다. 그는 고려 충숙왕忠肅王(재위 1313~1339) 때, 원 제국의 예부상서가 되었다. 그의 선조들 중에는 그리스도교식 이름을 가진 이도 더러 있었다.

그러나 4대째 내려온 동방 그리스도교는 마조상 대에 와서 유교로 변모했다. 마조상처럼 자기가 믿고 있던 신앙을 버리고 다른 신앙으로 개종하는 사람들도 있었다. 그는 증조부의 신도비에서 동방 그리스도교에서 유교로 변하는 인식을 시로 읊기도 했다.

마조상이 동방 그리스도교에서 유교로 개종하는 배경에는 몽골 제국의 종교 정책이 주요했을 수도 있다. 몽골제국에서 동방 그리스도교의 세력은 불교나 유교에 비해 열악했다. 몽골제국에서는 불교를 담당하는 기관이 선정원宣政院이었다. 선정원의 장관은 종1품이었고, 동방 그리스도교를 담당하는 숭복사의 장관은 종2품이었다.[56] 이러한 직급의 차이는 동방 그리스도교와 불교의 역학 관계를 보여 주는 것이다.

종교의 집산지 몽골제국에서 쿠빌라이가 불교의 손을 들어 주면서 불교는 타종교보다 우위를 점할 수 있었다. 어머니 소르칵타니 베키의 신앙에 아랑곳없이 쿠빌라이의 불교에 대한 애정은 커져만 갔다. 쿠빌라이는 불교와 타종교를 이렇게 비교했다.

"오늘날 '선생'들은 도교가 최고라고 말하고, '수재'들은 유교가 제일이라고 말하며, '타르사'는 메시아를 받들어 그가 하늘에서 태어났다고 주장하고, '다쉬만'은 허공을 향해서 소리치면서 하늘에 감사를 올린다. 그러나 가만히 살펴보면 그 근본은 모두 불법佛法에 미치지 못한다." 이때 황제께서 손을 들어 비유해 말하기를, "다섯 손가락이 모두 손바닥에서 나왔는데, 비유하자면 불교는 손바닥과 같고 나머지는 모두 손가락과 같은 것이다. 그 근본을 보지 못하고 각자 허세를 부리니, 장님들이 코끼리를 더듬으려고 떠드는 것과 같다."[57]

쿠빌라이의 부마국 고려는 그가 주장한 불교 우위론 때문에 메시아를 믿는 동방 그리스도교를 받아들이지 않았다는 추측을 해 볼 수 있다. 쿠빌라이의 말처럼 불교는 손바닥, 동방 그리스도교는 손가락이기 때문에 고려는 손바닥만 쳐다보았을까? 고려에 잘 알려진 원 제국의 동방 그리스도교 신하들은 이러한 질문에 대해 침묵을 지키고 있다.

절이 되어 버린 예배당

몽골제국은 숭복사라는 국가 기관을 두고 동방 그리스도교를 지원하여 그것을 믿는 관리들이 생겨났지만, 동방 그리스도교는 점차 쇠퇴해 갈 수밖에 없었다. 몽골제국의 동방 그리스도교는 타종교와 융화되어 갔다. 신앙의 정수가 자손 대대로 전해지지 않을 때, 신앙은 다른 종교의 옷으로 갈아입는다. 이러한 현상은 교리를 가르치는 성직자가 없기 때문에 일어날 수도 있고, 신앙의 정수가 철저히 전수되지 않을 때 발생할 수도 있다.

신앙의 정수를 잇지 못한 몽골제국의 동방 그리스도교는 불교와 혼합되는 운명에 놓였다. 이러한 종교의 혼합성은 몽골제국에서 광범위하게 사용되었던 절 '사'寺 자에서 그 단면을 엿볼 수 있다. 몽골제국의 동방 그리스도교인들은 자신들이 예배를 드리는 시설에 절 사寺 자를 붙였다. 몽골제국에 세워진 동방 그리스도교 예배 시설로는 대흥국사, 운산사, 취명산사, 사독안사, 고안사, 감천사, 대보흥사, 대법흥사, 대광명사 등이 있었다.

『원사』元史는 숭복사가 십자사十字寺에서 예배를 올리는 것을 관장한다고 했다. 이름만 들으면 사찰로 혼돈할 정도다. 절로 불리는 이름 대신 천주당, 예배당, 교회라는 말이 통용되는 것을 기대하기는 시기상조였다.

독일어 키리카kirika에서 유래한 영어 처치church(교회)가 13세기에 발음되기 시작하여 17세기에 정립되었다. 예수가 수제자였던 베드로에게 "내가 네게 이르노니 너는 베드로라 내가 이 반석 위에 내

당 현종 때인 742년에 건립된 중국 서안西安의 청진사

교회를 세우리니"라고 말했을 때(「마태복음」 16:18), 교회라는 말은 지금의 의미와는 달랐다. 예수가 말한 교회는 그리스어 에클레시아 ekklesia인데 '부름을 받은 회중'이라는 뜻에 가까웠다.

1,600년이라는 무수한 세월을 걸쳐 영어의 처치라는 말이 사용된 것을 보면, 몽골제국에서 예배 시설 이름에 사寺를 붙여 부른 것은 어찌 보면 그 시대에는 당연한 것이다. 한자 문화권에서 예배당, 천주당, 교회라는 이름은 각각 15세기, 17세기, 19세기에 와서야 통용되기 시작한 용어이기 때문이다.

중국에서 사寺라는 글자는 단순히 절의 의미만 있는 것은 아니었다. 사寺라는 글자는 절, 이슬람교의 사원mosque, 수도원monastery, 관서, 환관 등을 뜻하는 포괄적인 용어였다. 1341년에 상해에 세워진 이슬람교 사원 이름은 청진사淸眞寺였다. 후에 명나라 황제 성조成祖(재위 1403~1424)는 청진사를 송강회교예배당松江回敎禮拜堂이라고 명명했다. 중국에서는 지금 이 이슬람교 사원을 원래의 이름인 청진사로 부르고 있다.

'사'라는 글자가 이렇게 통용된 것을 보면 몽골제국의 동방 그리스도교인들이 예배와 기도를 하는 장소에 대흥국사, 대광명사, 대법흥사, 십자사 등으로 이름 붙인 것은 자연스러운 일이었다. 절 사 자가 그와 같이 사용되었다면 이색이 공민왕에게 올리는 상소에서 고려에 '절과 민가가 구별 없이 삼삼오오 뒤섞여 있다'고 말했을때, 이 절은 어쩌면 절 사 자를 붙인 동방 그리스도교의 예배당일지도 모른다.

동방 그리스도교의 예배를 관장했던 숭복사崇福司라는 기관명에서 '숭복'이라는 말은 중국이나 고려에서 사찰의 이름으로 흔히 사용되었다. 고려인들에게는 숭복사가 낯선 것이 아니었다. 태조 왕건은 고려를 세운 후에 자기가 살던 집을 내놓아 절을 세우고 그 이름을 숭복사라고 하였다.

태조 왕건은 숭복사를 소원을 비는 곳인 원당願堂으로 활용했으며, 다른 왕들은 이곳을 행궁으로 이용하기도 했다. 1124년 고려왕 인종仁宗(재위 1122~1146)은 개경에 있는 영통사에 가서 숭복원崇福院을 수리하라고 명령을 내렸다. 인종은 다음 해에 숭복원을 흥성사興聖寺로 개명하여 재를 올리고 낙성식을 거행했으며, 신하들을 위해 연회를 베풀었다.

또한 충렬왕의 아들인 충선왕은 원 제국 영종英宗(재위 1320~1323)에 의해 원 제국에 있던 숭복사에 유폐되기도 했다. 『고려사』는 충선왕의 숭복사 유폐를 이렇게 전하고 있다.

9월에 왕이 대도大都(원나라 서울)에 도착하자 황제가 중서성에 명령을 내려 "왕을 본국으로 호송하여 한 곳에 안치하라!"고 하였다. 그런데 왕이 머뭇거리면서 곧 출발하지 않았다. 10월에 원나라 황제가 왕을 형부刑部에 가두었다가 얼마 후에 머리를 깎게 하고 석불사石佛寺에 유폐시켰다.

원 제국 황제의 명에 의해 충선왕은 머리를 깎이고 석불사에 유폐되었다. 석불사란 숭복사崇福寺를 말하는 것이다. 1832년 청나라에 사신으로 갔다 온 김경선金景善(1788~?)은 그의 사행록『연원직지』燕轅直指에서 숭복사의 내력에 대해 소상하게 적었다.

절은 정양문正陽門 밖 한길 동쪽 수리쯤에 있다. 모든 전우殿宇의 장엄함은 다른 절과 같다. 그런데 절 안에 탑 2개가 마주 보고 섰는데, 높이가 각각 10장丈쯤 된다. 하나는 안녹산이 세운 것이요, 다른 하나는 사사명이 세운 것인데, 그 아래에 비석이 있다. 세상에 전하기를, 장불긍이 사사명을 위해 비를 세워 당 숙종을 칭송하고 이어 사명이 보좌한 공을 찬양하였으며, 소영지가 그것을 썼다고 한다. 그러나 비는 지금 있지 않다.『고려사』에 "충선왕이 대도大都에 이르자, 황제가 충선왕에게 머리를 깎고 석불사에 살게 하였다" 하였으니, 바로 이 절이라 한다. 『연원직지』 제4권 「숭복사기」崇福寺記

숭복사는 당나라, 원 제국 그리고 고려에서 인기 있던 절 명칭이었기에 조선 후기까지도 잘 알려져 있었다. 신라에도 숭복사가 있었다. 최치원崔致遠(857~?)은 신라에 있던 숭복사에 대한 비문을 남기기도 했다. 정약용은 그의 문집에서 최치원의 '숭복사 비문'을 여러 차례 인용했다.

'숭복'崇福이라는 말은 '복을 높이다'라는 의미이다. 복福은 불교에서 쓰는 '공덕'功德이라는 용어와 유사하지만, 이 용어는 산스크리트어의 뿌냐punya에서 온 것으로 선행을 실천하여 얻게 되는 이득과 덕으로 주로 행운을 의미하기에 그리스도교의 복과는 다른 의미라고 할 수 있다.

『성경』에는 복이라는 말이 자주 나온다. 예수의 산상수훈은 '복이 있는 자'가 되기 위한 지침서이다. 『성경』에서 '복을 빌다'와 '복을 내리다'라는 것과 '하느님의 축복이 있기를'God bless you이라는 말을 떠올리게 되면 숭복이라는 말이 그리스도교에서 유래되어 당나라로 들어가 불교와 혼합된 후에 몽골제국의 동방 그리스도교에서 다시 사용된 것이라고 추측해 볼 수도 있을 것이다.

숭복이라는 말이 불교와 동방 그리스도교에서 혼용되는 것은 종교의 수용성과 혼합성 때문이라고 할 수 있다. 새 종교가 전파되면 기존의 유사 언어가 그 종교에 내재화되어 간다. 특히 신규 종교 용어가 번역되는 과정에서 기존에 있던 종교 용어가 차용되기도 한다. 그리스도교가 일본에 들어갔을 때, 하느님이라는 뜻의 데우스deus는 불교 용어인 다이니치大日로 번역되었다.

외래 종교 용어가 기존 종교에 있던 유사 언어를 차용하면서 수용되는 동안 절의 단청무늬가 동방 그리스도교에 스며들고 있었다. 거대 종교가 소수 종교와 상호작용할 때, 소수 종교의 생명력은 오

랜 기간에 걸쳐 거대 종교에 흡수되어 버리기도 한다. 동방 그리스
도교라는 몽골제국의 소수 종교는 불교라는 거대 종교에 의해 자기
방식의 생명력을 유지하려고 했다. 그러나 그것은 동방 그리스도교
가 불교의 단청무늬를 띠는 것이었다.

　몽골제국에 파견되었던 서양 신부들은 불교로 동화된 동방 그
리스도교를 보며 놀라움을 금치 못했다. 1245년 로마 교황청에서
몽골제국으로 파견된 카르피니 신부는 동방 그리스도교가 유일신
을 믿지만 사람 형상의 우상들을 문에 붙여 두고 이들을 가축의 수
호자라고 여겼다고 하였다. 루브룩 신부는 여러 교회를 방문했는
데, 그곳에 있던 동방 그리스도교인들은 관습상 십자가와 예수의
성화를 소지하고 있지 않았다고 한다. 더욱이 동방 그리스도교의
성직자들은 새벽에 일어나 목탁을 치고, 향로에 향을 피우기도 했
으며, 교인들은 동방 그리스도교의 관습에 따라 바닥에 이마를 대
고 큰절을 하였다 한다.[58]

　쿠빌라이는 불교를 수용하면서 무력해진 동방 그리스도교를 높
게 평가하지 않았다. 그는 자신이 그리스도교인이 되지 않는 이유
를 마르코 폴로 일가에게 설명해 주었다.

너희들은 어찌해서 나를 그리스도교인으로 만들려고 하느냐? 너희
들도 보다시피 이곳의 그리스도교인은 극도로 무식하기 때문에 아
무것도 할 줄 모르고 아무런 힘도 없다. 그러나 우상 숭배자들은 무
엇이나 행하지 않는가? 내가 식탁에 앉으면 그들은 접견실 한가운데
있는 잔에 포도주나 다른 음료수를 가득 채운 뒤 손도 대지 않고 내

게 날라 주어서 내가 마실 수 있게 하지 않는가? 그들은 마음대로 폭풍을 이동시키고 수많은 경이로운 일들을 행한다. 또한 그들의 우상들은 말도 하고 바라는 것은 무엇이나 예언도 하지 않는가? 만약 내가 그리스도교로 개종하고 나 자신이 그리스도교인이 된다면, 그리스도교를 믿지 않는 나의 신하와 백성은 이렇게 말할 것이다. "무슨 이유로 세례를 받고 그리스도의 종교를 믿는 것입니까? 폐하는 도대체 그에게서 어떤 기적과 덕성을 발견한 것입니까?" 이 우상 숭배자들은 자신이 행하는 기적이 우상들의 성스러움과 덕성의 힘 때문이라고 말한다. 그러면 내가 그들에게 무엇이라고 대답할 수 있겠는가?[59]

쿠빌라이가 말하는 '이곳의 그리스도교'란 동방 그리스도교이고, '우상 숭배자들'이란 불교를 믿는 승려들이다. 쿠빌라이의 눈에는 불교가 동방 그리스도교보다 더욱 성스럽고 힘이 있어 보였다. 쿠빌라이가 숭배한 불교는 티베트 불교였다. 그는 티베트에서 온 불교 승려 파스파八思巴(1235~1280)를 국사國師로 임명하기도 했다. 후에 이 승려는 황제의 스승이라고 불리는 제사帝師가 되었다. 쿠빌라이가 비록 공식석상에서는 황제로서 파스파보다 상석에 앉았지만, 개인 교습을 받을 때는 하석에 앉아서 수업을 받았다 한다.[60]

비록 쿠빌라이의 어머니가 동방 그리스도교의 성녀라고 불렸지만, 쿠빌라이의 티베트 불교 선호는 동방 그리스도교의 입지를 좁게 만들었다. 동방 그리스도교는 생명을 유지하기 위해 불교에 동화되어 가고 있었다. 동방 그리스도교의 불교와의 혼합은 13세기의 성녀 소르칵타니 베키를 17세기에 와서 보살로 둔갑시켜 버렸다.

14세기 초까지만 해도 그녀의 초상화는 중국 북쪽 감주에 있는 동방 그리스도 교회에 걸려 있었다.[61] 그러나 1655년에 집필된 『알탄 톱시』Altan Tobchi라는 책은 보살이 된 소르칵타니 베키를 이렇게 묘사했다.[62]

현명하고 성스러운 칭기즈칸도 종교와 그 이로움을 문득 깨달아 영원의 땅(즉 티베트)에 있는 석가모니 불상에게 사신들을 보냈다. 그리고 사카파薩迦派(티베트의 4대 종파의 하나)의 만주스리(문수보살) 라마에게 청하기를, "보살의 전생이 내 가문에서 태어나도록 해 주십시오!"라고 했다. 이에 만주스리 판디타Majusri Pandita(1182~1251)는 황금 상자 하나를 주어 보내면서, "뚜껑을 열지 말라. 그의 며느리 가운데 한 사람이 진정한 보살의 전생이니, 축복을 기원하는 큰 법회를 열고, 수만다리라는 이름을 가진 그 며느리를 불러서 열어 보게 하라!"고 말했다. 그래서 닭띠 해 첫 달 보름 되는 날에 큰 법회를 열고, 톨루이의 부인—에시Eshi라는 칭호를 가졌다.—이 상자를 열었다. 그 안에는 황금 모기 세 마리가 있었는데, 그들이 에시 카툰의 콧속을 통해서 그녀의 자궁으로 들어갔다. 그래서 열 달 후에 전륜성왕轉輪聖王의 전생인 세첸 칸(쿠빌라이)과 아리 바가(아릭부케)가 코림(카라코룸) 시에서 쌍둥이로 태어난 것이다.

설화는 쿠빌라이와 아릭부케를 쌍둥이로 둔갑시켰다. 사실 쿠빌라이는 아릭부케의 둘째 형이다. 설화의 에시 카툰이 바로 소르칵타니 베키다. 동방 그리스도교의 성녀였던 소르칵타니 베키가 보

1~4. 중국 운남성 티베트족 자치구 츠중茨中 마을에 있는 가톨릭 성당(중국명: 茨中天主教學)
중국의 전통 건축 양식과 프랑스 건축 양식이 혼합된 건물로, 1867년에 건립되었다.ⓒ신상환
5. 강화도에 있는 한옥으로 지어진 성공회 성당

살로 변한 것은 거대 종교의 흡수에 의한 소수 종교의 변형이었다. 그리고 동방 그리스도교의 십자가 중앙에는 '만'卍 자가 놓이게 되면서 몽골인들에게 십자가의 의미도 점차 퇴색해 갔다. 소르칵타니 베키의 신앙에 고무되어 화려하게 전성기를 구가했던 동방 그리스도교는 몇 세기가 지나면서 점점 역사에서 사라졌다.

동방 그리스도교를 믿었던 이사, 별불화, 마조상은 고려에 잘 알려진 인물이었지만 고려는 불교에 동화되어 가는 동방 그리스도교에 관심을 두지 않았다. 조선인들은 수많은 기행문을 남겨 북경의 야소교와 천주당을 소개했지만, 고려인들은 몽골제국의 칸발리크에 다녀온 기록을 후손에게 남기지 않았다.

이태리 출신의 마르코 폴로, 중동 출신의 이븐 바투타와 라시드 앗 딘이 몽골제국을 여행하고서 그곳에서 목격했던 동방 그리스도교를 자세히 기록하는 동안, 몽골제국의 부마국이었던 고려인들은 이에 대한 어떠한 기록도 남기지 않았다.

불교와 성리학에 심취했던 고려인들에게 동방 그리스도교는 한낱 헛된 종교였을지도 모른다. 고려인들은 불교의 옷을 갈아입은 동방 그리스도교를 불교의 또 다른 종파라고 여겼을지도 모르겠다. 그러는 동안 몽골제국의 동방 그리스도교 예배당은 고려에 절로만 인식되지 않았을까? 그렇게 해서 고려인들은 절이 된 예배당을 불교 사원으로 혼동하지 않았을까?

개경에 온 조지

조지George는 서양에서 인기 있는 남자의 그리스도교식 이름이다. 미국 베이비센터에 따르면 조지라는 이름은 2000년대엔 줄곧 100위권 밖에 있었지만, 1970년대 이전에는 30위권 안에서 선호되었다. 1880년에서 1930년 동안 조지라는 이름은 10위 안에 들 만큼 선호도가 높았다. 19세기에는 다섯 손가락 안에 들 만큼 인기가 있는 이름이었다.

조지라는 이름이 미국에서만 유행한 것은 아니었다. 이 이름은 20세기 초 프랑스에서도 열 손가락 안에 들 정도로 유행했으며, 현재도 선호도 높은 이름이다. 이 이름은 성 조지Saint George에 의해서 유행되었다. 조지는 50여 개 이상의 언어로 다양하게 불리고 있는데, 그리스어로 조지오스Georgios, 라틴어로는 조지우스Georgius이며 농부라는 뜻을 담고 있다.

전승에 의하면 성 조지는 3세기 말의 로마 병사로서 서방과 동방 그리스도교에서 순교자로 알려져 있다. 로마 가톨릭과 동방 정교회에서는 조지를 성인으로 추대했다. 성 조지는 실존 인물이지만 '용과 기사의 전설'로 잘 알려져 있다. 공주가 용의 재물이 되었을 때, 조지가 나타나 용을 죽이고 그녀를 구한다는 내용이다. 조지라는 이름은 11세기 이후에 십자군 전쟁을 통해 유럽 전역과 중동 지역에 널리 퍼지면서 16세까지 굉장히 유행했던 그리스도교식 이름이었다.

그런데 놀라운 사실은 고려인들이 유럽과 중동에서 인기 있던 조지라는 사람을 잘 알고 있었다는 것이다. 고려인들은 조지를 어떻게 알았을까? 조지라고 불리는 사람이 고려에 있었을까? 조지의 한자 음차는 활리길사閼里吉思(기와르기스)이다. 바로 활리길사로 불렸던 조지가 고려의 수도 개경에 살고 있었다. 그렇다면 개경에 있던 조지는 그리스도교인이 아니었을까? 그가 개경에 살면서 고려인들에게 그리스도교를 전하지는 않았을까?

성 조지 동방 그리스도교에서 성 조지는 승리자의 상징이다.

조지는 고려뿐만 아니라 조선에도 잘 알려진 인물이다. 세종과 신하들은 조례에서 조지에 관한 이야기를 나눈 적이 있다. 1430년 12월 2일 정월 초하루가 한 달밖에 남지 않은 때였다. 세종은 신하들의 하례를 개선하는 방법을 찾고 있었다. 그는 우의정 맹사성孟思誠(1360~1438) 등을 불러 의논했다. 세종은 고려의 예를 들면서 신하들이 무도례舞蹈禮를 행하는 것을 금한다고 말했다.

『원사』에 보면 정동행성의 평장平章인 활리길사가 말하기를, "고려의 왕 거昛는 큰 연회가 있으면 곡개曲蓋와 용의龍扆를 사용하며, 경필警蹕의 의식을 갖추고, 모든 신하는 무도舞蹈하며, 산호山呼를 부르는 것이 모두 황제의 예식과 같으니, 참람함이 너무 심하였다” 하였으니, 곧 무도의 예는 행해서는 안 될 것이다. 『세종실록』

세종은 고려 때 연회의 화려함을 지적하면서 활리길사가 이를 비판한 점을 『원사』를 들어서 신하들에게 말했다.

활리길사, 즉 조지는 1299년 정동행성의 평장정사平章政事로 부임해 와서 개경에서 2년간 살았다. 정동행성은 말 그대로 동쪽 지역을 정벌하기 위해서 원 제국이 개경에 설치한 행성인데, 조지가 개경에 도착했을 때는 고려의 형벌과 관제에 직접 관여하는 막강한 기구가 되었다. 정동행성의 총책임자는 좌승상으로 고려 왕이 임명되었다. 평장정사는 종1품이었으며, 원 제국에서 파견했기 때문에 고려 왕 다음으로 실세였다.

사실 원 제국 황제 성종은 충렬왕이 신하들을 잘 다스리지 못한다는 보고를 받고, 그들을 통제하기 위해 조지를 파견한 것이었다. 이 당시 충선왕은 아버지 충렬왕과의 갈등으로 왕위에서 1년 만에 퇴위당하고, 1299년에 충렬왕이 다시 등극하여 조정이 어수선했다. 이런 상황에서 고려 조정을 통제하기 위해 파견된 조지는 막강한 권한을 가지고 있었다. 조지는 이름에서 알 수 있듯이 그는 동방 그리스도교인이었다.[63] 그는 개경에 도착하자 고려의 폐단을 바로 잡기 위해 여러 가지의 개혁 조치를 시도했다.

그래서 조선 왕들과 신하들에게도 조지는 낯설지 않은 이름이 되었다. 조지의 개혁 조치 중 노비제 개혁은 조선조에서도 자주 거론된 뜨거운 감자였다. 조선의 선조宣祖(재위 1567~1608)는 노비제 개혁에 관한 상소문을 읽어 내려갔다. 이때는 임진왜란으로 조선이 피폐해질 대로 피폐해진 1595년 8월 10일이었다.

옛날 원나라 말엽에 활리길사가 우리나라 노비법을 혁파하려 하자, 고려 충렬왕이 "옛날 우리 시조께서 말씀하시기를, '우리의 천류賤 類들은 그 종자가 유별나서 만일 종량從良을 허락하면 뒤에는 반드 시 벼슬길을 터서 국가를 어지럽게 할 것이다' 하였다"고 사유를 갖 추어 표문表文으로 문계開啓하였더니, 중국 조정의 의논이 드디어 중 지되었습니다. 『선조실록』

조지는 개경에 와서 고려의 노비제도가 잘못되었음을 간파했 다. 그는 모든 노비 중에 부모의 한쪽이 양민인 자는 양민이 될 수 있도록 제도를 고치려 했다. 고려의 제도는 부모의 한쪽이 천민이 면 그 자식은 천민이었다. 이러한 조지의 노비제 개혁은 고려 조정 과 충돌을 일으키기에 충분했다. 그러나 원 제국은 조지의 노비제 개혁 조치를 황제의 명으로 선포하고 말았다.[64]

찬성사 김지숙金之淑(1238~1310)은 고려의 풍속을 따르라는 쿠빌 라이의 옛 조서를 상기하면서, 조지의 노비제 개혁에 제동을 걸고 나섰다. 고려 태조 왕건은 천민을 양민으로 만들지 말 것이며, 이들 이 양민이 되면 벼슬살이로 나아가 국가를 어지럽힐 것이라는 훈계 를 후손들에게 남겼다. 다급해진 충렬왕은 노비제가 고려의 옛 법 이고 이것을 고친다면 사직이 위태롭다고 하면서 조지의 노비제 혁파가 부당함을 원 제국에 알렸다.

나라 법에, 8대의 호적을 살펴보아서 천민과 관계없는 것이 인정되어야만 비로소 벼슬을 하게 되어 있습니다. 이들 천한 부류들은 부모 중에 한쪽만 천하여도 천한 것으로 인정하며 주인이 놓아주어 양민이 되었다 할지라도 그가 낳은 자손은 다시 천민이 되며, 또 본 주인이 세대가 끊어졌을 경우에는 다시 그 일가에게 소속됩니다. 이렇게 하는 것은 양민으로 인정하지 않으려는 데 있습니다. 이렇게 철저히 단속해도 간혹 기회를 보아 반란을 도모하고 있습니다. 이제 성관省官이 이 나라에 처음 와서, 이런 제도를 마련하게 된 근본 의의를 모르고 꼭 개혁하려 하는 것이오니, 옛 법을 이어서 나라의 풍속대로 따르게 하여 주옵소서. 『동사강목』 제12

원 제국 황제 성종은 충렬왕과 조지의 보고가 다르다고 하여 충렬왕에게 잘 판단하여 결정하라는 공문을 보냈다. 이로 인해 고려 조정이 시끄러워지고 민심이 사납게 변하자, 충렬왕은 정동행성에 관원을 더 두는 것은 백성을 불안하게 만드니 이를 폐지하자고 건의했다. 1301년 원 제국은 책임을 물어 조지를 평장정사에서 파면시키고 소환했다. 조지의 노비제 개혁은 이렇게 실패로 돌아갔다. 그는 노비제 개혁을 주장하는 동안 판결을 통해 천민들을 양민으로 만들어 주었다. 그러나 그가 원 제국으로 귀환하자 양민이 되었던 사람들은 다시 천민이 되어 본래 주인에게로 넘겨졌다.
비록 노비제 개혁 조치는 큰 성과가 없었지만 그리스도교인이

불국사에서 만난 예수

었던 조지가 노비제 개혁을 시도한 것은 예수의 가르침을 실행으로 옮기려고 한 것은 아닐까? 예수는 가난하고 헐벗은 자들과 친구가 되었다. 『성경』은 안식일에는 종들에게 아무 일도 시키지 말라고 하였다. 또한 가난한 자들을 구제할 때는 아끼는 마음을 품지 말 것이며, 데리고 있는 종이 7년째 되는 해에는 자유롭게 놓아주되 빈손으로 가게 하지 말라고 하였다.

조지는 2년도 채 되지 않는 짧은 기간 동안 여러 가지 개혁을 시도했다. 그가 고려에서 행했던 일련의 조치에는 그리스도교의 색채가 가미되어 있다. 조지가 개경에 부임하여 2개월도 채 지나지 않았을 때, 그가 동경 부유수東京副留守 나윤羅允을 행성에 가두는 사건이 발생했다. 동경 부유수는 지금의 경주를 관장하는 부시장 정도 되는 벼슬이다. 사건의 전말은 이러했다.

경주에 승려 천고天圇라는 사람이 있었다. 그는 진흙으로 거북이 한 쌍을 만들고 그것을 구운 후 붉은 빛깔로 이상한 글을 등에 써서 절 밑에 묻어 놓았다. 그리고 얼마 후에 거북이를 파내어 사람들에게 이 거북이 매우 신령하다면서 백성들을 현혹했다. 그 소문을 들은 조지는 천고를 잡아 장형을 가했다. 그리고 나윤이 천고의 이러한 행위를 금지시키지 않고 오히려 이것을 믿는다고 하여 그를 행성에 가두어 버렸던 것이다.[65]

이후로도 조지는 계속해서 개혁 조치를 단행했다. 그가 원 제국에서 온 외국인이지만 고려 조정의 폐단을 시정하려고 했던 것만은 사실이었다. 그는 방대한 고려 조정을 운영하기 위해 모든 비용을 백성들로부터 충당하고 가혹한 세금을 거두어들인다고 원 제국에 보고했다. 원 제국은 고려에 조사단을 파견하여 이를 바로잡을 것을 명하고, 그 결과를 보고하도록 했다. 조지는 계속하여 고려 조정의 문제점을 보고했다.

> 관원들이 민호의 호적과 주현의 경계에 대해 제대로 보고하려 들지 않으며, 함부로 세금을 부과하여 거두어들이고 있습니다. 관원들은 많고 백성들은 적으며, 형벌에 일정한 법도가 없으니, 만약 고려의 풍속대로 일을 하도록 내버려 둘 것 같으면 실로 무마해서 다스리기가 곤란합니다. 『해동역사』海東繹史 제15권

원 제국은 조지의 상세한 보고를 바탕으로 고려 조정의 폐단을 혁파하라는 조치를 내렸다. 이 조치는 「녹연사목」錄連事目으로 알려져 있다.[66] 「녹연사목」은 고려 조정이 원 제국 황제의 의식을 따르지 말 것을 주문하고 만세 제창을 금했다. 만세는 황제에게만 해당되는 것이니 고려 왕은 천세를 사용하라는 것이었다.

「녹연사목」은 행정, 형법, 역참, 조세 등의 방만함으로 인해 백성들이 당하는 고통을 덜어 주는 것에 초점이 맞추어져 있었다. 고려는 행정 관소가 모두 358개소가 되고 관원들이 4,355명이나 되어, 이를 유지하기 위해 백성들에게 세금을 부과하고 과도한 부역을 시키고 있었다. 「녹연사목」은 "조금이라도 부역 징발에 나아가지 않으면 백성들을 결박하고 구속하여 능욕하고 학대하니 그들이 고통을 참으며 원한을 품고 있으나 신소하여 처결 받을 곳이 없다"고 지적했다. 『고려사』는 지방 백성들의 고통을 기록한 「녹연사목」

의 내용을 이렇게 적고 있다.

> 성곽과 주, 현이 헛된 이름만 있고 실속은 없으며 백성은 적은데 관리만 많으며 관민관管民官(수령)과 안렴관按廉官(지방장관)은 반년에 한 번씩 교대하는데, 그 지방의 백성들로 하여금 소, 말과 여비 등의 비용을 준비하여 신구 관원을 영접하고 전송하게 하니, 그런 일로 인하여 교통이 복잡해지며 농사를 방해하고 물품의 손해를 초래하여 백성들이 심히 고통으로 여기고 있다. 『고려사』 충렬왕 27년

조지의 보고에 의해 작성된 「녹연사목」은 여기에서 끝나지 않았다. 고려에 설치된 역참은 관리들이 신분고하에 따라 차등을 두어 이용하기 때문에 제 기능을 할 수 없었으며, 역참을 지키던 참호들은 이 비용을 충당하지 못해 줄행랑을 놓았다. 또한 권신들이 불법적 행동을 일삼아 백성들의 고통은 날로 더해만 갔다. 동방 그리스도교인인 조지가 본 고려의 폐단은 개혁의 대상이었다. 「녹연사목」의 모든 지적 사항을 고려는 고스란히 받아들이고 이에 따라야만 했다. 원 제국의 고려에 대한 내정 간섭은 치욕적이면서도 고려의 환부를 도려내는 것이었다.

이외에도 조지는 고려의 의례 제도를 개정하는 동시에 토지와 노비를 다투는 자를 조사하여 공정하게 밝혀 나갔다. 조지는 고려 신하들을 봉은사에 모아 놓고 정초에 왕에게 하례하는 의식을 3일 동안 연습시키기도 했다. 『고려사절요』는 하례 의식을 연습하는 것이 이때부터 시작되었다고 적고 있다. 이러한 개혁 조치는 큰 저항

없이 단행되었지만 노비제 개혁은 노비제를 통해 귀족 사회를 유지하려 했던 고려 대신들과 충돌하고 말았다.

그러나 조지는 충렬왕과 가깝게 지냈다. 조지에게는 쿠빌라이의 부마였던 충렬왕의 도움도 절실했다. 그래서 조지는 개경에 있을 때, 충렬왕을 위해 향연을 베풀기도 했다. 충렬왕은 조지와 함께 사냥을 나가기도 했으며, 그에게 연회를 베풀어 주기도 했다. 조지가 원 제국으로 귀환할 때, 충렬왕은 친히 나와 선의문 밖에서 그를 전송했다.[67]

충렬왕은 원 제국의 풍습을 너무나도 잘 알고 있었기 때문에 조지가 동방 그리스도교인이라는 사실을 모를 수가 없었다. 신하들도 마찬가지였다. 조지는 원 제국으로 귀환할 때 심복이었던 고려인 통역관 박홍朴洪을 데리고 갔다. 조지는 원 제국에 돌아가서도 계속 벼슬을 했다. 박홍은 원 제국에서 조지의 뜻을 이어 고려의 풍속을 변경시키려 했다.[68] 이러했던 박홍은 조지의 신앙을 따르지 않았을까?

그러나 고려사에는 조지의 개혁 조치에 대한 기록은 있지만 그의 종교에 대한 기록은 전무하다. 충렬왕과 신하들은 동방 그리스도교가 불교와 혼돈되어서 조지의 종교를 불교로 여겼을까? 그리스도교가 일본에 들어갈 때, 불교 용어를 사용함으로써 일본인들은 그리스도교를 불교로 착각했다. 그래서 일본인들은 그리스도교를 불교의 한 종파로 알고 믿기 시작했다.[69] 조지가 개경에 있을 때도 고려인들은 불교와 혼합되어 가던 동방 그리스도교를 그렇게 알고 있지 않았을까?

조지가 왕에게 하례하는 의식을 거행하기 위해 고려 신하들을 모아 놓고 봉은사에서 3일 동안 연습시켰다고 했을 때, 동방 그리스도교의 예배 의식은 행해지지 않았을까? 고려인들은 조지의 종교를 알고 있었지만 그것이 불교와 유사해서 관심을 두지 않았을까? 그의 신앙이 고려 땅에 알려지지 않았다는 것은 그의 행적으로 보아 이해하기 힘든 일이다. 그것은 고려 왕들도 조선 왕들도 그들의 신하들도 조지를 너무나 잘 알고 있었기 때문이다.

제국대장공주와 고당왕 조지

고려는 평장정사로 개경에 2년 동안 살았던 조지 외에 또 다른 조지를 알고 있었다. 그 사람은 가톨릭 신자였던 고당왕高唐王 조지闊里吉思이다. 충렬왕의 왕비인 제국대장공주齊國大長公主(1259~1297)가 죽자, 고당왕 조지는 조문 사신단을 보내어 부의를 전했다. 제국대장공주는 소르칵타니 베키의 손녀이자 쿠빌라이의 딸이다. 제국대장공주의 몽골식 이름은 쿠틀룩 켈미쉬忽都魯揭里迷失(홀도로게리미실)였다.

고당왕 조지는 원 제국의 공주와 두 번 결혼했다. 첫 번째는 쿠빌라이의 손녀와 결혼했다. 쿠빌라이의 손녀가 일찍 죽자, 고당왕 조지는 쿠빌라이의 후계자이자 손자인 성종의 딸과 결혼하게 되었다. 고당왕 조지는 고려의 충렬왕처럼 원 제국의 부마 왕이었다. 그래서 제국대장공주는 고당왕 조지의 처고모가 되었다. 고당왕 조지는 처고모인 제국대장공주의 부고 소식을 듣고 충렬왕에게 조문단을 파견했던 것이다.

제국대장공주는 성녀였던 할머니 소르칵타니 베키의 사랑을 받고 자라날 수가 없었다. 소르칵타니 베키는 제국대장공주가 태어나기 7년 전에 사망했기 때문이다. 그렇다고 해도 제국대장공주는 자라면서 할머니의 신앙인 동방 그리스도교를 접했을 것이다. 그녀의 할머니와 많은 친척들이 동방 그리스도교를 믿으면서 동방 그리스도교는 원 제국에서 부흥해 나갔다.

충렬왕은 제국대장공주보다 23살이나 많았지만 쿠빌라이의 딸인 왕비를 통제하기란 쉽지 않은 일이었다. 그녀가 원 제국에서 데리고 온 겁령구怯怜口들에게 충렬왕은 성과 이름을 지어 주고 관직을 하사할 정도였다. 겁령구는 몽골어 '게링구'의 한자 표기인데, '집안 노예'私屬人라는 뜻이다. 충렬왕은 몽골 출신 홀랄대忽剌歹에게 인후印侯, 회회 출신 삼가三哥에게는 장순룡張舜龍, 차홀대車忽歹에게는 차신車信이라는 이름을 하사하고, 그들에게 장군의 관직을 주었다. 이들로 인해 폐단이 일어나서 신하들이 문제를 삼아도 충렬왕은 귀를 기울이지 않았다. 충렬왕은 제국대장공주의 눈치를 보았다.

막강했던 제국대장공주는 할머니와 친척들이 믿었던 동방 그리스도교보다 불교에 더 가까웠다. 그녀의 아버지 쿠빌라이는 모든 종교에 관용적이었지만 티베트 불교에 더 심취했기 때문이다.

쿠빌라이가 대카안에 등극한 후 불교에 경도되는 데 결정적인 역할을 한 사람은 그의 부인이었다. 쿠빌라이에게는 4명의 부인이 있었다. 그중에 두 번째 부인 차비는 쿠빌라이의 정치적 동반자였으며, 중국에 원 제국 왕조를 건설하는 데 지대한 영향을 미쳤다.[70] 쿠빌라이는 자신이 병들었을 때, 차비에게 황제의 칙령을 대신 내

쿠빌라이의 두 번째 부인 차비
열렬한 불교 신자였다.

릴 수 있도록 허락할 정도였다.

차비의 능력은 소르칵타니 베키를 방불케 하였다. 돌아가신 어
머니 소르칵타니 베키가 물려준 동방 그리스도교는 이미 쿠빌라이
에게 들어설 자리가 없었다. 차비가 열렬한 불교 신자였기 때문이
었다. 소르칵타니 베키가 동방 그리스도교의 성녀였다면 차비는 불
교의 보살이나 마찬가지였다.

차비의 둘째 아들 짐김은 쿠빌라이의 후계자가 되었다. 이로써
쿠빌라이는 몽골제국에서 처음으로 직계 아들이 황위를 승계할 수
있도록 만든 황제가 되었다. 어머니의 영향으로 짐김은 불교 교육
을 받으며 성장했다. 짐김의 교육을 담당했던 파스파 승려는 그를
'황태자 보살'이라고 불렀다. 그러나 짐김은 쿠빌라이보다 빨리 죽
어, 짐김의 아들인 테무르가 쿠빌라이의 자리를 계승했다.

이리하여 차비가 믿는 불교는 쿠빌라이뿐 아니라 자녀들에게도 지대한 영향을 미쳤다. 쿠빌라이가 몇 명의 딸을 두었는지 전해지지 않고 있다. 단지 두 명의 딸만이 기록으로 전해지는데,[71] 미아오엔이라는 딸은 출가하여 비구니가 되었다. 그녀는 칸발리크의 서쪽에 있는 수도원에서 관음보살을 숭배했다. 1935년까지 그녀의 초상화가 수도원에 걸려 있었다고 전해진다.

기록에 전해지는 나머지 한 명의 딸이 바로 제국대장공주이다. 1281년, 그녀는 어머니인 차비가 죽었다는 부음을 받고 장례에 참석하려고 은과 모시를 모으고 양가 처녀를 선발하여 길을 떠났다. 그러나 의주에 도착하자 쿠빌라이가 오지 말라는 명령을 내려 그녀는 개경으로 돌아오고 말았다.[72]

고려의 왕비가 된 제국대장공주는 어머니의 영향으로 불교를 가까이 하였다. 한번은 티베트의 승려가 쿠빌라이의 스승인 제사 파스파로부터 충렬왕과 제국대장공주에게 도량을 베풀라는 명을 받았다며 찾아왔다. 승려는 밀가루로 사람과 짐승의 모형, 등, 탑을 각각 108개씩 만들어 나열해 놓고 소라를 불고 북을 쳤다. 그 광경을 지켜본 사람들은 승려의 모양이 해괴하다고 하였다. 그 승려는 '우리의 법에는 술과 고기를 금기하지 않고 다만 여자를 가까이 하지 않는다'고 하였다. 그리고 얼마 후에는 몰래 창녀의 집에 가서 잤다. 이 소식을 전해 들은 제국대장공주는 그가 쿠빌라이가 보낸 승려가 아님을 알았지만 아무런 벌을 주지 않고 그냥 쫓아내 버렸다.[73]

원 제국에서 또 티베트 출신 승려를 보내서 제국대장공주를 위해 푸닥거리를 한 적이 있었다. 티베트 불교에서 푸닥거리는 일종의 제례 의식이었다. 충렬왕과 그녀의 사이가 좋지 않아서 하는 조치였다. 그 후 원 제국은 홍군상洪君祥을 보내어 충렬왕에게 향연을 베풀고 제국대장공주와 좋게 지내도록 조치를 내렸다. 홍군상은 원 제국에 귀화한 고려인으로서 그곳에서 중추부사와 집현전 대학사 등을 지냈다. 충렬왕은 칸발리크에 갈 때면 여러 차례 홍군상의 집에서 숙식을 했는데, 고려를 많이 도왔다 하여 그에게 칭호를 내리기도 했다.

제국대장공주를 찾아온 승려들은 하나같이 티베트 불교 승려들이었다. 쿠빌라이와 차비의 영향으로 티베트 승려들이 고려로 들어왔다. 제국대장공주에게서 그리스도교의 모습은 찾아볼 수가 없다. 그렇지만 그녀가 죽었을 때, 가톨릭 신자였던 고당왕 조지가 조문 사절단을 보낸 것을 떠올리면 고려에 그리스도교가 어떤 형태로든 전해지지 않았을까 하는 의문이 생긴다.

고당왕 조지는 내몽골에 있는 웅구트 부족의 왕이었다. 조지는 원래 동방 그리스도교인이었으나 칸발리크에서 활동하던 몬테코르비노 신부에게 세례를 받고 가톨릭 신자가 되었다.[74] 앞에서 마르코 폴로가 보았다는 텐둑 지방의 왕 조지가 바로 가톨릭 신자 고당왕 조지였다.

고당왕 조지는 신부의 예배를 성실하게 도왔고, 이로 말미암아 동방 그리스도교인들에게 배교자라는 비난을 받았다. 조지는 텐둑에 멋있는 성당을 세우고 이름을 '로마 교회'라고 지었다. 그는 또한 많은 부족민들을 가톨릭 신자가 되도록 했으며, 아들의 이름을

요한이라 지었다.[75]

고당왕 조지는 동방 그리스도교인 나얀의 동반자였던 카이두가 반란을 일으켰을 때 진압하러 갔다가 1299년 그곳에서 전사했다. 조지가 죽고 나자 어린 아들 대신 그의 동생 요하난이 왕위를 계승하여 가톨릭으로 개종한 부족민들을 다시 동방 그리스도교인으로 만들었다. 몬테코르비노 신부는 고당왕 조지의 죽음을 아쉬워했다. 신부는 칸발리크에 있었기 때문에 부족민들이 다시 동방 그리스도교인들이 되는 것을 막지 못했다고 술회했다.

가톨릭 신자였던 고당왕 조지가 고려에 조문단을 보냈을 때, 조문단 중에는 가톨릭 신자들이 있지 않았을까? 충렬왕은 처 조카사위였던 고당왕 조지가 믿는 종교를 알았을 것이다. 고려가 이에 대한 사료들을 남기지 않았다고 해도 고당왕 조지의 정황만으로도 고려에 그리스도교가 어떤 형태로든 알려졌으리라는 것은 근거 없는 추측이 아니다.

소주와 쌍화점

원 제국이 고려에 끼친 영향은 세월을 뛰어넘어 오늘날까지 남아 있다. 우리의 일상에 뿌리내린 원 제국의 흔적을 여기저기서 찾아볼 수 있는 현실을 감안하면, 원 제국을 통해 동방 그리스도교와 가톨릭이 고려에 들어왔을 것이라는 추측은 기정사실로 받아들여도 될 터이다.

원 제국 자체가 아시아 문화의 거대한 용광로였기에 고려에 넘어온 것 중에는 서쪽 아시아에서 유입된 것도 많았다. 그중에 오늘날 술의 대명사로 군림하는 소주도 포함된다. 원 제국에 의해서 고려에 유통된 소주는 고려뿐만 아니라 조선에도 많은 사회적 문제를 불러일으켰다. 소주를 폭음해서 죽는 사람들이 많이 생겨났기 때문이다. 이수광은 『지봉유설』에서 소주의 해독에 대해 일침을 가했다.

소주는 원나라 때 생긴 술인데, 오직 이것은 약으로만 쓸 뿐으로 함부로 먹지는 않았다. 그 때문에 풍속에, 작은 잔을 소주잔이라고 했다. 근세에 와서는 사대부들이 호사스러워 마음대로 마신다. 여름이면 소주를 큰 잔으로 많이 마신다. 그리하여 잔뜩 취해야만 그만두니 그래서 갑자기 죽는 자들도 많다. 명묘조明廟朝(조선 명종明宗) 때 김치운은 교리로서 홍문관에서 수직을 하다가 임금이 내린 자소주를 지나치게 마시어 그 자리에서 죽었으니, 소주의 해독은 참혹한 것이다.

소주를 개경 지방에서는 아락주라고 불렀다. 이 말은 몽골어 아라키亞刺吉에서 왔다. '아라키'는 증류주를 뜻하는 아랍어이다. 몽골 제국의 기마군단이 아랍으로 진출해서 그곳에서 만들던 증류주 아라키를 유입하여 이것이 고려에 전해지게 된 것이 소주이며, 몽골 병사들이 일본 원정 때 고려에 와서 마시던 소주 제조법에 따라 빚어진 술이 안동소주다.[76]

해외에서 유입된 소주는 술 좋아하기로 유명한 고려인, 조선인들에게 널리 유통되었다. 16세기 조선의 허균은 그의 시문집인『한정록』閑情錄에서 소주를 주점에서 구입할 수 있다고 적고 있다. 그는 주점에서 구입한 소주는 사람을 취하게 하여 이를 소인들이 마시는 술이라고 했다. 원 제국에서 유입된 소주는 서민들의 애환을 달랬다.

그러나 원 제국의 속국 고려는 내정간섭의 치욕에서 벗어날 수 없었다. 고려 25대 충렬왕부터 31대 공민왕까지 약 100년 동안 6명의 왕이 8명의 몽골 공주를 왕비로 맞이했다. 충선왕과 그의 아들인 충숙왕은 두 명의 몽골 공주를 왕비와 비로 맞아들였다. 고려 왕조에는 이미 순혈의 피가 흐르지 않았다. 몽골의 피가 섞인 고려 왕조에 몽골식 풍습과 제도가 들어오는 것은 자연스러운 현상이었다. 충렬왕이 세자로 원 제국에 갔다가 돌아올 때, 그는 변발을 했다. 충렬왕 이후 고려 왕들의 변발은 100여 년 동안 지속되었다.[77]

고려 궁중에서 사용하는 말도 몽골식으로 바뀌었다. 왕과 왕비 등에게는 '마마'라는 존칭이 붙었다. 임금의 음식은 '수라'로 변했으며, 궁녀들은 '무수리'라는 몽골 궁중 용어로 대체되어 갔다. 몽골 왕비에게서 태어난 왕자와 공주들은 몽골어에 익숙해졌으며, 원 제국으로 들어가 몽골어를 배워서 자기 나라 말보다 몽골어를 더 잘하게 되었다. 고려에 뿌리내린 몽골어는 고려가 망한 후 조선 왕조에서도 사용될 정도로 그 영향이 깊었다. '치'라는 몽골어가 우리 말에 고스란히 남아 벼슬아치, 장사치, 양아치라는 말이 유행했다.

원 제국의 풍습은 고려의 식생활에도 많은 변화를 일으켰다. 몽골에서 들어온 만두, 설렁탕은 고려인들에게 유행되었다. 만두는 개경 이북에서 고급 요리가 되었으며, 점차 개경 일대로 퍼져 나갔

다. 만두의 한자는 상화霜花로, 몽골어로는 쌍화라고 불렀다. 쌍화
점은 만두를 파는 가게였다. 충렬왕은 남장 여인에게 고려속요인
「쌍화점」을 부르게 했다. 원 제국에서 만두가 들어오고 여자들이
쌍화점에서 음탕한 짓을 했다는 노래다. 고려 속요 「쌍화점」의 첫
대목은 만두 가게에서의 애정 행각을 이렇게 묘사한다.

쌍화점에 쌍화를 사러 가니
회회아비가 내 손목을 잡았다.
이 소문이 상점 밖에 퍼진다면
조그마한 어린 광대인 네가 퍼뜨린 것인 줄 알리라.
그 자리에 나도 자러 가리라.
그 잔 곳같이 난잡한 데가 없으리라.

「쌍화점」에 나오는 회회아비는 바로 무슬림이다. 「쌍화점」 2절
과 비슷하다는 노래가 『고려사』에 나오는 「삼장」三藏이다. 「삼장」은
고려 여인과 승려의 로맨스를 노래했다.

삼장사에 등불 켜러 갔더니
스님이 내 손목 덥석 잡고서
혹시 이 말이 절 밖에 퍼져 나가면
성좌야! 바로 너더러 소문냈다 할 게다.

고려 개경에 무슬림들이 나타나 만두 가게 쌍화점에서 고려 여

인과 로맨스를 할 때, 동방 그리스도교는 무엇을 남겼을까? 원 제국에서 교회의 이름이 절의 이름이 되어 불교와 그리스도교를 구별하기가 어려웠던 것처럼, 소르칵타니 베키의 초상화가 보살로 둔갑해 버린 것처럼, 고려에서도 그렇게 변화되어 버린 것은 아닐까? 고려촌의 흙 십자가에서 시작해서 노비제 개혁을 주창했던 동방 그리스도교인 조지와 가톨릭 신자 고당왕 조지를 떠올리면 그리스도교가 고려에 전파되지 않았다고 부정할 수 없다. 그리스도교의 고려 전파에 대한 답은 앞으로 발견될 사료와 유물들에 의해서 더욱 명확해질 것이다.

불국사에서 만난 예수

4장

발해와 신라에 핀 그리스도교

글로벌 공동체 국가 발해

"오랜 세월 우리는 변방의 역사를 살아왔습니다."고故 노무현 대통령의 취임사 일부이다. 노무현 대통령이 말한 변방의 역사란 자신의 운명을 스스로 결정하지 못하고 의존의 역사를 강요받았다는 의미이다. 노 대통령은 21세기 동북아 시대의 중심 국가가 한국이며, 이를 잘 준비하자고 했다. 취임사에서 그는 동북아 시대의 당위성을 강조했다.

한반도가 21세기에는 세계를 향해 평화를 발신하는 평화 지대로 바뀌어야 합니다. 유라시아 대륙과 태평양을 잇는 동북아의 평화로운 관문으로 새롭게 태어나야 합니다. 부산에서 파리행 기차표를 사서 평양, 신의주, 중국, 몽골, 러시아를 거쳐 유럽의 한복판에 도착하는 날을 앞당겨야 합니다.

2003년 2월 25일, 노무현 대통령은 한국을 동북아 시대의 중심으로 세우겠다고 다짐했다. 그런데 1,200여 년 전 우리 역사에는 이미 동북아시아의 중심이 된 나라가 있다. 바로 해동성국海東盛國 발해渤海(698~926)이다. 오늘날 발해에 대한 연구가 진행되면서 통일신라 시대로 표현되던 우리 역사가 남북국南北國 시대로 자리매김했다. 남국은 신라이며, 북국은 발해를 말한다. 통일신라 시대만 알고 있던 과거의 역사에서 발해는 하나의 변방에 불과했다. 그 변방의 역사로 취급되던 발해에 동방 그리스도교와 불교가 융합된

'어울림의 신앙'이 있었다면, 이 현상을 어떻게 설명할 수 있을까?

해동성국 발해는 중국, 몽골, 러시아의 광활한 유라시아 대륙과 태평양을 잇는 글로벌 공동체 국가였다. '글로벌 시대'라는 말은 20세기 말부터 정보통신과 온라인의 발달로 인해 국경이 허물어지는 세계화를 뜻하지만, 발해는 7세기 후반부터 10세기 전반까지 글로벌 시대를 만끽했다 해도 과언이 아니다. 그럼에도 불구하고 우리 역사는 최근까지 발해를 변방으로 다루어 왔다.

발해를 변방으로 인식하는 우물 안 개구리 같은 역사관을 탄식하면서 발해를 재발견한 이들 중에 일찍이 조선의 북학파北學派가 있었다. 홍대용, 박지원, 박제가, 유득공 등의 북학파는 북경을 여행하면서 압록강 건너 광대한 대륙을 목격했다. 박제가는 고려 이후 압록강을 한 발자국도 넘지 못한 우리 역사에 대해서 이렇게 한탄한다.

무릇 부녀자가 보고 듣는 것은 용마루를 넘지 못하고, 어린아이가 노는 곳은 겨우 문지방에 미칠 뿐이니, 담장 밖의 일을 말하기가 어려운 법이다. 우리나라 선비들이 신라 영토 안에서 태어나 그 바깥의 일에 대해서는 눈과 귀를 틀어막아 버리고, 또한 한나라와 당나라, 송나라, 명나라의 흥망과 전쟁에 관한 일도 알지 못하니, 어찌 발해의 역사를 알 수 있겠는가? 『발해고』渤海考, 박제가의 서문

삼국을 통일한 신라는 고구려가 패망한 30년 후 그 후손들이 주축이 되어 세운 발해를 오랑캐의 나라로 여겼다. 고려 사람 김부식

불국사에서 만난 예수

金富軾(1075~1151)의 『삼국사기』三國史記는 노골적으로 '신라 중심주의적' 시각을 드러내며, 『삼국유사』三國遺事나 『제왕운기』帝王韻紀는 발해를 '속말 말갈'粟末靺鞨(말갈의 속말 부락)로 분류하고, 우리 역사의 방계쯤으로 재단했다.¹

신라 중심주의적 시각은 신라 사람 최치원의 글에서도 잘 나타난다. 최치원은 신라 조정의 이름으로 당나라 황제 소종昭宗(재위 888~904)에게 「발해가 윗자리에 앉는 것을 허락하지 않으심에 감사하는 글」謝不許北國居上表이라는 장문의 글을 올렸다.

> 신이 삼가 살피건대, 발해의 원류源流는 고구려가 망하기 전엔 본래 사마귀만 한 부락으로, 앙갈靺鞨의 족속이었습니다. 이들이 번영하여 무리를 이루고 속말粟末 소번小蕃이란 이름으로 항상 고구려를 좇아 복종해 왔습니다. 그 수령 걸사우乞四羽 및 대조영大祚榮 등이 측천무후則天武后가 집권할 때에 이르러, 영주營州에서 난을 일으키다 달아나, 문득 황야 지역을 점거하여 비로소 진국振國(발해 초기 명칭)이라 명명했습니다. 그때 고구려의 남은 무리로서 물길勿吉(말갈) 잡류雜流의 올빼미들은 백산白山(백두산)에서 패거리들을 불러 모았고…… 처음에는 거란契丹과 손을 잡아 악을 행하고 또 이어서 돌궐突厥과 통모通謀했습니다. 만리 벌판에서 농사를 지으면서 여러 차례 요수遼水를 건너서 사마귀가 앞발을 들어 수레를 막듯이 제 분수도 모르고 무모하게 항쟁을 했습니다. 10년 동안 남의 은혜를 입어 오다가, 늦게야 한漢나라에 항복했습니다. 그들이 처음 거처할 고을을 일으키면서 신라에 와서 이웃으로 도와 달라고 청하기에 그 추장 대

조영에게 처음으로 신의 나라의 제5품 벼슬인 대아찬大阿餐이란 품급을 주었으며, 그 뒤 선천 2년(713)에 이르러 비로소 큰 나라의 총명寵命을 받아 발해군왕渤海郡王으로 봉해졌던 것입니다. 『동문선』東文選 제33권 「표전」表箋

최치원은 이 글에서 발해에 대해 경멸과 멸시의 태도로 일관했다.

최치원이 당 황제에게 표문表文을 올린 배경에는 당시 발해, 신라, 당나라 간의 유명한 외교 문제였던 '석차쟁장사건'席次爭長事件이 있었다.[2] 발해가 강성해지자, 897년 발해의 왕자인 대봉예大封裔가 새해를 축하하기 위해 사신으로 당나라에 가서 소종 황제를 만났다. 이 자리에서 대봉예는 발해의 국력이 신라에 앞서니 당나라 조정이 외빈을 접견하는 순서에서 발해가 신라보다 우선돼야 한다고 요청했다. 이 소식을 들은 신라는 분개했지만, 소종이 그 청을 거절한 것을 알고, 당나라에 국서를 보내 감사의 인사를 한 것이다.

최치원은 당나라에 유학가서 외국 학생을 등용하는 과거 제도인 빈공진사과賓貢進士科에 합격해 벼슬을 한 인물이다. 이 시험은 당나라가 멸망할 때까지 총 70여 명의 합격자를 냈는데, 이 중 신라 유학생이 58명으로 80% 이상을 차지했다.[3] 신라보다 100여 년 뒤에 당나라로 유학생들을 보낸 발해는 곧 신라 유학생들을 추월했다. 석차쟁장사건이 발생하기 25년 전인 872년, 빈공진사과에서 발해 유학생 오소도烏炤度가 신라 유학생을 제치고 수석의 자리를 차지하는 사건이 발생했다. 최치원은 분통한 마음을 달래지 못하면서, "이미 사방의 기롱을 불러왔으니 한 나라의 수치로 길이 남을

것이다"라고 하였다.[4]

최치원의 말대로 발해는 정말 사마귀만 한 나라였을까? 신라의 발해에 대한 경멸감은 발해가 해동성국으로 거듭나는 것에 대한 두려움의 발로에 지나지 않았다. 실제로 신라는 발해를 방비하기 위해 826년 7월 한산漢山 이북의 백성 1만 명을 징발하여 지금의 예성강에 300리 장성을 쌓았다.[5]

고려도 발해에 대해서는 까막눈에 지나지 않았다. 조선 후기에 와서야, 그것도 북학파가 발해를 재조명하면서 신라를 남국이라 하고 발해를 북국이라고 하게 되었다. 오늘날 우리 역사에서 말하는 남북국 시대라는 용어는 일찍이 중원 대륙을 향한 북학파의 각성에서 나온 것이다. 북학파의 일원인 유득공은 1784년에 『발해고』를 쓴 이유를 서문에서 명쾌하게 정리하고 있다.

고려가 발해사渤海史를 쓰지 않았으니, 고려의 국력이 떨치지 못했음을 알 수 있다. 옛날에 고씨가 북쪽에 거주하여 고구려라 했고, 부여씨가 서남쪽에 거주하여 백제라 했으며, 박·석·김씨가 동남쪽에 거주하여 신라라 했다. 이것이 삼국三國으로 마땅히 삼국사三國史가 있어야 했는데 고려가 이를 편찬했으니 옳은 일이다. 부여씨가 망하고 고씨가 망하자 김씨가 그 남쪽을 영유했고, 대씨가 그 북쪽을 영유하여 발해라 했다. 이것이 남북국이라 부르는 것으로 마땅히 남북국사南北國史가 있어야 했음에도 고려가 이를 편찬하지 않은 것은 잘못된 일이다.

高句驪不修渤海史知高麗之不振也昔者高氏居于北日
高句驪扶餘氏居于西南日百濟朴昔金氏居于東南日
新羅是爲三國宜有三國史而高麗修之是矣及扶餘
氏亡高氏亡金氏有其南北國史有其南大氏有其北日渤海是謂南北
國宜有高句驪之人也其所有之地也非美夫大氏者何人
也而亦高句驪之人也其所有之地也乃高句驪之地
亡王氏統而有之曰高麗其南有金氏之地則全而其北
有大氏之地則不全或入於女真或入於契丹何不歸我渤
高麗計者宜急修渤海史執而責諸女真曰何不歸我渤
海之地渤海之地爲高句驪之地也使一將軍往攻之土
門以北渤海之地也執而責諸契丹曰何不歸我渤海之地
海之地乃爲高句驪之地使一將軍往攻之
有也竟不修渤海史使土門以北鴨綠以西可
之地欲責女真而無其辭責契丹而無其辭高麗遂爲
弱國者未得渤海之地故也可勝歎哉或曰渤海爲遼所
滅高麗何從而修其史乎此有不然者渤海憲象中國必
立史官其忿汗城之破也世子以下奔高麗者十餘萬人
無其官則必有其書矣無其官無其書而聞於十餘萬人則其
世可知也聞於隱繼宗則其禮可知也聞於十餘萬人則其

유득공의 『발해고』 서문

　신라에서 시작하여 고려, 조선을 관통한 신라 중심주의적 역사
관에 발해는 들어갈 틈이 없었다. 유득공은 고려가 발해사를 남기
지 않은 것은 발해 땅을 회복하지 못한 약한 나라였기 때문이고, 고
려는 발해사를 쓰지 않았기 때문에 압록강 건너가 누구의 땅인지
알지 못했다고 개탄했다. 유득공이 신라와 발해의 역사를 '남북국
사'라 부르면서 오늘날 '남북국 시대'의 서막이 올랐다고 해도 과언
이 아니다.

　기록에 의하면 발해의 사방 영토는 5천 리였다고 한다. 10리를
5km라고 한다면 발해는 625만km²로써 약 22만km²인 한반도의
30배나 되는 대제국이었다. 이 수치는 과장된 면이 없지 않다. 발
해 국토의 면적은 대략 요령성의 절반인 8만km², 길림성의 약 18

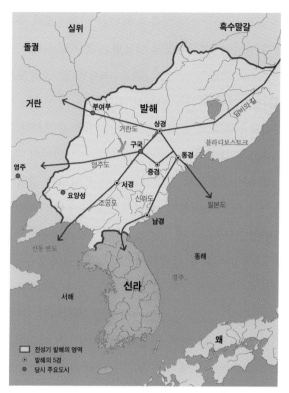

전성기의 발해와 5개 교통망

만km², 흑룡강성의 48만km², 현재 조선민주주의공화국에 속하는
12만km²를 더해 86만km²로 한반도보다 3.9배나 넓었다.[6] 그래서
발해는 우리 역사에서 가장 넓은 영토를 지닌 나라였다. 발해의 관
할권은 함경도와 평안도, 북으로는 러시아의 연해주, 그리고 중국
동북 3성인 요령성, 길림성, 흑룡강성을 포함한 동북아시아의 광활
한 영역에 걸쳐 있었다. 그야말로 발해는 동북아의 중심으로서 글로
벌 공동체 국가였다.

발해의 글로벌 공동체는 대륙과 해양을 잇는 5개의 중요한 교통
망을 통해 형성되어 갔다. 5개의 교통망은 조공도朝貢道, 일본도日本
道, 영주도營州道, 거란도契丹道, 신라도新羅道였다.[7] 조공도는 압록강
을 타고 황해로 나아가 산동 반도로 이어졌다. 일본도는 지금 러시
아의 블라디보스토크 밑에 있는 포시에트 만을 출발하여 동해를 횡
단하여 일본으로 들어가는 길이었다. 영주도는 발해의 수도 상경上
京에서 시작하여 중원으로 연결되었으며, 거란도는 상경에서 길림
시를 통해 거란으로 이어졌다. 신라도는 발해에서 신라의 경주까지
이르는 길이었다.

5개의 교통망 이외에 발해에서 1만여km 떨어진 중앙아시아의
사마르칸트를 잇는 대장정의 길도 있었다. 이를 '담비의 길'이라고
부른다. 담비의 길은 발해의 상경에서 지금 러시아의 하바롭스크와
치타를 거쳐 사마르칸트까지 연결되었다. 10세기 이전에 중앙아시
아는 전쟁의 소용돌이에 빠져 있었으며, 중국과 터키족의 싸움 때문
에 실크로드는 안전한 길이 아니었다. 그래서 발해와 중앙아시아 사
람들은 실크로드보다 북쪽에 있는 담비의 길을 개척했다.[8]

소그드 상인 카라반들이 발해의 담비 가죽에서 나오는 모피를
사기 위해 온 길이라고 해서 담비의 길이라고 불리게 되었다. 소그
드인들은 중앙아시아 타지키스탄 지역에 살던 이란계 민족이다. 소
그드인들은 현재의 러시아 연해주 우수리스크 시 일대인 발해의 솔
빈부率賓府에 집단 부락을 형성하여 거주하기도 했다.[9] 담비의 길을
통해 모피만 교류되었던 것은 아니었다. 이 길을 통해 중앙아시아
에서 발달한 현대 폴로의 원형인 마상 공놀이, 즉 마구馬球가 발해

에 유입되고, 발해는 이를 일본으로 전파하기도 했다. 발해의 사신 왕문구王文矩가 822년 정월에 일본 왕 앞에서 마상 공놀이를 시연하자 왕이 내기를 했는데, 이때의 장면이 시로 남아 있다.[10]

화창한 봄날 이른 아침에 자욱한 안개 사라졌는데
사신들 때를 어길세라 앞마당에 나섰네.
공중에서 휘두르는 곤봉은 초승달인양 싶고
땅에서 굴러가는 공은 유성과도 같아라.
요리조리 치고 막고 하면서 문을 향해 돌진하는데
떼를 지어 달리는 말발굽 소리 천지를 진동하네.
북소리 환호소리 급하기도 하였건만
관중들 경기가 빨리 끝났다 아쉬워하네.　일본, 『본조통감』本朝通鑑

오늘날 일본 사람들이 자랑하는 소형 조각품인 네츠케根付도 담비의 길을 통해 중앙아시아와 발해를 거쳐 일본으로 전파된 것이다. 네츠케는 사람, 동물, 꽃 등을 작게 만들어 필기구, 부싯돌 등에 매다는 장식품이다. 이 장식품은 발해에 거주하던 소그드인이 만들어서, 발해를 통해 일본에 건너가게 되었다.[11]

담비의 길을 통해 중앙아시아에서 발해에 유입된 것 중에는 은화도 있다. 러시아 극동대학에서 보관하고 있는 은화는 블라디보스토크에서 280km 떨어진 발해 성이 있던 곳에서 발견되었다.[12] 은화는 8세기경의 것

소그드 은화

이었다. 은화에는 아랍어로 그 당시에 생존한 아랍 왕의 이름인 알 마흐디가 새겨져 있으며, 가운데에는 왕관이 그려져 있고, 그 옆에는 소그드어로 '부하라의 군주, 짜르'라는 글이 새겨져 있다. 이 은화는 8세기에 사마르칸트에서 사용되던 은화와 거의 유사하여, 담비의 길을 통한 중앙아시아와 발해의 교류를 잘 설명해 준다.

5개의 교통망과 담비의 길을 통해 발해는 중국, 일본, 중앙아시아와 교류하면서, 발해인의 강인한 면모를 보여 주었다. 다른 나라 사람들은 발해인의 용맹스러움을 "발해 사람 셋이 모이면 맨손으로 호랑이를 잡을 수 있다"渤海三人當一虎라고 표현했다.

발해는 다민족 공동체였다. 발해는 광활한 영토를 가지고 있었기 때문에 우리 역사에서 흔히 볼 수 없었던 다양한 민족, 문자, 문화를 지니고 있었다.[13] 발해의 저변부는 퉁그스어 종족 물길勿吉, 말갈 만주, 위구르, 실위인, 소그드인, 러시아 극동의 몇몇 다른 토착민족들로 구성되고, 지배 세력은 고구려 민족으로 이루어졌다. 발해의 민족 구성은 최근에 발간된 『중국민족지』中國民族誌에 나오는 한민족의 근원보다 더 다양하다. 『중국민족지』는 우리 민족의 내력을 이렇게 서술한다.[14]

조선 민족은 그 형성 과정 중에서 끊임없이 여러 민족과 종족들이 융합되어 이루어졌다. 예를 들면 예족(고조선 거민), 한족韓族(진국辰國 거민), 연인燕人(구국舊國 조선 부분 거민), 한인漢人(조선 반도 한서군 부분 거민), 맥족(고구려 거민) 및 부여인夫余人, 옥저인沃沮人, 두막루인豆莫婁人 등이다. 그중에서 맥족과 한족韓族이 조선 민족의 주체 민족을

불국사에서 만난 예수

구성하였다.

분명 우리 민족은 여러 민족의 융합으로 형성된 다민족이다. 요즈음 동남아시아와 중앙아시아, 러시아 등지에서 온 신부들이 한국 신랑을 만나서 다문화 가정을 이루고 살아가는 것은 오늘날만의 현상이 아니었다. 천 년 전 발해에서도 그랬다. 우리 역사 중에 다민족 문화의 특징을 가장 잘 보여 주는 국가가 바로 발해이다. 다양한 민족들로 구성되다보니 발해는 세 종류의 문자를 사용했다. 한자, 고대 터키의 룬 문자, 신라의 이두 문자가 그것이다. 또한 튀르크, 위구르, 거란, 소그드, 이란인들이 발해 문화에 영향을 미치기도 했다.

이렇게 다민족 글로벌 공동체를 형성한 발해는 동북아의 중심 국가로서 자리를 잡아 갔다. 19세기 중엽 러시아의 동방학자 고르스끼 Vladimir Gorsky(1819~1847)는, "발해는 동해안에서 가장 번성한 국가 중 하나로, 교육과 학문의 나라였다"라고 말했다.[15] 발해의 다민족 글로벌 공동체 형성에는 담비의 길과 5개의 교통망이 큰 기여를 했다. 발해는 사방팔달로 열려 있는 교통망을 통해 해동성국이 되어 갔다.

733년에 발해 제2대 무왕武王 대무예大武藝(재위 719~737)는 함대를 파견해서 당나라의 가장 큰 항구였던 산동 반도의 등주를 공격해 엄청난 피해를 입혔다. 발해가 건국된 지 35년밖에 지나지 않은 때였다. 이를 통해 발해와 당나라의 해양 교역로인 조공도가 개척되었다.[16] 발해의 존속 기간인 698년에서 926년까지 발해는 당나라, 일본과 총 151회의 교류를 했다.[17] 발해와 일본은 229년이라는 짧은 기간 동안 48차례의 교류를 했다. 그중에 350여 명의 대규모 사절단을 파견한 경우도 여러 차례 있었다.[18] 그에 비해 천 년 동안 신라와 일본의 공식적인 교류는 10여 차례에 지나지 않는다.

발해는 당나라, 일본과 근거리 교류를 하는 동안, 담비의 길을 통하여 중앙아시아와 원거리 교류를 개척해 나갔다. 발해의 다민족 글로벌 공동체는 원거리 교류를 따라 이루어졌으며, 이를 통해 중앙아시아의 문물을 접했다. 종교와 문화는 사람과 사람이 만나고 교류하면서 나라와 나라로 전파되기 때문에 발해의 주민을 구성하는 중앙아시아의 소그드인, 위구르인, 이란인 등은 자연히 발해의 종교에 영향을 미칠 수밖에 없었다.

발해의 다민족 글로벌 공동체라는 특수성을 이해한다면, 중앙아시아에서 발생한 동방 그리스도교인 네스토리안교가 발해의 불교와 어울림의 신앙을 빚어냈다는 것은 전혀 놀라운 사실이 아니다. 발해와 같은 다민족 글로벌 공동체 국가에서 십자가를 목에 건 보살상이 탄생했다면, 이를 불교와 그리스도교의 융합이라고 할 수 있지 않을까? 마치 몽골제국에서 13세기의 성녀였던 소르칵타니 베키가 17세기에 와서 보살로 둔갑해 버린 것처럼, 절 사寺 자가 교회 이름으로 사용된 것처럼 말이다.

하느님 자손과 십자가를 한 삼존보살

발해와 운명을 같이한 경박호鏡泊湖는 중국 흑룡강성 목단강에 있는 유서 깊은 명승지이며, 발해의 수도 상경에서 30리 떨어진 곳에 위치해 있다. 경박호는 발해의 마지막 왕인 애왕哀王(재위 906~926)이 보석거울을 물속에 감췄다고 하여 지어진 이름이다.[19] 이곳에는 926년 애왕이 신하 300명을 이끌고 궁을 나와 요나라의 태조 야율아보기耶律阿保磯(재위 907~926) 앞에 무릎을 꿇고, 옥새와 함께 발해를 통째로 넘긴 사연이 깃들여 있다.[20]

"애왕은 죽기 전에 발해국의 옥쇄를 경박 폭포로 던져 버렸답니다. 영토도 빼앗기고 발해인들은 거란인의 노예로 전락했지만 발해국의 정통성은 빼앗기지 않았다는 뜻의 상징이었을 것입니다. 또 발해는 망하지 않았다는 신념이기도 했기에 옥쇄를 그들의 영원한 마음의 고향에 묻은 것으로 전설화되었겠지요."[21]

경박호는 해동성국 발해의 일출과 석양을 말없이 바라보았다. 발해의 애왕이 지는 해였다면, 발해의 뜨는 해는 천손天孫이었다. 경박호에 전해지는 옛 전설에 의하면 발해의 수도 상경은 생령生靈들이 살기에 매우 어려운 곳이었다고 한다. 그런데 놀라운 사실은 경박호의 전설이 『성경』의 「창세기」 1, 2장에 나오는 천지창조, 에덴동산의 내용과 너무나도 흡사하다는 것이다.

옛날 홀한해忽汗海(경박호의 옛 명칭) 물가의 넓은 땅에는 산도 있고 넓은 평야도 있었건만 산에는 나무 한 그루 안 나고 땅에는 풀 한 포기 나지 않는 불모지대였다.
여기서 태어난 생령들은 매우 어려운 환경 속에서 간신히 살고 있었다. 하늘에 계시는 하느님이 이 땅에서 살고 있던 생령들을 가련하게 여기시어 궁한 산과 범람하는 악수惡水를 치평할 염을 품고 구름을 타고 홀한해 물가의 삼령이라는 곳에 내리셨다. 하느님은 땅에 내리신 후 길이 9자 넓이 6자의 돌로 큰 화로를 만들고 홀한해의 물을 퍼 와서 매일 쉴 새 없이 끓이기 시작했다.

석 달 열흘 끓인 물은 칠색 빛이 어린 돌로 변했다. 하느님은 그 돌을 홀한해에 던져 넣었다. 그랬더니 돌은 바닷물을 삽시에 흡수하여 넘쳐흐르던 홀한해는 점점 줄어들어 갔다.

하느님이 한 손을 높이 들고 그만 하고 크게 호령하니 물은 더 불지 않고 줄지도 않았다.

하느님은 화로 속에서 재 한 줌을 쥐어 산과 들에 뿌린 다음 목란 꽃 한 송이를 꺾어 손에 들고 땅 위에 금을 그었는데 이것이 목단강이 되고, 산에는 나무가 무성하게 자라고 벌판에는 오곡이 자라나기 시작했다.[22]

지금의 경박호는 발해 시대에는 홀한해忽汗海라고 하여 호수가 아닌 바다로 불렸다. 홀한해의 전설과 『성경』의 「창세기」를 비교해 보면, 이 전설이 『성경』을 인용한 듯한 착각이 든다. "산에는 나무 한 그루 안 나고 땅에는 풀 한 포기 나지 않는 불모지대였다"는 구절은 「창세기」 2장 5절의 "땅에는 아직 아무 나무도 없었고, 풀도 돋아나지 않았다"와 유사하다. "범람하는 악수惡水를 치평할 염을 품고 구름을 타고 홀한해 물가의 삼령이라는 곳에 내리셨다"는 구절은 「창세기」 1장 2절의 "어둠이 깊은 물 위에 뒤덮여 있었고 그 물 위에 하느님의 기운이 휘돌고 있었다"를 연상케 한다. "하느님이 한 손을 높이 들고 그만 하고 크게 호령하니 물은 더 불지 않고 줄지도 않았다"는 내용은 「창세기」 1장 6절의 "하느님께서 '물 한 가운데 창공이 생겨 물과 물 사이가 갈라져라!' 하시자 그대로 되었다"를 떠올리게 한다. "산에는 나무가 무성하게 자라고 벌판에는 오곡이 자라나기 시작했다"는 내용은 「창세기」 1장 11절의 "땅에는 푸른 움이 돋아났다. 낟알을 내는 온갖 풀과 씨 있는 온갖 과일 나무가 돋아났다"로 읽을 수 있다.

홀한해 전설은 불모지대로 시작한다. 「창세기」의 시작도 하늘과 땅이 만들어진 후, 땅은 아무것도 없는 불모지였다. 전설에 나오는 생령들은 「창세기」 2장 7절에 의하면 숨을 쉬는 사람들을 말한다. 하느님이 흙으로 사람을 지으시고 코에 입김(생기生氣)을 불어넣으니, 사람이 숨을 쉬는 령이 되었다는 것이 생령이다. 전설과 「창세기」는 모두 하느님이 말씀으로 물을 다스렸다고 한다. 발해의 전설과 「창세기」의 이러한 유사성을 어떻게 설명할 수 있을까? 히브리어로 기원전 1,500년~400년 사이에 쓰였다고 추정되는 『구약성경』이 그로부터 약 2,100년 후인 698년에 건국한 발해에 담비의 길을 타고 전해졌을까? 그래서 발해 사람들은 『구약성경』을 각색해서 전설을 남겼을까?

중동 지역에는 「창세기」의 내용과 유사한 전설이 많이 전해지고 있다. 천지창조, 에덴동산, 노아의 방주, 바벨탑 사건 등의 내용이 중동 지역에서 전설로 승화된 까닭은, 하늘에 대한 인간의 경외감에서 비롯된 '문명의 보편성'에서 찾을 수 있다. 환경과 여건이 달라도 시간과 공간을 초월하여 유사한 문명이 창조될 수 있다는 것

이 문명의 보편성이다.[23]

　자연과 맹수 앞에 나약한 인간들은 생존하기 위해서 절대자를 하늘에서 찾았다. 하늘에 절대자가 있고, 자기 민족이 하늘에 있는 절대자의 후손이라는 믿음은 한반도에서 '천손天孫 사상'으로 나타났다. 즉, 하느님의 자손이라는 사상이 고구려를 거쳐 발해로 이어졌다. 발해를 건국한 대조영의 아우 대야발大野勃은 『단기고사』檀奇古史라는 역사서의 서문에 성자신계聖子神係라는 말을 사용하여, 발해가 '하느님의 거룩한 백성'이라고 표현하기도 했다.[24]

　천손 사상의 대표적인 예는 고구려 시조 동명왕東明王 주몽朱蒙의 가계가 하늘에서 나왔다는 전설을 들 수 있다.[25] 동명왕이 일곱 살에 활과 살을 만들어 100번 쏘면 100번 다 맞혔는데, 고구려 풍속에는 활 잘 쏘는 자를 주몽이라고 하므로 동명왕의 휘가 주몽이 되었다고 『삼국유사』와 『삼국사기』는 전하고 있다.

　주몽이 핍박을 피해 친하게 믿는 벗 오이烏伊·마리摩離·협보陜父 등 세 사람과 함께 동남쪽으로 도망을 쳐 엄사수를 건너게 되었다. 그러나 다리가 없어 빌기를, "나는 하느님天帝의 아들이고 하백河伯의 외손으로, 지금 난을 피하는 중인데, 추격하는 사람들이 곧 올 것이니 어쩌면 좋습니까?" 하니, 이에 고기와 자라가 떠올라 다리를 만들었고, 건너고 나자 다리가 흩어져 쫓아오는 기마騎馬가 미치지 못하였다. 『삼국사기』

　발해 왕실은 고구려의 천손 사상을 계승하여 고구려 왕실과 같은 혈통임을 대내외적으로 선포했다. 발해 왕실의 '대씨'는 고구려 왕실의 '고씨'와 같은 혈통임을 강조했다.[26] 발해는 고구려를 계승한 하느님의 자손이라는 사상을 대일對日 외교에서도 천명했다. 771년 발해의 사신이 일본으로 건너가 일본 왕에게 국서를 전했다. 이 국서를 통해 발해 왕이 하느님의 자손이라는 것을 일본에 선언했다. 국서를 받아 본 일본은 강력하게 이의를 제기했다.

일본 천왕天王이 발해국왕에게 보낸 칙서에 이르기를, "……발해가 보내온 국서를 살펴보니, 갑자기 부친이 행하던 법식을 고쳐 날짜 아래에 관품과 성명을 쓰지 않고 글의 말미에 헛되이 하느님天帝의 자손을 참칭했다. 멀리 역대 왕의 뜻을 헤아려 보건대 어찌 이럴 수 있는가 싶고, 가까이는 일의 형편을 생각해 보니 아마 착오인 듯하다. ……" 하였다.[27]

일본은 발해가 고구려를 계승한 나라임을 인정했지만, 하느님의 자손 선언에 대해서는 즉각 항의했다. 일본도 천왕을 둔 나라였기 때문이다. 지금도 발해의 성지城址나 지명에 고려성, 고려하, 고려촌 등의 명칭이 무수히 산재해 있는데, 이러한 명칭은 고구려의 것이라기보다는 발해 시대나 발해 유민의 영향에 의한 것이다.[28]

50여 년 전만 해도 경박호 주변의 우물이나 사진관, 식당 등에 고구려나 발해라는 이름이 뒤섞여 있었다고 한다. 연변에서 태어나, 젊었을 때 경박호 일대를 여행한 정수일 선생은 "고구려 땅이 아니었는데도 '고구려'란 이름이 지금까지 그토록 쓰이는 것은 현

지인들의 말을 빌리면 고구려와 발해는 '그것이 그것'이기 때문이다"라고 회고한 바 있다.[29]

19세기 초 아시아 대륙에서도 발해를 고구려의 후계로 인식하는 중요한 문서가 발굴되었다. 프랑스의 동양학자 펠리오Paul Pelliot(1878~1945)가 중국 돈황에서 『돈황문서』敦煌文書를 발견했는데, 이 문서에서는 발해를 옛 고구려를 지칭하던 돌궐어 '므클리' Mkli나 '묵릭'Mug-lig으로 부른다. '므클리'나 '묵릭'은 고구려의 족속인 예맥에서 연유한 말이다.[30]

이렇게 발해는 하느님의 자손으로 고구려를 계승한 국가라는 사실을 아시아 대륙과 일본에 천명하면서 해동성국이라는 국제적 위상을 높여 갔다. 발해의 패망을 경박호와 함께했던 애왕은 하느님의 자손인 자신이 거란족 수장인 야율아보기 앞에 무릎 꿇는 것을 수치로 여겼을 것이다. 경박호 전설에 서린 하느님의 자손 사상은 발해의 정체성과 함께 고구려의 후예로서 발해의 위엄을 높이는 발로였다.

발해가 하느님의 자손임을 대외에 알리고 있을 동안, 담비의 길을 타고 하느님의 아들인 예수가 발해에 알려지고 있었다. 하느님의 자손 사상에 하느님의 아들인 예수를 믿는 신앙은 발해에 또 다른 종교를 잉태했다. 예수가 남긴 신앙이 발해의 대표 종교였던 불교에 서서히 스며들면서, 십자가와 보살이 만나 어우러지는 믿음의 유기적 화학 반응이 뜨겁게 일어났다. 발해 사람들은 불교와 동방 그리스도교의 융합으로 어울림의 신앙을 만들었다.

발해 땅이었던 지금의 연해주와 중국 대륙에서 발굴되는 유물들은 발해에서 꽃핀 어울림의 신앙을 잘 보여 준다. 블라디보스토크에서 북쪽으로 약 100km 떨어진 곳에 우수리스크 시가 있다. 우수리스크 시에서 서쪽으로 약 40km 떨어진 곳에서 두 개의 절터가 발굴되어 발해의 많은 유물들이 쏟아져 나왔다. 그중에 아브리코스 절터에서는 불상, 장식용 기와, 사천왕상 머리, 용의 머리, 꽃잎 모양의 여러 가지 장식물 등이 나왔다.[31]

또한 이곳에서는 동방 그리스도교의 십자가가 그려져 있는 점토판이 발굴되었다. 절터에서 사천왕상 머리, 용의 머리, 십자가가 함께 발굴되었다는 것은 발해의 종교가 불교를 근간으로 샤머니즘과 동방 그리스도교를 접목한 신앙을 가졌음을 보여 준다.[32] 아니 그 절터라는 것이 오늘날 우리가 생각하는 절과 사뭇 다를 수 있다는 발상의 전환을 할 필요가 있다. 몽골제국에서 절 사寺 자로 끝나는 이름의 교회가 있었듯이, 아브리코스 절터가 군이 부처님을 숭배한 절이었다고 볼 수 있을까?

절터에서 사천왕상 머리, 십자가, 용의 머리가 발굴되었다는 사실은 이 절터가 부처님을 숭배하는 순수한 절이었다기보다는 다양한 종교가 혼합된 사원 형태에 더 가까웠다고 생각해 볼 수 있다. 사실 러시아 학자들은 연해주 일대에서 발굴 조사된 종교 건축물에서 불상이 안치되었던 건물을 우상당偶像堂이라 하여 중심 건물로 부르고, 이와 함께 부속 건물을 합친 복합체를 '사원'이라고 하였다.[33] 그래서 '아브리코스 절터'는 '아브리코스 사원'으로 불릴 때, 발해의 다양한 종교 문화

아브리코스 사원에서
발굴된 십자가

를 이해하는 데 더 도움이 된다고 할 수 있다.

아브리코스 사원에서 발견된 불상들은 오늘날 절의 대웅전 중앙에 자리한 불상에 비하면 아주 작고 보잘것없다. 그곳에서 나온 불상들 중에는 양 손을 가슴에 대고 정좌하고 있는 부처의 모습을 한 것이 있었다. 높이는 5cm였다. 어른의 한 손에 들어가는 새끼인형만 한 크기였다. 얼굴만 남아 있는 높이 4.5cm의 불상도 발견되었다. 불상들에 비해 수호신상인 사천왕상의 높이는 8.5cm였다. 수호신상은 입을 크게 벌려 드문드문 새긴 커다란 이빨을 드러내며 코는 널찍하고 눈은 사팔뜨기였다.

발견된 상의 크기로 숭배 대상자의 우선순위를 정할 수는 없겠지만, 수호신상이 불상보다 2배나 크다는 사실은 발해 사람들이 부처보다 수호신상을 더 섬겼음을 말해 주는 것은 아닐까. 발해 사람들에게는 성불하는 것보다 가정과 나라를 지키는 수호신이 더 중요했을지도 모른다. 아니면 부처를 보호하기 위해 부처보다 2배나 큰 수호신이 필요했을지도 모른다. 그러면 여기에 용의 머리와 십자가가 새겨진 점토판이 발견되었다는 것은 무엇을 의미할까?

아브리코스 사원의 유물들은 발해의 종교가 어울림의 신앙으로 공존했음을 보여 준다. 부처와 예수와 다른 신들이 사원에서 어깨를 나란히 하고 발해 사람들의 신앙을 지켜 나갔다. 발해는 타종교를 수용하고 흡수하면서 공존의 신앙을 만들었다.

발해에서 꽃피운 공존과 어울림의 신앙은 십자가 목걸이를 건 보살상에서 뚜렷하게 나타난다.[34] 한때 발해의 수도였던 동경용원부東京龍原府는 지금 중국의 혼춘琿春(훈춘)에 자리를 잡았다. 이곳에

십자가를 목에 건 보살

서 삼존불상이 발견되었다. 불상의 가운데는 인자한 모습의 부처가 가부좌하였고, 좌우에 협시보살 두 명이 서 있다. 서 있는 협시보살들의 키는 가부좌한 부처의 앉은키와 거의 비슷하다. 부처와 보살들은 머리에 관을 쓰고 있어, 부처는 가부좌만 하지 않았다면 흡사 발해의 관료로 착각될 정도다.

그런데 놀라운 것은 부처의 왼쪽에 있는 협시보살이 십자가 목걸이를 하고 있다는 사실이다. 더욱이 부처는 가슴 가운데에 십자가 문양을 달고 있다. 한반도에 산재해 있는 많은 삼존불상 가운데 부처와 보살이 십자가를 지니고 있는 것은 현재까지 발굴되지 않고 있다. 불교 문화가 절대적이었던 고구려, 백제, 신라, 고려에서도 이러한 삼존불상이 보이지 않는다. 유독 발해의 삼존불상에서만 십자가를 단 부처와 보살이 있다는 것은 발해의 종교가 다양한 교류를 통해 그들만의 색다른 신앙을 내재화시켰음을 뜻한다. 이는 발해에 불교와 함께 동방 그리스도교가 전파되어 발해 사람들이 동방 그리스도교를 신앙으로 받아들였음을 의미한다.

삼존불상 외에도 동방 그리스도교가 발해에 유입되었음을 증명하는 유물은 더 있다. 압록강 건너 남만주의 안산鞍山 부근에서 7개의 기와 십자가와 동방박사의 아기 예수 경배도가 조각된 암각화가 발견되었다. 이 유물들은 11세기 것으로 추정되는데, 이는 발해의 동방 그리스도교가 고려 초까지 이어졌음을 보여 준다. 문헌에 의하면 이 유물들이 발견된 안산 지역에는 상당수의 동방 그리스도교 신자들이 살고 있었다.[35] 또한 발해의 서쪽이었던 중국의 무순撫順(푸순)에서는 수백 점의 십자가가 나왔다.[36]

삼존불상, 아기 예수 경배도, 수백 점의 십자가 유물로 미루어 보면, 발해는 불교와 동방 그리스도교가 융합한 신앙 체계였음을 알 수 있다. 지금으로부터 1천여 년 전 우리 민족은 이미 십자가와 예수를 신앙으로 받아들였다. 발해에 유입된 동방 그리스도교는 불교에 의해서 배척당하지도 않았으며, 또한 동방 그리스도교도 불교를 배격하지 않았다. 절 안에 들어가서 부처가 우상이라고 외치며, 이 땅에서 우상을 몰아내달라고 통성기도하고, 시골 마을 입구의 장승을 우상이라고 불태우는 일부 몰지각한 요즘의 그리스도교인들로서는 도저히 이해할 수 없는 일이 1천여 년 전에 일어났다.

이것이 1천 년 전 발해 사람들의 신앙에 대한 열린 자세였다. 발해의 유적지에서 발굴된 많은 십자가 유물은 8세기를 전후로 한 동방 그리스도교와 불교의 융합을 보여 주는 것이며, 이는 다민족 글

불국사에서 만난 예수

로벌 공동체 국가였던 발해에서는 자연스런 현상이었다. 그렇게 보면 해동성국 발해는 부처와 예수의 가르침이 공존하는 사회를 꿈꾸었는지 모를 일이다.

신라 석굴암과 누가의 초상화

신라가 로마 문화의 왕국이었다고 하면 어떨까? 신라의 많은 유물에는 헬레니즘 문화, 간다라 미술, 중동 문화의 향기가 깊게 스며 있다. 신라의 고분에서 발굴된 황금 관, 수목 관冠, 금과 옥으로 만든 목걸이, 귀걸이, 유리 그릇, 유리잔, 상감옥, 황금 보검, 뿔잔 등은 신라가 로마 문화 양식을 흡수하면서, 이를 융화시켜 찬란한 문화유산을 남겼다는 것을 말해 준다. 한마디로 신라는 로마 문화 왕국의 축소판이었다고도 할 수 있다.[37]

기원전 334년 알렉산드로스 대왕Alexander the Great(재위 기원전 336~기원전 323)은 중동을 제패한 이후 인도를 향하여 거침없이 동진東進했다. 이 동진은 동서양의 문화가 만나고 충돌하면서 새로운 문화를 만들어 가는 결정적인 역할을 했다. 알렉산드로스의 동진으로 말미암아 오늘날 파키스탄 북서부 지역을 중심으로 한 간다라 지방에 헬레니즘 문화가 전파되었다. 헬레니즘 문화를 수용한 간다라 지방에서 꽃핀 문화가 바로 간다라 미술이다.

헬레니즘 시대의 근동 문화를 토대로 그리스도교, 마니교, 이슬람교가 발전했다.[38] 세계 제국 로마로 유입된 헬레니즘 문화는 그리스 문화와 함께 서양 문명의 뿌리 깊은 역사가 되었다. 그러나 헬레니즘 문화는 서양에만 뿌리를 내린 것이 아니었다. 동서 문화는 전파와 수용의 쌍방향 교류를 통해 서양과 동양에 각자의 문화를 전파했다. 알렉산드로스는 통일한 제국의 이름을 헬레니즘이라고 했으며, 이 말에는 '동서 민족의 혼합'이라는 뜻이 내포되어 있다. 다시 말하면 서양적인 것과 동양적인 것의 융합의 의미가 곧 헬레니즘이었다.[39] 이렇게 헬레니즘 문화를 수용한 불교는 인도에서부터 중앙아시아, 중국, 그리고 신라까지 동진했다.[40]

헬레니즘 문화가 서역西域의 실크로드를 타고 신라까지 전파되었다면, 이때 그리스도교는 신라에서 빛을 보지 않았을까 하는 의문이 생긴다. 신라도 발해와 같이 해상과 대륙을 통해 여러 나라와 교류하면서 글로벌 국가로서의 위상을 확고히 하고 있었다. 그렇다면 헬레니즘 문화에 스며 있는 그리스도교 신앙이 신라 불교에 가미되지는 않았을까? 또한 신라 불교에 깃든 헬레니즘 문화에서 그리스도교 신앙의 단서를 찾는 것은 불가능할까?

신라 법흥왕法興王(재위 514~540)이 재위하던 527년의 일이다. 법흥왕은 불교를 공인하려고 마음을 먹고 있었다. 그러나 신하들이 불교를 믿지 않아 왕은 주저했다. 이때 이차돈異次頓(501~527)이 법흥왕에게 나아갔다. 이차돈은 불교를 위해서라면 자신의 목숨을 내어놓겠다고 다짐했다. 그의 의지는 단호했다.

"청컨대 신의 목을 베어 중의衆議를 정하소서."

"본시 도道를 일으키자는 것이 근본인데 무고한 사람을 죽일 수는 없다."

이차돈은 신념을 굽히지 않았다.

"만일 도를 행할 수 있다면 신은 죽어도 유감이 없습니다."

이차돈의 완곡한 청과 신하들의 극렬한 반대 속에서 법흥왕은 이차돈의 목을 베라는 명령을 내렸다. 이차돈은 죽음을 두려워하지 않았다. 그는 죽음의 칼날 앞에서 비장하게 외쳤다.

"나는 불법佛法을 위하여 형벌을 받는다. 만일 불佛이 신령하다면 내가 죽은 뒤에 반드시 기이한 일이 있으리라."[41]

이차돈의 말이 끝나자마자 칼날이 그를 내려쳤다. 잘려 나간 그의 몸에서는 하얀 피가 용솟음쳤다. 이를 지켜보던 신하들은 더 이상 불교를 반대하지 않았다. 하얀 피를 뿌리면서 이차돈은 죽어 갔다. 그가 죽은 다음 해인 528년에 하얀 피는 불심佛心으로 신라에 피어났다. 법흥왕은 신하들의 반대를 물리치고 이차돈이 뿌린 피의 대가로 불교를 공인했다.

역사를 보면 외래 종교의 출발은 순조로울 수 없었다. 조선과 일본에 그리스도교가 들어와서 수많은 순교자의 피를 보았던 것처럼, 신라의 불교도 예외는 아니었다. 종교는 순교자들의 피로 신앙의 생명체를 잉태한다. 이차돈의 순교로 시작된 신라 불교는 눈부신 종교 문화를 만들었다. 그러나 이차돈이 일으킨 기적의 효과는 오래갈 수 없었다. 신라 불교도 점차 외국에서 들어오는 다른 종교와 융화되어 발해처럼 이색적인 옷을 걸치게 되었다. 또 다른 어울림의 신앙이 신라에서도 싹을 키우고 있었다.

신라 불교 문화에 그리스도교 문화가 가미된 증거를 석굴암에서 찾을 수 있다. 성 어거스틴St. Augustine 복음서에 있는 예수의 제

석굴암 본존불

자 누가의 초상화와 경주 토함산에 있는 석굴암은 거의 똑같은 양식으로 그려져 있다. 우리는 이것을 문화의 보편성으로 받아들일 수도 있다. 그리고 석굴암을 제작할 당시, 신라 사람들이 누가의 초상화를 참고했을 가능성도 제기해 볼 수 있다.

성 어거스틴 복음서는 6세기 말 교황 그레고리오 1세Papa Gregorius(재위 590~604)가 영국 전교를 위해서 영국 왕에게 주는 선물이었다.[42] 그레고리오 교황은 영국 전교를 위해 성 어거스틴을 대표로 전교단을 구성했다. 성 어거스틴은 교황이 준 복음서를 가지고 영국으로 갔는데, 성 어거스틴 복음서라는 말은 이렇게 해서 붙여졌다. 이 복음서는 6세기 말의 것이기 때문에 8세기 중엽에 세워진 석

불국사에서 만난 예수

굴암보다는 약 150년이 앞선다.

석굴암은 신라 경덕왕景德王(재위 742~765) 10년(751)에 김대성金大城이 전생의 부모를 위해 짓기 시작하여 혜공왕惠恭王(재위 765~780) 10년(774)에 완공되었다. 당시에는 석굴암을 석굴사石窟寺라고 불렀다. 석굴암은 전실과 후실로 이루어져 있는데, 전실에는 8명의 신상이 배치되어 있다. 석굴 후벽 중앙에는 십일면관음상이 있으며, 좌우에 코가 길고 머리를 깎은 서구인 모습의 십대제자十大弟子가 부조로 조각되어 있다. 석굴 주벽상의 위쪽에는 남북과 동으로 각각 5개의 반구형 감실이 배치되어 있다. 석굴암은 세계 조각 미술사에서 유례를 찾기 힘든 걸작이어서, 1995년 유네스코가 지정한 세계문화유산이 되었다.

신라 불교 문화의 총아 석굴암은 서역의 석굴사원 양식을 받아들였다.[43] 그래서 석굴암 후벽에 부조되어 있는 십대제자의 모습이 서구인과 너무나 많이 닮았다는 것은 놀라운 일이 아니다. 석굴암의 양식이 서역의 석굴사원 양식을 받아들였다면, 서역은 어디를 말하는 것일까?

서역은 지리적으로 중국의 서쪽에 있는 나라로 동방 세계의 민족과 문화가 다른 제3세계를 말한다. 서역이라는 명칭은 한漢 무제武帝(재위 기원전 141~기원전 87) 때부터 나타나며, 시대에 따라 그 범위가 달라지기도 한다. 대체로 서역은 중앙아시아 일대로, 동쪽으로 중국 신강성, 북쪽으로 카자흐스탄 동쪽의 발하슈 호, 서쪽으로 시루다리아 강과 아무다리아 강 하류 지역, 그리고 남쪽으로 카스미르 지역 북부 일대를 가리킨다. 오늘날로 본다면 파미르 고원을 중심으

중국에서 발견된 십자가 문양의 6세기
동로마 화폐(닝샤구위안 박물관 소장)

로 카자흐스탄, 우즈베키스탄, 타지키스탄, 아프가니스탄, 그리고 파키스탄의 접경 지역과 중국 신강성 일대를 포함하는 지역이다.[44]

서역을 중앙아시아 일대로 보는 것은 좁은 시각이다. 당나라 때 서역의 범위는 인도, 페르시아, 이란 북부, 아라비아, 실론, 동로마까지 포함되었으며, 명나라 때에는 서역의 경계가 동·서 투르키스탄, 티베트, 네팔, 아프가니스탄, 이란, 지중해 동안의 아라비아 등 중앙아시아 및 그 이남, 이서의 광활한 아시아 지역을 망라했다.[45]

몇 해 전 TV드라마 〈선덕여왕〉에서 어린 덕만 공주가 중국 신강성으로 가서 그곳에서 서역인과 만나서 사귀고, 동로마 말을 배워 구사하는 장면이 전파를 탔다. 6세기 후반 신라의 여인 덕만이 어린 나이에 중국 신강성까지 가서 동로마 사람들과 교류했다는 것은 드라마 특성상 상상력이 충분히 발휘되었겠지만, 덕만이 동로마 사람들과 교류했다는 작가의 상상력은 신라의 많은 유물 중에서 서역과 교류한 흔적을 통해서 재구성했을 개연성이 높다.

중앙아시아의 광활한 일대를 포함하여 동로마, 중동, 인도까지

불국사에서 만난 예수

연결되는 서역은 각 나라의 문화와 문물이 소개되고 전파되는 동서 문화의 교류지이며 집산지였다. 동서 문화를 교류시킨 대동맥은 실크로드였으며, 실크로드를 동서로 연결하는 요충지가 바로 서역이었다. 서역은 기원전 6세기 페르시아 제국부터 시작하여 7세기 사산조 페르시아에 이르기까지 세계 문화와 종교의 총집결지가 되었다.

그래서 서역은 그리스도교 문화, 불교 문화, 그리고 이슬람교 문화를 융합하여 다양하고 독특한 서역 문화를 만들었다.[46] 이 방면의 연구에 공헌하고 있는 정수일 선생은 서역 문화의 상징성을 이렇게 말한다.

서역에서의 여러 문화나 문물의 교류는 단순한 만남이나 집산 과정이 아니라 융화·가공·굴절의 재생산 과정으로서, 인류 문화 발전에 지대한 공헌을 하였다. 이런 의미에서 서역을 주로 지리적 개념에만 집착하여 단순한 동서 문화 교류의 경유지로만 볼 것이 아니라 인류 문화의 창달과 양육에 크게 기여한 문화의 요람, 온상으로 이해해야 할 것이다.[47]

12, 13세기를 전후로 하여 그리스도교 선교사들과 마르코 폴로가 실크로드를 타고 서역을 넘어 몽골로 들어가 그리스도교를 알렸던 것처럼, 그들보다 700여 년 앞선 고대에도 서역을 통해서 그리스도교, 조로아스터교, 불교, 이슬람교 등의 서방 종교가 동방에 전해졌다. 이렇게 동방에 소개된 서방의 종교는 동방의 옷을 입고 다시 태어났다. 그 대표적인 것이 신라의 석굴암이라고 할 수 있다.

누가의 초상화와 일제 시대 발굴 초기의 석굴암

석굴암은 서역에서 전해진 양식을 신라의 독창미로 되살린 융화와 가공의 극치였다. 이런 석굴암의 양식을 성 어거스틴 복음서에 나오는 누가의 초상화를 통해 엿볼 수 있는 것은 우연의 일치라고 단순하게 판단할 수만은 없다. 누가의 초상화는 불상이 아닌데도, 그 양식이 석굴암의 양식과 거의 같다. 초상화는 석굴암처럼 돔 형식을 취하고 있다. 돔은 중근동 지대에서 발생하여 로마 시대에 이르러 크게 유행했으며, 그것이 중앙아시아를 거쳐 동방인 신라에까지 전해졌다.[48]

　돔 밑에는 예수의 제자인 누가가 대리석 암좌에 방석을 깔고 앉아 있다. 누가는 왼손에 책을 들고, 오른손으로 턱을 괴고 명상에 잠긴 듯 오른쪽을 살며시 바라보고 있다. 석굴암의 본존불도 돔 밑 암좌에 정좌하고 있다. 누가의 머리 위에는 누가의 전교 상징인 뿔과 두 날개가 달린 소가 마치 누가를 보호하듯 지키고 앉아 있다. 석굴암 돔 지붕 밑 감실에는 지장보살, 관음보살, 미륵보살 등 8개의 보살상이 자리를 잡고 있다.

　누가의 초상화에 있는 소와 석굴암 보살의 공통점을 한마디로 말하기는 어렵다. 누가의 소는 희생, 봉사, 강인함을 뜻한다. 반면에 보살은 보리살타菩提薩埵의 줄임말로 산스크리트어 '보디사트바' bodhisattva를 음역한 것이다. 보디사트바에서 '보디'는 '깨닫다'라는 뜻이며, '사트바'는 '존재' 또는 '유정'有情을 말한다. 보살은 깨달은 존재로 풀이되기도 하며, 넓은 의미로는 부처가 되기 위해 수행하는 사람 또는 선업을 닦아 높은 경지에 오른 사람을 칭하기도 한다.

보살은 깨닫기 위해서 희생과 봉사를 동반해야 한다. 이를 위해서는 정신적 강인함도 있어야 할 것이다. 그래서 누가의 소에서 나오는 상징적인 의미를 석굴암에 있는 보살상에 억지로 대입시켜 상관성을 찾아볼 수도 있다. 그러나 석굴암은 누가의 초상화와는 근본적으로 다르며, 더 진일보한 것임에 틀림없다.

누가가 앉아 있는 좌우로 돔을 받치고 있는 기둥에는 예수가 제자들과 행하는 12가지 사역 장면이 그림으로 배치되어 있다. 그리고 석굴암 본존불의 양 옆에는 부처의 십대제자가 배치되어 있다.

헬레니즘 문화의 그림 양식 중 하나가 누가의 초상화이다. 유일신 하느님을 숭상하는 그리스도교에서는 보이지도 않고 만지지도 못하는 하느님 상을 만들 수 없었다. 그래서 헬레니즘 문화는 6세기에 누가의 초상화를 남겼지만, 이를 수용한 동양에서는 그 그림 양식이 불상과 석굴로 나타났다.

헬레니즘 문화의 양식을 수용한 서역의 불교도들은 불상을 만들기 시작했다. 이렇게 해서 탄생한 것이 간다라 미술이다. 한마디로 간다라 미술은 동방의 전통 종교와 서방의 고전 미술 전통이 기묘하게 결합된 혼합 미술이었다.[49] 그래서 간다라 미술은 헬레니즘 미술의 양식과 수법으로 불교를 표현한 불교 미술이며, 이것이 발전하여 나간 것이 불상이다.

아프가니스탄의 바미안 석불군#, 우즈베키스탄의 테르메스 석굴, 중국 신강의 키질과 쿰투라 석굴, 투르판의 베제클릭 석굴, 돈황의 석굴, 그리고 신라의 석굴상이 동서에 걸쳐 헬레니즘 문화의 영향권에 들어가 있다. 그중에 동쪽의 끝에서 불교 문화의 대미를

바미안 석불

2001년에 탈레반 정권에 의해 파괴
되어 현재는 흔적만 남아 있다.

석굴암 십일면관음상(부분)

장식하고 있는 것이 석굴암이다.[50] 헬레니즘 문화 중 하나의 그림 양식이었던 누가의 초상화가 동방의 나라 신라에서 화려하게 핀 석굴암에 영향을 주었다면 지나친 억측일까?

그리스도교 동진東進 연구의 권위자인 고든E.A. Gorden(1849?~1925)은 석굴암 전실 내벽에 부각된 십일면관음상과 십나한상, 그리고 범천상과 제석천상 등에 나타난 옷 무늬나 신발은 그리스도교의 영향을 받은 결과라고 말한다.[51] 이렇게 보면 누가의 초상화가 직접적인 영향을 미쳤다고는 볼 수 없지만, 헬레니즘 문화에 가미되어 있는 그리스도교 양식이 서역을 통해 동진하여 석굴암의 양식에 간접적인 영향을 끼쳤다고 생각해 볼 여지는 충분히 있다.

불국사에서 나온 돌십자가

헬레니즘 문화의 영향을 받은 석굴암이 그리스도교의 동진에 대해 아무런 기록을 남기지 않았다고 해서, 신라에 그리스도교가 전파되지 않았다고 단정할 수는 없다. 석굴암과 함께 경주 토함산에 자리 잡은 불국사는 석굴암의 비밀을 조심스럽게 알려 준다. 그 비밀은 신라에 동방 그리스도교의 흔적이 남아 있다는 것이다.

김대성은 전생의 부모를 위해 석굴암을 세웠고, 이생의 양친을 위해서는 불국사를 세웠다고 한다. 고려 승려 일연一然(1206~1289)의 『삼국유사』에 전해지는 이야기이다. 일연은 김대성이 두 세상 부모에게 효도하기 위해서 석굴암과 불국사를 세웠다는 내용을 소상히 기록했다. 일연은 "저 불국사의 구름다리나 돌탑이나 돌과 나무를 새기고 물리고 한 기교는 동방의 여러 절들로서는 이보다 나은 데가 없다"[52]고 하면서 불국사가 동방의 으뜸이라고 하였다.

일연은 김대성의 설화에서 그의 어린 시절, 양부모와의 만남, 석굴암과 불국사를 세우는 과정, 그리고 석굴암과 불국사에 살게 된 두 스님의 이야기 등을 자세히 썼다. 그런데 이상한 것은 승려 일연이 신라 불교 건축미의 결정체라고 할 수 있는 석굴암과 불국사의 창건 과정을 설명하면서 부처의 힘을 빌렸다는 이야기는 아예 하지도 않았다는 사실이다. 오히려 일연은 하느님天神이 김대성을 두 번이나 도왔다는 기록을 남겼다. 승려가 불국사와 석굴암의 창건 과정을 기록하면서 단 한 번도 부처라는 말을 쓰지 않고 하느님이라는 말을 두 번씩이나 쓴 것은 무슨 이유일까? 승려 일연이 말한 이 하느님은 그리스도교의 유일신 하느님과 관련이 있는 것일까?

김대성은 가난한 집안에서 태어났다. 머리가 크고 이마가 편편하여 성城처럼 생겼다고 해서 이름을 대성이라고 지었다. 김대성은 어릴 때부터 복안이라는 사람의 집에서 품팔이를 했다. 하루는 점개라는 중이 복안의 집에 가서 시주를 청했는데, 복안이 베 50필을 주었다. 시주를 받은 점개는 복안의 집에 이렇게 축원했다.

"신도님네 시주를 좋아하시니 하느님이 언제나 보호하시라. 하나를 시주하면 만 갑절을 얻으리. 안락을 누리고 수명이 길으시라."

중 점개는 복안의 집에 하느님의 축복을 빌었다. 중이 부처님의 덕을 말하지 않고, 하느님의 복을 말했다. 대성은 점개의 축원을 들고 집으로 달려가 그의 어머니께 말했다.

"제가 문간에서 중이 외우는 소리를 들으니, 하나를 시주하면 만 배를 얻는다고 하더이다." [53]

하나를 시주하면 만 배를 얻는다는 말은 예수의 네 가지 땅에 뿌려진 씨 비유와 흡사하다. 예수는 좋은 땅에 뿌려진 씨는 결실하여 30배나 60배나 100배가 된다고 하였다.(「마태복음」 13) 중 점개가 땅에 뿌려진 씨 비유를 알지는 못했을 것이다. 그러나 일연은 김대성이 석굴암을 조각할 때 하느님이 도왔다는 설화를 전하고 있다.

김대성이 석굴암의 석불을 조각하면서 큰 돌 하나를 다듬어 석불을 안치할 탑 뚜껑을 만들고 있었다. 그때 갑자기 돌이 세 토막으로 갈라지고 말았다. 김대성은 정성을 다해 조각한 탑 뚜껑이 세 동강이 나자 통분하면서 잠을 이루지 못했다. 김대성은 석불을 더 이상 조각할 수 없었다. 그런데 놀랍게도 김대성이 잠을 이루지 못하던 한밤중에 하느님이 강림하여 석불을 다 만들어 놓고 갔다. 일연이 말한 김대성의 설화대로 한다면 석굴암은 결국 하느님이 만들었다는 것이다.

왜, 일연은 굳이 부처가 아닌 하느님天神이 석굴암을 만들었다고 했을까? 그리고 일연이 말하는 천신을 하느님으로 표현하는 것이 맞는 것일까?

이 물음에 대한 답을 숭실대학교 한국기독교박물관에 전시되어 있는 돌십자가에서 유추해 볼 수 있다. 돌십자가는 1956년 불국사 경내에서 발굴된 것으로 8~9세기의 유물로 추정된다. 돌은 화강암이며, 평면은 십자가형이고, 단면은 사다리꼴로 되어 있다. 돌십자

불국사 경내에서 발굴된 돌십자가

경교 돌십자가(숭실대학교 한국기독교박물관 소장)

가는 가로 24.5cm, 세로 24cm, 두께 9cm로 좌우상하의 길이가 대
칭인 것이 특징이다. 대칭 십자가 형태는 초기 그리스의 십자가 형
태이다.

한국기독교박물관은 돌십자가의 유물명을 '경교 돌십자가'Nesto-
rian Cross, Stone라고 하였다. 신라 시대인 8~9세기의 유물이 불국
사 경내에서 발견되었고, 이것이 경교 돌십자가라고 한다면 동방
그리스도교가 신라에 전래되었을 가능성을 반증해 주는 것은 아닐
까?

십자가는 그리스도교의 믿음을 상징한다. 예수는 십자가에 못
박혔다. 수직으로 선 나무에 예수의 머리와 다리가 달렸다. 예수는
머리와 다리로 하느님과 인간의 수직적 관계를 아파했다. 수평으로
펼친 나무에는 예수의 두 손이 박혔다. 예수는 두 손을 펼쳐 하느님
과 인간의 수직적 관계를 관통하여 수평적 관계로 바로 세웠다.

예수가 십자가에서 죽고 난 후, 초기 1~2세기경에는 십자가가
그리스도교의 상징으로 사용된 예가 드물었다. 전라로 죄인을 매달

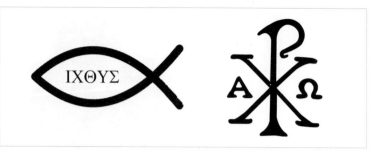

익투스(좌)와 치로(우)

아 숨통이 끊어지게 하는 십자가형은 고통과 수모를 동반하는 공개
처형이었다. 하느님의 아들이며 동시에 하느님과 동격이었고, 인간
의 신분으로 이 땅에 와서 인간들에게 사랑과 평등을 외쳤던 예수
의 십자가형은 그리스도교의 수난의 시작이었다.

1~2세기경의 초대교회에서는 그리스도교도에 대한 탄압을 피
하기 위해서 비밀스런 상징물을 만들었다. 두 개의 곡선을 겹쳐 만
든 물고기가 그리스도교의 상징물이 되었다. 상징물은 그리스어로
물고기를 뜻하는 '익투스'로 불렸다. 익투스의 각 철자는 '예수 그
리스도, 하느님의 아들, 구세주'Jesus Christ, Son of God, Savior를 뜻하
기도 한다. 이런 이유로 초대교회의 예술이나 그리스도교도의 비석
에 익투스가 나타나게 되었다.[54]

4세기 이후부터는 그리스어인 '치로'가 그리스도교의 상징물이
되었다. 치로는 그리스도를 상징한다. 313년 콘스탄티누스 1세가
그리스도교에 대한 박해를 금지한 밀라노 칙령을 공포한 후, 치로
는 콘스탄티누스의 펼침막으로 사용되었다. 콘스탄티누스 1세는
로마 병사들의 방패에도 치로를 사용하라고 명령했다. 그 이후 치

불국사에서 만난 예수

다양한 형태의 십자가
1. 그리스 십자가 2. 라틴 십자가 3. 갈고리형 십자가(스와스티카) 4. 앵크 십자가 5. 켈트 십자가
6. 타우 십자가 7. 이중 십자가 8. 성 안드레아의 십자가 9. 몰타 십자가 10. 치로 십자가

로는 로마 병사들과 그리스도교의 상징물이 되었다.[55]

익투스와 치로가 초기 그리스도교의 상징물이었지만, 십자가도 2~3세기경부터 나타나기 시작했다. 그러나 역사, 종교, 예술에서 십자가는 다양한 형태로 많은 상징을 나타내고 있다. 지역과 나라별로 문화·예술·종교가 다양하듯이, 십자가에도 여러 형태와 많은 상징이 내포되어 있었다.

십자가의 두 선이 교차하면서 네 개의 방위를 만드는데, 이에 따라 300여 개의 다양한 십자가가 고대 세계 문명권에서 나타났다. 백인 청교도들이 미 대륙에 들어가기 전에 인디언들은 생활의 번영과 힘의 상징으로 십자가를 사용했다. 바빌로니아에서는 달을 상징하는 것이 십자가의 네 개 방위였다. 시리아는 네 명의 신들을 십자가로 표현했다. 중국에서는 십자가의 한 가운데 사각형이 땅과 안정을 상징했으며, 십자가는 완전함을 상징하는 숫자 '십'+이 되었다. 인도의 힌두교에서는 십자가가 불의 신인 아그니의 불 막대기

생명의 수레바퀴, 법륜

로 사용되었다. 불교에서 원 안에 있는 십자가는 '생명의 수레바퀴'인 법륜을 뜻한다. 멕시코에서는 십자가를 바람과 비의 신으로 섬겼다. 아프리카에서는 십자가 표시가 보호, 일치, 운명을 의미했다.

그리스도교에서 사용하는 십자가는 크게 4개의 형태로 나타난다. T자 형태의 십자가, X자 형태의 십자가, 열 십+ 자와 같은 대칭적인 그리스형 십자가, 그리고 그리스도교의 전통적 십자가이며, 현재 성당과 교회에서 사용하는 라틴형의 십자가가 있다. 그리스도교를 상징하는 다른 형태의 십자가 중에 Y형도 있다. Y형 십자가는 '생명의 나무'를 상징한다.[56]

고대에서부터 현재까지 십자가 형태와 상징이 다양하기 때문에 암벽이나 나무 등에 표시되어 발견되는 고대 십자가를 해석할 때는 많은 논쟁이 따른다. 그것이 진짜 그리스도교의 상징인 십자가인지 아니면 다른 문화와 종교의 상징인지, 논쟁은 뜨거울 수밖에 없다. 그래서 불국사 경내에서 발굴된 돌십자가의 진위 여부도 논쟁의 예외가 될 수 없다.

불국사에서 만난 예수

그러면 숭실대학교 한국기독교박물관에 소장되어 있는 8~9세기 유물인 불국사의 돌십자가는 정말 그리스도교의 십자가일까? 그것이 그리스도교의 십자가라고 한다면 그 당시의 불국사는 부처와 예수를 함께 숭배한 사원이었을까? 발해가 어울림의 신앙을 만들었던 것처럼 신라에서도 불교와 그리스도교가 융합되었을까?

김대성의 설화에 하느님이라는 말이 나오는 것과 불국사의 돌십자가는 어떤 관련성이 있다고 볼 수 있다. 불국사의 돌십자가는 그리스형 십자가이다. 그리스형 십자가는 가로와 세로가 대칭적인 것이 특징이다. 이 십자가는 동방정교회와 초대교회에서 사용되었다. 중국, 러시아, 중앙아시아 일대에서 발견되는 수많은 동방 그리스도교의 십자가도 그리스형 십자가이다. 동방 그리스도교는 네스토리우스파 혹은 경교景敎로 불리고 있기에 한국기독교박물관에서 불국사의 돌십자가를 '경교 돌십자가'라고 명명한 것은 지나친 비약이 아니다.

불국사의 돌십자가가 경교 돌십자가라고 한다면 신라에 동방 그리스도교가 어떤 형태로든 유입되었다는 것을 뜻한다. 돌십자가 외에 7~8세기 유물로 추정되는 두 점의 철제 십자가 무늬 장식이 경주에서 발굴되었다. 두 개의 원형을 중앙에 있는 십자가가 연결하고 있는 장식의 길이는 5.6~5.8cm이며, 다른 형태의 십자가 장식은 2.4~3.2cm이다. 불국사의 돌십자가와 경주에서 발굴된 두 점의 십자가 무늬 장식에 대해 학문적인 검토가 더 요구되지만, 대체적인 학계의 주장은 동방 그리스도교의 신라 유입설로 무게 중심이 기울어지고 있다.

경교로 변한 천주교

그리스도교가 실크로드를 타고 발해와 신라에 유입되었다면, 이웃 당나라(618~907)에는 그리스도교가 전래되지 않았을까? 당나라에 그리스도교가 전래되었다면 발해와 신라는 당나라와 교류하면서 자연스럽게 그리스도교를 접했을 것이다. 발해와 신라는 사신과 유학생을 파견하면서 당나라의 문화를 수용했다. 무역 상인들도 삼국의 교류에 한 몫을 거들었다.

그렇다면 발해와 신라에서 그리스도교의 유물들이 발굴되고 있는 것은 당나라에 전래된 그리스도교의 영향이 아닐까? 이에 대해 발해와 신라 시대의 기록은 없지만, 조선 지식인들이 당나라에 그리스도교가 있었다는 사실을 기록을 통해 밝혀 주고 있다. 그들은 당나라에 존재했던 그리스도교를 조선에 소개했다. 조선에 천주교가 공식 창설되기 전에 조선 지식인들은 1천여 년 전에 당나라에서 부흥했던 그리스도교를 이미 알고 있었다.

1839년 9월 22일, 정하상鄭夏祥(1795~1839), 앵베르Laurent-Marie-Joseph Imbert(范世亨, 1796~1839), 모방Pierre Philibert Maubant(羅伯多祿, 1803~1839), 샤스탕Jacques Honore Chastan(鄭牙各伯, 1803~1839) 신부 등 119명이 사교邪敎를 조선에 전파한다고 하여 투옥 혹은 참수되었다. 이것이 제2의 천주교 박해라고 하는 기해박해己亥迫害(1839)이다. 사교란 천주교를 말하는 것이었다. 40년 전 신유박해로 수많은 천주교 신자들이 처형되었지만, 점점 더 많은 조선인들이 새로운 신앙에 눈을 떠 갔다. 기해박해가 일어나기 1년 전에는 천주교를

불국사에서 만난 예수

믿는 조선인들이 1만여 명으로 늘어났다.

이렇게 조선 천주교가 부흥하는 중심에 정하상이 있었다. 그의 세례명은 바오로였다. 그는 신유박해 때 참수되었던 정약종의 아들이며, 18년간의 유배 생활을 한 정약용의 조카였다. 정하상의 어머니 류소사柳召史와 누이 정혜情惠도 뒤따라 처형되고 말았다. 정씨 집안은 천주교를 믿었다는 이유로 풍비박산이 났다. 정약종 일가는 그리스도교 신앙을 죽음으로 지키면서 참다운 믿음은 피를 뿌려야 한다는 순교의 가족사를 우리 역사에 남겼다. 이렇게 정약종, 약전, 약용 형제 일가는 천주교 신앙 때문에 고통을 당했다. 그것을 지켜본 서양 신부는 정씨 일가가 당한 수난과 박해를 다음과 같이 말했다.

여러 사람이 아직도 귀양살이를 하고 있던 정씨 일가는 천주교란 말만 들어도 벌벌 떨며, 그런 교를 계속 믿으려 한다는 생각조차 할 수 없었다. 그래서 친척들은 정하상과 그 집안 식구들이 천주교를 버리게 하려고 온갖 노력을 기울였다. 통렬한 비난, 협박, 멸시, 조소, 심지어 학대까지도 모두 동원되었다.[57]

『헌종실록』은 정하상을 참수한 뒤 그에 대해서 이렇게 기록했다.

정하상은 신유사옥 때 처형된 정약종의 아들로서, 양술洋術을 가계家計로 삼고 유진길劉進吉·조신철趙信喆과 주무綢繆하여 서양 사람을 맞이해 와서 신부·교주를 삼았으며, 또 김金·최崔 두 어린이를 서양에

보내어 그 양술을 죄다 배울 것을 기필하였다. 『헌종실록』 5년 8월 14일

『헌종실록』에 나오는 양술은 천주교를 말하는 것이며, 김·최 두 어린이는 김대건金大建(1821~1846)과 최양업崔良業(1821~1861)을 가리킨다. 김대건은 조선 최초의 신부이며, 그 다음이 최양업이었다. 정하상은 서양 신부들에 의해 중국에서 신부 수업을 받을 유력 후보였으나, 너무 바쁜 나머지 그를 대신하여 김대건과 최양업을 보냈다. 정하상이 중국에서 신부 수업을 받았다면 조선 최초의 신부가 김대건이 아닌 정하상이 될 수 있었다.

정하상이 잡혀서 형장으로 나아갔을 때, 그에 대한 심문 조서에는 정하상이 천주교를 믿었던 내력을 소상하게 기록했다. 심문 조서는 정하상이 천주교의 교리를 알기 쉽게 풀이한 『상재상서』上宰相書를 인용했다. 『상재상서』는 '재상에게 올리는 글'이라는 뜻으로, 기해사옥 때 천주교 박해에 앞장섰던 우의정 이지연李止淵(1777~1842)에게 보낸 서신이었다. 그런데 놀라운 것은 심문 조서가 정하상의 『상재상서』를 인용하면서 당나라에 그리스도교의 한 분파인 경교가 부흥했던 사실을 재차 확인하고 있다는 점이다. 이규경의 『오주연문장전산고』 '서학'西學 부분에 정하상의 『상재상서』가 부분 인용되어 있는데, 이 기록에 당나라 경교에 대한 다음과 같은 내용이 있다.

손권孫權이 세운 오吳나라의 적오赤烏(238~248) 연간에 쇠로 만든 십자가를 얻은 일이 있었고, 당나라 정관貞觀 9년(635)에는 경교가

크게 유행하여 조정의 저명한 인사로부터 백성에 이르기까지 모두 이를 숭배하여 대진사大秦寺를 창건하고 경교비景敎碑를 세웠으며, 위징魏徵·방현령房玄齡과 같은 대현大賢들도 이를 깊이 믿어 의심치 않았나이다. 『오주연문장전산고』 「사교邪敎의 배척에 관한 변증설」

이로 미루어 보면 조선은 당나라에 경교가 유행한 사실을 잘 알고 있었다. 그런데 이상한 것은 샤스탕 신부와 앵베르 신부의 심문 조서를 보면, 이들이 경교를 전파하려고 조선에 입국했다는 것이다.[58] 샤스탕과 앵베르는 파리외방전교회 소속 천주교 신부들이었는데 조선 조정에서는 왜 천주교 신부를 경교 신부라고 했을까? 조선이 천주교를 1천여 년 전에 당나라에서 유행한 경교와 혼돈한 것일까?

천주교를 반대한 안정복은 「천학고」에서 중국과 조선에 경교가 들어온 내력을 여러 문헌을 인용하여 밝힌 바 있다. 다음은 안정복이 밝힌 내용의 일부이다.

살펴보건대, 경교란 서사西士 경정景淨이 지은 비문이다. 그의 책 『진도자정』眞道自訂에 기록하기를, "명나라 천계天啓 3년(1623)에 관중關中에서 땅을 파다가 허물어진 담장 밑에서 비석 하나를 얻었는데, 비에 성교聖敎의 교리를 간략하게 기록했으며, 성교의 인사人士 72인을 새겨서 전했다. 당唐 정관貞觀 9년(636)에 중국에 들어왔으며, 비석을 세운 때는 당 건중建中 2년(781) 1월에 해당된다" 하였다. 「천학고」

안정복은 경교와 경교비를 착각하고 있었다. 그는 경교비를 경교라고 했다. 그러면 경교비는 무엇일까? 안정복보다 후대인인 이규경은 경교비에 대해 이렇게 전한다.

이 비의 내용이 지금 전하는 천주天主를 공경하는 교와 하나하나 모두 같아서 부절符節을 맞춘 듯하다. 여기 실려 있는 것이 당 태종 이후의 여섯 임금인데 서로 이어받아 높이고 공경한 것이 매우 독실하였으니, 지금뿐이 아니라 옛날에도 또한 그러했던 것이다.

「사교의 배척에 관한 변증설」

이규경은 경교비의 내용이 천주교와 같다고 하면서, 경교를 천주교와 동일시하였다. 그리고 이규경은 당나라 태종 때 전파된 경교가 6명의 황제에 의해 보호받았다고 했다. 그리스도교에 대한 정확한 지식과 정보가 부족했던 조선 사회로서는 경교와 천주교를 동일하게 여겼던 것이 어찌 보면 당연한 일이다.

비록 경교를 천주교로 혼돈했지만 조선 선비들은 당나라에 경교가 전래되어 부흥했음을 잘 알고 있었던 것만은 분명하다. 이는 신라, 발해, 고려를 거쳐 조선 후기 사회에서도 경교가 어떤 형태로든 전해지고 있었음을 말해 주는 것은 아닐까? 그러면 당나라에 전해진 경교란 도대체 무엇이었기에 1천여 년의 세월이 흘렀어도 조선 지식인들이 경교를 알고 있었으며, 조선 조정에서는 심문 조서에까지 경교를 기록하고 있었을까?

불국사에서 만난 예수

당나라에 비친 경교

당나라에 전래된 경교는 발해와 신라에 어떤 영향을 미쳤을까? 중국에서 17세기 초에 발견된 경교비가 이에 대한 실마리를 쥐고 있다. 이 비의 이름은 '대진경교유행중국비'大秦景教流行中國碑이다. 이를 줄여서 '경교비'라고 한다. 경교비의 높이는 1.97미터이며, 비석 머리 위의 형상까지 합하면 2.77미터가 된다. 폭은 약 1미터, 두께는 대략 0.3미터이며, 비석 전체의 무게는 무려 2톤이나 된다.

비석 상단에 '대진경교유행중국비'라는 글자가 크게 새겨져 있으며, 경교 특유의 십자가가 조각되어 있다. 경교비에 새겨진 한문은 모두 1,764자이며, 당나라에 경교가 전래되고 부흥한 역사와 경교의 교리를 설명하고 있다. 비의 하단 좌우측에는 70명이 넘는 경교승의 이름이 한문과 함께 시리아 문자로 병기되어 있다.[59]

17세기 초 중국에서 발견된 경교비에 대해 조선 선비 이규경은 많은 관심을 갖고 있었다.

명나라 왕징王徵의 자는 양보良甫, 호는 규심葵心이다. 벼슬은 첨사僉事에 이르렀다. 관서關西 사람으로 갑신甲申에 순절殉節하였다. 그가 지은 『기기도설』奇器圖說의 서문에 "내가 성省 안의 땅속에서 비석 하나를 파냈는데, 비의 이마에 '경교유행중국비송'景教流行中國碑頌이라고 씌어 있었다. 이는 바로 당나라 곽자의郭子儀가 새긴 것으로 1천 년이 지났으면서도 어제 만든 것처럼 새로웠다"라고 하였다.

「사교의 배척에 관한 변증설」

경교비

이규경은 명나라 왕징과 테렌츠J. Terrenz(鄧玉函)가 『기기도설』을 공동으로 썼다고 했다. 정조는 이 책을 정약용에게 주어서 거중기 등 건축기계의 개발과 화성 건축, 한강 배다리 설계를 지시했다. 정약용은 정조가 내린 『기기도설』을 이용하여 여러 가지 도설圖說을 만들어서 정조에게 바쳤다. 정약용이 정조에게 올린 글은 이렇게 끝난다.

임금이 비답을 내리기를, "옹성甕城·포루砲樓·현안懸眼·누조漏槽 등의 제도와 기중起重의 모든 설說을 빨리 강구하라" 하고, 인하여 1권으로 집성集成된 내장도서內藏圖書를 내리시니, 이는 곧 『기기도설』이었습니다. 신臣에게 그 제도들을 참고해 보게 하였으므로 신은 삼가

불국사에서 만난 예수

그 뜻에 따라 옛날의 법을 거슬러 올라가 살펴보고 다음과 같은 여러 가지 도설을 만들어 올립니다. 『다산시문집』 제10권 「성설」城說

『기기도설』에는 기계의 조작과 설계에 관한 내용이 담겨 있고, 이와 더불어 인류의 시조인 아담과 이브, 천지창조에 관한 이야기도 소상히 다루어져 있다. 이를 보면 정조와 정약용은 이 책을 통해 아담과 이브를 알았을 것이다.

이규경은 『기기도설』을 인용하여 왕징이 경교비를 발견했다고 조선에 알렸다. 그러나 명나라 천계 3년(1623)에 한 인부가 집을 짓느라 땅을 파다가 우연히 경교비를 발견했다는 것이 정설이며, 이 비에 따르면 경교승이며 동삭방절도부사同朔方節度副使인 이사伊斯의 제안에 따라 총주교인 교주 경정景淨이 비문을 지었다고 한다. 경정의 본명은 아담Adam(亞當)이었다.

당나라 곽자의가 이 비문을 새겼다고 한 이규경의 말은 이사와 곽자의의 관계가 잘못 전해진 것이었다. 안록산安祿山의 반란을 평정하는 데 결정적인 역할을 한 명장이 곽자의였으며, 그의 참모가 이사였다. 안록산의 반란은 755년부터 763년까지 8년간 당나라에서 일어났던 대규모의 난이었다. 이 반란 때, 경교승景敎僧이었던 이사가 혁혁한 무공을 세우면서 경교에 대한 당 황실의 지원은 최고조에 이르렀다.[60]

이사와 곽자의의 이러한 관계가 세월이 흘러 잘못 전해졌을 수도 있다. 아무튼 경교비는 이사의 제안에 따라 경정이 비문을 지었고, 이 비는 이사에 대한 찬사로 가득 차 있다. 찬사의 한 부분은 이렇다.

경교비 탁본

이사는 경교에 몸 바쳐 인仁으로 시은施恩하였으니 해마다 4사寺의 승도들을 모아 경건하게 행사하고 정성 들여 공양함에 50일이나 걸리곤 했다. 굶주린 자가 오면 밥을 먹이고 헐벗을 자가 오면 옷을 입혀 주며, 환자는 치료하여 회복시키고 사망자는 장례를 치러 안식하게 하였으니, 청절淸節하다고 하는 사람마저도 이러한 미덕을 들어본 바 없는데, 작금 평범한 경교 신도가 바로 그러한 사람임을 발견하게 된다.[61]

비문을 작성한 경정은 경교의 장로와 교부라는 직무를 역임한 총주교이며 유불도 삼교와 한학에 두루 해박하여 시리아 문자로 쓰인 경전을 여러 권 한역漢譯한 인물이다.[62] 이런 배경에서 건립된 경교비는 당나라에 전래된 경교의 역사를 자세히 알려주었다.

경교비가 그리스도교 동진에 얼마나 많은 상징성을 지니고 있는가는 그리스도교의 아시아 동진 연구에 평생을 바친 고든이 1917년에 금강산 장안사長安寺에 체류하면서 그곳에 이 비의 모조비를 건립한 것에서도 엿볼 수 있다. 그녀는 후일 일본 고야산高野山에도 똑같은 모조비를 세웠다. 고든은 전생을 바쳐 그리스도교의 동진과

불국사에서 만난 예수

불교와 그리스도교의 교류 관계를 연구하던 중에 한국에 들러 4년 동안 전국의 유명 사찰을 두루 순방했다. 그 후 고든은 장안사에 머물면서 경교의 동진을 기념하기 위해 그곳에 모조비를 건립하고, 「도道의 상징」The Symbol of the Way이라는 논문을 집필하기도 했다.[63] 이 논문에서 고든은 동양 불교문화 속에 그리스도교의 한 분파인 경교의 흔적이 들어 있다고 주장했다. 이렇게 해서 그리스도교 동방 전래를 기념하는 모조비가 아시아의 동쪽 끝 남북국 시대에 창건된 장안사에 건립되었던 것은 우연이 아니었다.

경교비에 나오는 경교는 처음에 파사교波斯教 혹은 메시아교彌施訶教로 불렸다. 당나라 사람들은 이 종교가 페르시아에서 시작된 것으로 알고 한문 음차를 빌려 파사교라고 하였으며, 또한 '기름부은 자'라는 뜻의 히브리어인 메시아를 음차해 메시아교라고도 불렀다. 사원은 파사사波斯寺 혹은 파사경교사波斯經教寺로 불렸다. 이 책 3장의 '절이 되어 버린 예배당'에서 보았듯이 몽골제국에 있던 교회의 이름이 절 사寺 자로 끝났던 것처럼 당나라에서도 예배를 드리는 교회의 이름에 절 사 자를 사용했다.

파사사라는 이름은 745년 당나라 황제 현종玄宗(재위 712~756)이 경교의 원 발상지가 대진大秦임을 명시하라는 칙령을 내려 대진사大秦寺로 개명되었다. 대진은 로마 제국을 뜻하기에 대진사라고 하면 로마 제국의 사원으로 로마의 그리스도교를 뜻하는 것이 된다.[64] 당나라

경교 십자가

는 파사교가 로마 제국에서 발생했다는 것을 뒤늦게 알고 이러한 조치를 내렸다. 그 이후 파사교라는 말은 다시 경교로 대체되면서 경교經教 혹은 경교景教로 양용되었는데, 당 현종 이후부터 경교景教라는 명칭으로 확정되었다.[65] 그래서 경교비의 표제가 '대진경교'大秦景教로 시작되고 있다.[66] 경교비는 경교라고 불리게 된 사연을 이렇게 설명한다.

> 항시 마음을 씻어 정결하게 하는 이 참된 길은 신묘하여 이름 하기 어려우나 그 효용이 밝게 나타나므로 경교라 칭하게 되었다.[67]

경교의 한자어 경景은 해 일日과 빛날 경京의 합성어이다. 즉, 경교는 '커다란 태양처럼 빛나는 종교'를 뜻하며, '커다란 광명'의 상징으로 풀이되기도 한다.[68] 이렇게 보면 경교의 의미는 예수를 빛과 말씀으로 나타내는 『성경』 구절을 아주 잘 반영하고 있다.

> 말씀이 곧 참 빛이었다. 그 빛이 이 세상에 와서 모든 사람을 비추고 있었다. 말씀이 세상에 계셨고 세상이 이 말씀을 통하여 생겨났는데도 세상은 그분을 알아보지 못했다. ……말씀이 사람이 되셔서 우리와 함께 계셨는데 우리는 그분의 영광을 보았다. 그것은 외아들이 아버지에게서 받은 영광이었다. 그분에게는 은총과 진리가 충만하였다. 「요한복음」 1:9~11, 1:14

그러면 경교비의 비문은 당나라에 전래되고 부흥한 경교의 역사를 어떻게 설명하고 있을까? 경교비에 따르면 경교의 당나라 전래는 이렇다. 635년, 페르시아의 아라본阿羅本과 사절단이 당나라의 수도 장안에 도착했다. 아라본이란 이름은 시리아 문자의 한문 표기인데 알로펜 혹은 아브라함으로 추정되고 있다.[69] 아라본은 그리스도교 성직자였다. 그러나 경교비는 그를 큰 승려를 뜻하는 대덕大德으로 표현했다. 대덕이라는 칭호는 불교의 법계의 하나로 당나라 시대부터 사용되었다.[70]

아라본 일행이 장안에 도착하자 당나라 황제 태종太宗(재위 626~649)은 재상 방현령房玄齡(578~648)을 시켜 의장대와 함께 교외로 나가 아라본과 그의 사절단 일행을 영접했다. 아라본 일행은 황제에게 나아가 『성경』과 성상聖像을 바쳤고, 황제는 그들에게 『성경』을 번역하라 명했다.

황제는 아라본 일행에게 그리스도교에 대해서 묻고 그 참됨을 알고 특명을 내렸다. 특명은 그리스도교의 근본 진리가 완전하고 간결하여 번거로운 설을 말하지 않으므로 이 교를 온 천하에 퍼지게 하라는 칙령이었다. 이렇게 해서 당 황실에 의해 그리스도교가 공식 승인되었으며, 아라본 일행은 황실의 보호 아래 포교 활동을 할 수 있었다. 이로 인해 장안 의녕방義寧坊에 대진사가 건립되고 그리스도교 성직자 21명이 상주하게 되었다. 이때는 아라본 일행이 장안에 도착한 지 3년이 지난 638년이었다.

당 태종의 아들 제3대 황제 고종高宗(재위 649~683)은 모든 주州에 각각 경교사景敎寺를 두도록 하였다. 이 당시에는 당나라에 10도 385주가 있었으므로 무려 385개의 그리스도교 사원이 건립되었

다.[71] 고종은 아라본을 진국대법주鎭國大法主로 임명했다. 진국대법주는 총주교를 말한다.[72]

제6대 황제 현종은 경교사의 현판을 직접 쓰기도 했다. 당 현종 재임 시에 아라비아에서 수라함首羅含(아브라함)과 급열及烈(가브리엘)이 페르시아 경교 사절단으로 중국에 들어왔으며, 길화佶和(조지)라는 경교승이 입국하기도 했다. 제7대 황제 숙종肅宗(재위 756~762)은 5군郡에 경교 사원을 더 건립했다. 숙종의 장남인 제8대 황제 대종代宗(재위 762~779)은 해마다 성탄절이 되면 향과 음식을 내려 경교도를 환대했다. 경교비의 내용은 제9대 황제인 덕종德宗(재위 779~805)이 등극하여 선조들을 따라 경교를 사모했다는 것으로 끝나고 있다.

경교비는 781년 1월 7일 일요일에 건립되었다. 이 비는 635년에 경교가 아라본과 그의 사절단이 당나라 수도 장안에 들어온 이후 약 170년 간 황제들의 보호 아래 중국 각지로 퍼져 나간 것을 기록하고 있다.

그리스도교 신앙 때문에 목숨을 버려야 했던 정하상은 『상재상서』에서, 조선 후기 실학자 이규경은 『오주연문장전산고』에서 당나라에 경교가 635년에 들어왔음을 밝혔다. 이렇게 조선 후기의 인물들이 당나라에 경교가 전래되었음을 알았는데, 당나라에서 250년 이상 부흥한 경교를 당나라와 활발히 교류한 발해와 신라 사람들이 모를 수 있을까? 7~9세기 동안 일본의 경우는 당나라와의 문화 교류를 통해 그리스도교의 영향을 직간접적으로 받았다. 당나라에서 귀국한 고보 대사弘法大師(774~835)는 경교의 경전을 활용하여 일본 불교 진언종眞言宗을 창설했다. 736년엔 페르시아 그리스도교인 이

일본 불교 진언종의 개조開祖
공해空海(법명) 고보 대사(시호)

밀李密이라는 의사가 당나라 사신과 함께 일본에 도착해 일본 왕으로부터 작위를 받기도 했다.[73] 이처럼 이웃 나라 일본도 당나라를 통해 그리스도교를 알아 가고 있었다.

여러 정황상, 비록 문헌과 기록이 남아 있지는 않지만, 발해와 신라 사람들이 그리스도교를 접했다는 추측은 충분한 설득력을 얻는다. 그리고 발해와 신라에서 발굴된 십자가 유물은 경교가 당나라를 통해 한반도 땅에 빛을 발한 사실을 희미하게 비춰 주고 있다. 마치 하느님의 아들 예수가 빛으로 세상에 왔어도 세상이 알아보지 못했던 것처럼 말이다.

목탁을 치는 사제들

서방 그리스도교에 의해 이단으로 쫓겨난 네스토리안교는 당나라에 어떤 교리와 신앙생활을 남겼을까? 정말로 이단 그리스도교를 전했을까? 그렇지 않으면 발해와 신라에 전해진 경교처럼 불교를 만나면서 혼합된 색깔을 빚어냈을까? 이에 대한 의문은 경교비와 경교 사제들이 남긴 경전으로 풀어 볼 수 있다.

몽골제국에서 부흥한 경교는 불교와 혼합되어 가고 있었다. 1254년 프랑스 루이 9세가 몽골제국에 파견한 루브룩 신부는 경교 사제들의 예배를 목격하고 놀라움을 금치 못했다. 사제들이 불교 승려와 똑같은 예배 절차를 행하고 있었다. 경교의 모든 사제들이 새벽에 예배당에 모여 목탁을 치고 향을 피웠다.[74] 향은 절에서만 사용한 것이 아니었다. 그리스도교에서 향은 원래 콘스탄티누스 황제를 존경하는 표시로 사용되다가 4세기 중엽 이후부터 교회에서도 나타나기 시작했다.[75]

그러면 현재 교회와 성당에서 사용하지 않는 목탁은 어떻게 몽골제국의 경교에서 사용된 것일까? 흔히 목탁은 불교에서 독경이나 염불을 외울 때 사용되는 도구로 알려져 있다. 몽골제국의 경교 사제들이 목탁을 쳤다면 이보다 600년 전 당나라의 경교 또한 목탁을 사용하지 않았을까? 종교가 오랜 시간이 흘러 하나의 문화로 정착된다면 그럴 가능성은 충분히 있다.

당나라 경교 사제들이 목탁을 쳤다는 것을 증명해 주는 것이 경교비이다. 경교비는 그들의 종교생활을 이렇게 설명한다.

불국사에서 만난 예수

목판을 두드림擊木은 자비와 은혜의 소리를 퍼뜨리기 위함이요, 동쪽으로 예배를 드림은 생명과 영광의 길로 모으기 위함이요, 수염을 자르지 않음은 밖으로의 활동이 있기 때문이며, 정수리를 삭발함은 안으로 정욕이 없음을 나타내려는 것이다. 남녀 노비를 두지 않음은 사람이 귀천이 없이 평등하기 때문이고, 재산을 모으지 않음은 사욕을 모두 버렸음을 보이기 위한 것이다. 재계齋戒는 물러나 명상함으로써 이루어지고, 계율은 고요히 근신함으로써 확고해진다. (하루에) 일곱 차례 예찬을 올려 산 자와 죽은 자를 널리 감싸고, 이레 만에 한 차례 예물을 드려 마음을 깨끗이 씻고 소박함으로 되돌아간다.[76]

경교비에 나오는 '목판을 두드림'擊木은 '목탁을 치는 것'으로도 번역되고 있다.[77] 즉, 경교비 비문의 '격목'은 목탁을 친다는 뜻이다. 현재 가톨릭이나 개신교에서는 목탁을 치지 않는다. 목탁은 원래 목어木漁가 변형되어 상징적으로 만들어진 것이다. 밤이나 낮이나 눈을 감는 일이 없는 물고기처럼 수도자들도 잠을 자지 말고 수행하라는 뜻이 목어에 담겨 있다. 절의 추녀 끝에 매달린 풍경이나 절 장식 무늬에 물고기가 많이 등장하는 이유가 여기에 있다. 이런 의미가 담긴 목탁은 주로 불교에서 사용된다. 그러나 불교가 전래되기 훨씬 이전에 목탁은 중국에서 사용되었다. 실제로 불교의 발상지인 인도와 동남아 지역에서는 목탁을 사용하지 않는다.

그렇다면 현재 중국이나 한국 불교에서 사용하는 목탁은 어떻게 유래되었을까? 목탁의 사용은 중국 노魯나라 시대로 거슬러 올라간다. 노나라에서는 문사文事나 새로운 법령을 발할 때에 목탁을 울려 사람을 모이게 했는데, 목탁을 친다는 것에는 사회의 주의와 관심을 환기시키고 계도한다는 뜻이 담겨 있다. 목탁이 노나라 때부터 있었다면 이는 중국에 불교가 전래된 기원후 1세기경보다 훨씬 이전부터 목탁이 사용되었음을 의미한다. 다시 말하면 목탁은 고대 불교에서는 사용되지 않다가 시대가 흐름에 따라 뒤늦게 불교 도구로 이용된 것이라는 뜻이다.

이런 사실은 노나라에서 벼슬을 그만두고 자신의 이상을 실현시킬 나라를 찾기 위해 유세遊說했던 공자孔子(기원전 551~기원전 479)에게서도 확인할 수 있다. 『논어』 「팔일」八佾 편에서 공자는 백성을 교화하고 인도하는 목탁으로 비유된다.

공자는 각 나라를 유세하던 중 위나라에 가게 되었다. 국경을 지키는 관리가 공자 일행에게 찾아와서 공자를 반드시 뵙겠다고 청했다. 공자의 제자는 관리의 간청에 공자를 면회할 수 있도록 하였다. 공자와 몇 마디를 나누고 돌아가던 관리가 제자들에게 말했다.

"천하에 도道가 없어진 지가 이미 오래되었습니다. 하늘은 장차 당신들의 선생님을 도를 전하는 목탁으로 삼으실 것입니다."

공자는 비록 자신의 이상을 실현하지 못했지만, 그가 세상을 떠난 지 약 2,500여년이 지난 지금도 그의 가르침은 목탁처럼 세상에 퍼져 있다. 언론을 '사회의 목탁'에 비유하는 것도 언론이 사회의 길잡이로 사회 계도의 역할을 담당해야 함을 강조하는 것이다. 목탁에 대한 이런 배경과 의미를 경교 사제들이 수용하여 예배를 알리는 한 형태로써 목탁을 이용했을 수도 있다. 실제로 일찍이 페르시

세만트론을 치는 사제 네스토리안
교의 전통을 계승한 동방 시리아 교
회에서는 지금도 세만트론을 친다.

아의 네스토리안들은 예배를 드릴 때 목탁을 쳤고, 6세기 말 이후
부터는 이슬람교 왕국이 목탁 치는 것을 금지했다고 한다.[78]

그러나 네스토리안들의 목탁은 불교의 목탁과는 달랐다. 네스
토리안들은 넓적한 모양의 목판을 두드렸으며, 이 목판은 그리스어
로는 '세만트론', 시리아어로는 '나코사'라고 불렸다. 네스토리안들
은 종을 치는 것처럼 망치로 목판을 두드려 신도들에게 예배를 알
렸다.[79]

루브룩 신부가 보았다는 몽골제국의 경교 사제들이 친 목탁은
바로 이 목판을 말하는 것이었다. 루브룩 신부에게는 가톨릭에 없
는 목판을 치는 것이 우상을 숭배하는 행위로 보였을 것이다. 그러
나 경교는 목탁 소리처럼 복음이 사회에 은은히 퍼져 나가기를 염
원했다. 마치 경교비문이 '목판을 두드림은 자비와 은혜의 소리를
퍼뜨리기 위함'이라고 한 것처럼 말이다.

당나라의 경교 사제들이 목탁을 쳤다는 것만으로 불교와 경교
의 혼합을 주장하기에는 근거가 너무 미약하다. 경교비에 나오는

경교비 상부 십자가 문양(부분)

불교와 경교의 혼합을 보여 주는 또 다른 예는 사제들이 정수리를 삭발했다는 점이다. 석가모니는 출가를 결심하고 나서 고통에서 해탈할 것을 맹세하는 뜻으로 삭발을 했다. 그래서 경전은 승려들이 세속의 번뇌를 잊고 정진에 힘쓰기 위해서 머리 전체를 깎는 체발을 하도록 하고 있다.[80]

　승려가 되기 위해서 머리를 깎았다는 기록은 삼국시대에도 나온다. 『삼국유사』는 이차돈의 목숨을 재물로 바쳐 신라의 불교를 공인한 법흥왕이 왕비와 함께 머리를 깎고 승려가 되었고, 법흥왕의 뒤를 이어 왕위에 오른 진흥왕眞興王(재위 540~576)은 죽을 때 머리를 깎고 승복을 한 채 세상을 떠났다고 한다. 신라의 왕들조차도 승려가 되기 위해서 머리를 깎았다면 승려들의 체발은 이미 삼국시대에 불교의 규율이 되었던 것이다.

　그러나 경교비는 사제들이 수염을 기르고 정수리를 삭발했다고만 적고 있다. 정수리를 삭발한 것은 안으로 정욕이 없음을 나타내는 것이라고 하였다. 머리를 깎은 사제들의 모습만으로 경교가 불교의 종교 생활을 수용했다고 단정하기는 어렵다. 그렇다면 당나라에서 번성했던 불교가 경교에 영향을 끼친 또 다른 예는 없을까?

경교비는 불교, 유교, 그리고 도교 등의 종교적 요소가 경교에 혼합된 내용을 역력하게 보여 주고 있다. 먼저 경교비의 형상 자체가 불교, 도교, 경교의 합성품이라고 할 수 있다. 경교비의 상부는 용이 큰 여의주를 받쳐 들고, 그 밑에 바로 십자가가 연꽃과 부운浮雲 속에 명각되어 있다. 여의주와 연꽃은 불교에서 온 것이며, 부운은 도교의 색채이다.[81] 이는 당나라에 전래된 경교가 중국 토착 종교인 불교와 도교의 요소를 받아들였음을 말해 주는 것이다.

유불도의 옷을 입은 경교

경교가 유불도의 색채를 강하게 띠는 것은 경교비를 지은 경정을 보아도 알 수 있다. 경정은 당나라 경교의 총주교로서 대진사에 머물면서 유교, 불교, 그리고 도교와 한학에도 해박한 지식을 갖고 있었다. 그래서 그는 경교 경전뿐만 아니라 불경을 한역하는 작업에도 참여했다. 당나라에 온 인도 승려들이 산스크리트어로 된 『육바라밀다경』六波羅密多經을 번역하려고 했지만 한문이 어려워 엄두도 못 내고 있었다. 이때 불경의 한역 작업을 위해서 나타난 이가 경정이었다.[82]

경정이 쓴 한문으로 된 그리스도교 경전에 불교 용어가 혼용되어 있는 것은 이러한 경정의 불경 한역 작업을 생각해 보면 자연스런 현상이었다. 경정이 살았던 당시, 시리아에서 중국으로 들어온 그리스도교 용어를 중국말로 번역하는 작업은 쉬운 일이 아니었다. 그래서 경정은 중국 사람들의 귀에 익숙한 불교 용어를 차용해 그리스도교 용어로 사용했다.

경정은 시리아 문자로 된 그리스도교 경전을 한문으로 번역하는 데 힘을 쏟아 부었다. 635년 중국 장안에 선교단을 이끌고 온 아라본은 그리스도교 경전 530부를 가지고 왔다. 약 150년이 지난 후에 경정은 아라본이 가져온 경전 중 35부를 번역했다.[83] 경정의 중국어 번역이 너무나 화려하고 우아했던 나머지 경교 연구 학자들은 그가 아무리 한문을 잘 알고 문장력이 뛰어나도 자력으로 번역했을 리가 없다고까지 주장했다.[84]

경정이 번역한 그리스도교 경전으로 『지현안락경』志玄安樂經, 『대진경교선원본경』大秦景教宣元本經, 『삼위몽도찬』三威蒙度讚, 그리고 『존경』尊經 등이 지금까지 전해지고 있다. 제목만 보면 불경이라는 착각이 들 정도이다. 『지현안락경』과 『대진경교선원본경』은 도교적 색채를 강하게 띠고 있다. 『지현안락경』은 '신비한 안락을 지향하는 경전'이라고 번역되기도 한다. 이 책은 예수 그리스도가 시몬 베드로의 물음에 대해 안락도安樂道에 이르기 위해서는 무욕無慾, 무위無爲, 무덕無德, 무증無證의 네 가지를 터득해야 한다는 내용을 담고 있다.

무욕, 무위, 무덕, 무증은 도교의 중요한 개념이다. 이러한 개념들이 『지현안락경』에 키워드로 자주 사용되고 있기 때문에 성령을 뜻하는 시리아어 루크하rukha의 음역인 라헤囉稽와 경교라는 문자가

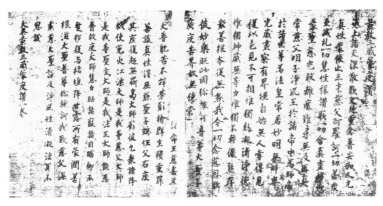

『삼위몽도찬』

없다면, 이 책을 도교 문서라고 생각할 수밖에 없을 정도다.[85] 무욕, 무위, 무덕, 무증을 통해 예수가 베드로에게 제시하는 안락도는 곧 구원의 길을 말한다. 경정은 이 책에서 예수가 말하는 안락도에 이르는 한 방법인 승도勝道를 제시한다.

승도를 닦으려면 먼저 동욕動慾을 없애라. 동이 없고 욕이 없으면 구함이 없고 행위가 없다. 구함이 없고 행위가 없으면 능히 청정하고, 청정하면 능히 사리에 밝아져서 증거할 수 있다. 능히 사리에 밝아서 증거할 수 있으면 두루두루 비추고, 두루두루 비추면 곧 안락이 뒤따른다.[86]

예수는 충동과 욕심을 없애는 것이 구원의 길에 이르는 방법이라고 했다. 충동과 욕심이 없으면 행위가 없고 청정해져서 사리에 밝아진다고 했다. 이것이 곧 도교에서 말하는 무욕과 무위이다. 즉

충동과 욕심과 행위가 없는 무욕과 무위가 구원에 이르는 전단계인 것이다. 『성경』에는 예수가 이와 유사한 말을 제자들에게 한 바가 없다. 『지현안락경』은 이렇게 도교의 개념을 차용하면서 그리스도교 경전이 되었다. 그러다보니 그리스도교 경전이 도교의 옷을 입을 수밖에 없었으며, 경교가 도교의 큰 바다에 침몰했다는 주장을 들을 수밖에 없었다.[87]

경정이 『지현안락경』에서 도교 용어만을 차용한 것은 아니었다. 그가 불교 용어도 함께 차용하면서, 그리스도교 경전은 도교와 불교의 채색으로 변해 갔다. 불교의 생로병사, 공空, 그리고 금욕주의라는 개념이 수용되었다. 그래서 이 책의 글은 불경의 형식을 모방하고, 노자의 사상을 대폭 수용하면서 메시아인 예수 그리스도의 가르침을 전하고 있다. 한마디로 도교, 불교, 그리스도교의 가르침이 비빔밥처럼 비벼져 도교와 불교에 친숙한 중국인들에게 다가갔다. 어려운 책을 잘 이해하지 못하는 어린 학생들에게 쉬운 말로 풀이해 주는 선생처럼 경정은 도교와 불교의 용어를 빌려서 중국인들이 알기 쉽게 『지현안락경』을 썼다.

경정은 또한 경교의 도란 무엇인가를 알리기 위해서 『대진경교선원본경』을 집필했다. 그런데 이 책에서 경정은 아예 『도덕경』道德經의 구절을 그대로 옮겨 놓기까지 했다. 이 책에 나오는 "신

경교 유적지에서 발굴된 경교 십자가

불국사에서 만난 예수

묘한 도는 만물의 오묘함을 능히 포용한다"는 구절은 『도덕경』 제62장의 "도라는 것은 만물의 오묘함이다"의 판박이이며, "대저 아름다운 말은 팔릴 수 있고 존경스런 행동은 남에게 더해질 수 있다"는 구절은 『도덕경』 제62장의 한 구절을 옮겨 놓은 것이다.[88]

유불도의 용어를 차용한 경전 번역 작업은 경교비에서 절정에 이른다. 경교에서는 하느님 성부를 천존天尊, 예수 성자를 세존世尊이라고 하였다. 존尊은 불교 용어이다. 석가모니를 가리켜 천존 혹은 세존이라고도 한다. 천존은 오천五天 가운데 가장 존귀하고 높은 제일의 천天이라는 뜻이며, 세존은 세상에서 가장 존귀한 존재라는 말이다. 경교비는 하느님을 원존자元尊者라고도 했다. 그 외에 삼위일체는 삼일묘신三一妙身, 천사는 신천神天, 구원은 제도濟度, 경교는 법法, 주교·감독은 법주法主, 사원은 법당法堂, 부활 승천은 정오승진亭午昇眞, 팔복八福은 팔경八境 등으로 불교 용어의 혼용과 차용이 번갈아 일어났다. 이리하여 경교는 또한 불교의 외투를 쓴 그리스도교가 되어 갔다.[89]

경정보다 150여 년 전에 중국에 들어왔던 아라본은 당 태종의 명령으로 여러 경전을 한역하여 태종에게 바쳤다. 아라본의 경전은 경정의 것보다 번역이 형편없었다. 오자투성이이고 문체가 이상해서 쉽게 이해할 수 없었다. 지금까지 전해져 오는 가장 오래된 한문 그리스도교 경전으로 아라본 문헌이라고 불리는 『서청미시소경』序廳迷詩所經과 이보다 뒤의 경전인 『일신론』一神論이 있다. 『서청미시소경』은 예수 그리스도의 전기이며, 『일신론』은 그리스도교 신론을 다루고 있다. 서청序廳은 예수의 고대 시리아어인 이쇼yisho의 음역인 서총序聰을 오기한 것이며, 미시소는 메시아의 음역인 미시가迷詩訶의 오자이다. 그래서 『서청미시소경』은 '예수 메시아'로 해석된다.[90]

『서청미시소경』에는 도교보다 불교의 색깔이 더 진했다. 하느님을 천존이라고 하며, 아라한, 평장천, 염라왕, 불법 등의 불교 용어가 적나라하게 사용되었다. 『일신론』은 「일천론제일」一天論第一, 「유제이」喩第二, 「세존보시론제삼」世尊布施論第三이라는 세 권의 소책자로 이루어져 있다. 앞의 두 권은 우주 만물이 유일신 하느님에 의해 창조되었음을 설파하고, 「세존보시론제삼」은 세존인 예수의 산상수훈을 소개하고 있다. 즉 신약의 「마태복음」 6장 전체와 7장 17절까지가 포함된다. 그러나 책 제목 '세존보시'라는 말에서 보듯이 불교의 냄새가 물씬 풍기고 있다. 다음은 책에 소개된 세존 예수의 말씀 일부이다.

세존이 말씀하시기를…… 보시할 때에는 왼손이 하는 것을 오른손이 깨닫지 못하도록 하라. 예배를 드릴 때에는 다른 사람이 듣거나 보고 혹은 알지 않도록 하라. 일신께서 스스로를 드러내실 때를 기다려 예배를 드리라. 기도를 올릴 때에는 장황하게 하지 말라. 기도할 때에는 먼저 남이 범한 잘못을 용서하라. 그런 연후에 네가 범한 죄과에 대하여 용서를 빌라. 만약 네가 (남의 잘못을) 용서하면 일신께서도 (너의 잘못을) 용서하시리라. 죄과를 용서하시는 분은 오로지 성스러운 예수 한 분뿐임을 너는 알아야 하노라. 재물은 땅에 쌓아 두지 말지니, 때로는 상하고 때로는 도적을 당하기 때문이다. 재물은 모두 천당天堂에 둘지니, 반드시 상하지도 없어지지도 않으리라.[91]

불국사에서 만난 예수

예수가 세존이 되었다. 그리스도교의 표현인 구제는 불교에서
말하는 보시로 수정되었다. 위의 말씀을 「마태복음」과 비교하면 흥
미로운 차이를 알 수 있다.

너는 구제할 때에 오른손이 하는 것을 왼손이 모르게 하여 네 구제
함을 은밀하게 하라. 은밀한 중에 보시는 너의 아버지께서 갚으시리
라. 또 너희는 기도할 때에 외식하는 자와 같이 하지 말라 그들은 사
람에게 보이려고 회당과 큰 거리 어귀에 서서 기도하기를 좋아하느
니라. 내가 진실로 너희에게 이르노니 그들은 자기 상을 이미 받았
느니라. 너는 기도할 때에 네 골방에 들어가 문을 닫고 은밀한 중에
계신 네 아버지께 기도하라. 은밀한 중에 보시는 네 아버지께서 갚
으시리라. 또 기도할 때에 이방인과 같이 중언부언하지 말라. 그들
은 말을 많이 해야 들으실 줄 생각하느니라. ……너희를 위하여 보
물을 땅에 쌓아 두지 말라. 거기는 좀과 동록이 해하며 도둑이 구멍
을 뚫고 도둑질하느니라. 오직 너희를 위하여 보물을 하늘에 쌓아
두라. 거기는 좀이나 동록이 해하지 못하며 도둑이 구멍을 뚫지도
못하고 도둑질도 못하느니라. 「마태복음」 6:3~7, 6:19~21

「세존보시론제삼」은 오른손과 왼손을 바꾸었으며, 예배와 기도
를 설명하면서 「마태복음」의 같은 장에 나오는 주기도문을 간결하
게 정리했다. 「세존보시론제삼」은 예수의 공생애를 소개한 후, 십
자가 죽음과 부활 승천에 대해 설명하고, 성령이 제자들에게 불로
임하여 강림했다는 내용과 641년 현재 로마인 전부와 페르시아인

대다수가 예수를 믿고 예배하고 있다는 사실을 알리면서 끝난다.

당나라에 전래되어 250여 년간 부흥한 경교는 중국인들에게 친숙한 불교, 도교, 유교의 용어를 차용하여 선교 전략을 세웠다. 이러한 전략은 16세기의 마테오 리치 신부가 북경에 들어와 도교 사상을 그의 책에 수용한 방법과 흡사했다. 경교의 경전에서 유불도의 빛깔이 강하게 나타날수록 중국인들이 보기에 경교는 불교 혹은 도교의 아류로 전락하는 것이었다. 그럼에도 불구하고 경교는 역으로 불교에도 여러 가지 영향을 끼쳤다. 경교의 제례의식이 불교에 영향을 미쳤다고 보는 것이다.

먼저 당나라의 불교는 그리스도교의 영생의 교리에 영향을 받았다고 한다. 불교는 사후의 삶에 대한 교훈이 약했는데, 경교의 죽은 사람을 위한 기도와 미사의식이 불교에 영향을 끼쳐 불교의 사자법회死者法會가 생겼다고 한다. 또한 불교의 정토종에서는 죽은 사람을 위한 법회의 기간을 49일로 잡고 있는데, 이것은 그리스도교의 사순절의 절기 기간과 같다는 것이다. 당나라 장안에서는 경교 사제들이 사순절 절기를 지키고 있었다.[92]

비록 목탁, 삭발, 그리스도교 경전에 차용된 유불도의 용어 등이 경교의 외투를 덧칠하면서 그리스도교 본연의 교리가 퇴색된 면이 없지 않지만, 경교 사제들은 그리스도교의 정수만은 전하려고 했다. 그 정수가 넘치면 불교와 같은 타종교도 그리스도교의 영향을 받을 수밖에 없었다. 그러나 당나라의 경교는 타종교의 벽을 뛰어 넘지 못했다. 그래서 불교와 도교의 단청 색을 칠한 경교는 그리스도교의 이단이라는 낙인이 찍힌 옷을 기나긴 역사 동안 입고 있어야만 했다.

비록 경교는 불교와 도교를 대폭 수용했지만 신앙과 교리 면에서는 정통 그리스도교와 크게 다르지 않았다. 경교 사제들은 그리스도교의 주요 교리인 삼위일체론, 예수의 십자가 죽음과 부활 신앙 등을 굳게 믿고, 중국인들에게 교리를 전파했다. 경교의 경전에 불교와 도교의 용어가 많이 나온다고 하지만 그것은 외국인이었던 경교 사제들이 중국인들에게 교리를 쉽게 설명하기 위한 자구책이었다. 지금도 외국으로 나가는 선교사들은 그 나라의 문화와 특성을 배우고 익히면서, 그리스도교 교리를 그 나라 현실에 맞추어 설명하려고 한다. 이러한 선교 활동을 보수 그리스도교는 혼합주의라고 비판하면서 이단으로 몰기도 한다.

당나라에서 활동한 경교 사제들은 후대인들에 의해 그들이 이단으로 불릴 것이라고 상상조차 못했을 것이다. 불교와 도교의 용어가 넘치는 그리스도교 경전을 들고 머리를 깎고 절에서 목탁을 쳤던 경교를 지금의 눈으로 보면 기이할 수밖에 없다. 그러나 고대 그리스도교가 그리스 철학을 대폭 수용하면서 고등 종교로 거듭나고, 현재 미국의 교회가 신자유주의를 수용하여 자본과 부흥만을 쫓는 대형 교회로 변하는 동안 한국 교회 또한 이를 모방하고 있는 것처럼, 경교가 도교와 불교를 수용하면서 중국에 그리스도교를 토착화시키려고 했을 것이라는 생각은 왜 하지 못할까?

당나라 말기인 10세기 전후에 경교는 중국에서 잊히고 있었다. 빛을 발한다는 경교의 빛이 서서히 꺼져 갔다. 경교가 중국에서 사라진 가장 큰 이유 중 하나는 지나친 혼합주의에 있었다. 경교는 불교와 도교를 혼합하면서 중국 토착화를 시도했지만 불교와 도교의 세력에 경교는 미약할 수밖에 없었다.

경교가 중국에서 사라진 또 하나의 계기는 회창會昌의 폐불廢佛을 들 수 있다. 회창의 폐불 혹은 회창의 법난은 당나라 황제 무종武宗(재위 841~846) 회창 5년(845)에 일어났던, 말 그대로 불교를 대탄압하는 사건이었다. 탄압 대상은 불교만이 아니었다. 그 당시 중국에 전래되었던 마니교, 조로아스터교, 그리고 경교도 탄압에서 예외가 될 수 없었다. 이들 외래 종교는 흔히 세 종류의 오랑캐 종교라는 뜻의 '삼이교'三夷敎로 불렸다. 회창폐불로 인하여 4,600여 개의 절에 있던 승려 26만 5천 명이 환속되었다.

환속이라 함은 아예 승려의 신분을 벗어 버리는 것을 말한다. 이때 함께 환속된 조로아스터교와 경교 사제는 2천여 명에 달했다. 그 당시 경교 교인 수는 대략 4만에서 7만으로 추정된다. 회창폐불이 발생하고 33년 뒤인 878년에 일어난 황소의 난으로 조로아스터교, 마니교, 이슬람교, 유대교 및 경교 등의 교인 18만 명이 목숨을 잃었다. 이때 경교의 교인은 약 3만 명이었다.[93] 이렇게 탄압당하면서 경교의 빛은 꺼져 갔다.

경교의 빛을 더욱 어둡게 한 요인은 이슬람의 등장이었다. 회창폐불과 황소의 난 이후부터 중국으로 들어오는 네스토리안들을 찾아보기가 힘들었다. 750년에 압바스 왕조가 바그다드로 도읍을 옮긴 후부터 주도권이 이슬람으로 넘어가면서 페르시아에서 중국으로 향하는 종교는 그리스도교에서 이슬람으로 변하고 있었다. 중국으로 입국하는 대부분의 중동 사람들은 무슬림들로 교체되었다. 이

불국사에서 만난 예수

경교 석비 13~14세기. 매끈한 돌을 평평하게 하여 만든 석비. 경교와 관련된 비석으로, 무덤 앞에 세워졌던 것으로 추정된다. (신장위구르자치구박물관 소장)

슬람의 장벽 때문에 네스토리안들은 더 이상 중국 땅을 밟을 수 없었으며, 탄압을 피해 중국에 남아 있던 네스토리안들은 중국의 변방으로 사라지고 말았다.

980년 무렵 바그다드에서 중국 내의 경교 현황을 조사하기 위해 파견되었던 사제는 중국 땅에서 한 명의 경교 교인도 찾지 못하고 돌아왔다는 기록을 남겼다.[94] 이렇게 경교는 중국에서 자취를 감추고 말았다. 그러나 경교의 빛은 완전히 꺼지지 않았다. 아니 불씨가 살아서 내몽골 지역으로 번져 갔다. 내몽골 지역에서 생명의 불꽃을 태우던 경교는 13세기에 루브룩 신부와 마르코 폴로에 의해서 목격되었다. 그것이 이 책 제3장에서 이야기한 동방 그리스도교인 경교였다.

당나라와 몽골제국이 망하고 나서도 경교는 17세까지 끈질기게 생명을 유지했다. 그것은 동방 그리스도교의 성녀였던 쿠빌라이의 어머니 소르칵타니 베키가 보살로 둔갑해 버린 사건으로 이미 앞장에서 설명되었다.

당나라에서 부흥한 경교가 1천여 년이 지난 중국의 변방에서 불교의 옷을 입고 움츠리고 있는 동안, 조선 후기의 지식인들 또한 경교를 알아 가고 있었다. 그들이 조선에 들어온 천주교를 경교로 혼돈한 배경은 경교의 강인한 생명력이 조선 후기에도 알려졌음을 반증하는 것은 아닐까? 그래서 19세기 최고의 백과사전이라고 하는 『오주연문장전산고』에서 이규경은 기해사옥으로 순교한 프랑스인 샤스탕 천주교 신부가 조선에 경교를 전파하기 위해서 입국했다고 하였을까?

경교를 널리 전파하고자 병신년(1836) 11월에 입국하여 정하상의 집에 머물면서 경향을 왕래했으며, 서양에서 수로水路로 중국에 입국했는데 교리 중에 십계十戒를 어기지 않았다. 그리고 정丁씨 집에 머무른 지 몇 달 뒤에 기호畿湖 지방을 왕래했다.

이규경은 샤스탕 신부가 경교를 널리 전파하기 위해서 조선에 입국했다고 적고 있다. 그리고 샤스탕 신부는 경기 일대인 기호 지방을 왕래하면서 경교를 전파했다고 했다. 이렇게 당나라에서 빛을 발하던 경교는 몽골 지역과 조선의 변방에서 끈질긴 생명력을 유지하면서 천 년 후의 조선 지식인들에게도 알려졌다. 이러한 경교가 당나라를 통해 발해와 신라에 유입되었음은 중국과 한반도의 유구한 문화 교류로 볼 때, 어찌 보면 당연한 것이다.

불국사에서 만난 예수

경주로 간 성모 마리아와 천주 기와

신라의 그리스도교 전래설을 푸는 실마리는 더 있다. 경주에서 발굴된 8~9세기 유물인 성모 마리아상과 남한산성에서 발굴된 8세기 유물인 천주天主가 새겨진 대형기와는 신라의 그리스도교 전래설을 뒷받침하는 유물이다. 성모 마리아상은 불국사 경내에서 출토된 돌십자가와 같이 숭실대학교 한국기독교박물관에 보관되어 있다. 불보살상佛菩薩像 모양의 성모 마리아상은 높이 7.2cm, 넓이 3.8cm이며, 양각으로 아기 예수를 품에 안은 구도로 되어 있는 소상塑像이다.

한국기독교박물관은 성모 마리아상이 중국에서 전래된 것으로 추정하며, 경교와 불교 문화의 교류와 경교의 한반도 유입을 보여주는 중요한 유물이라고 설명한 바 있다. 불교계에서는 여인이 아기를 안고 있는 송자관음送子觀音과 자모관음慈母觀音이 있기 때문에 성모 마리아상이 경교의 유물이라고 단정할 수 없다는 주장을 하기도 한다. 송자관음은 주로 16세기 명나라에서 유행했으며, 자모관음은 8세기 전후 일본에서 나타나는 모자상母子像으로 한국에서는 찾아보기 어렵다.

이 책의 보론에서 설명하겠지만 네스토리안교인 경교는 마리아를 '하느님의 잉태자'theotokos로 보지 않고 '그리스도의 어머니'christokos로 불렀기에 서방 그리스도교에 의해 이단으로 간주된 아픈 과거를 가지고 있다. 경교는 마리아를 신격화하지 않기 때문에 성모 마리아를 숭배의 대상으로 보지 않는다.

현재 가톨릭과 동방 정교회에서 성모 마리아를 숭배하고 있으며, 개신교와 경교의 전통을 잇는 아시리아 동방교회는 성모 마리아를 숭배하지 않기 때문에 성모 마리아상을 만들지 않는다. 성모 마리아를 숭배하지 않는 경교가 그것도 신라 땅에 성모 마리아상을 유물로 남겼다는 주장은 설득력이 약할 수밖에 없다. 그래서 경주에서 발굴되었다는 성모 마리아상은 다른 종교의 변형은 아니었을까 하는 의문을 품게 한다.

성모 마리아상과 관련 없이 신라 사람들은 성모聖母라는 존재를 잘 알고 있었다. 신라 사람들이 알고 있는 성모는 진평왕眞平王(재위 579~632) 때, 안홍사의 여승인 지혜智惠에게 꿈에 나타나 불법 행사를 베풀라고 지시했다. 여승 지혜에게 나타난 성모는 선도성모仙桃聖母 혹은 동신성모東神聖母로 불렸다고 『삼국유사』는 전한다. 이름에서 알 수 있듯이 선도성모와 동신성모는 도가에서 말하는 선녀의 명칭이다.

신라 사람들이 선녀를 성모로 표현하고, 도교의 선녀가 여승에게 불법 행사를 장려하고, 신라의 유물로 성모 마리아상이 발굴되었다는 것은 발해와 몽골의 경교가 불교의 옷으로 갈아입었던 것처럼 신라에서도 이러한 종교 문화의 융합이 일어났다는 것을 반증하는 것은 아닐까? 종교가 문화 교류에 의해 수용과 혼합을 통해 토착화되어 간다는 점은 앞 장에서 몽골의 성녀였던 소르칵타니 베키가 보살로 변해 버린 사실로 설명한 바 있다. 19세기 말 개신교가 이 땅에 토착화되어 갈 때, 한글로 번역된 『천로역정』의 삽화에 그리스도교의 천사가 선녀로 그려져 있는 것도 종교의 수용과 혼합을

불국사에서 만난 예수

보여 주는 좋은 예이다.

성모 마리아가 보살로 변형되는 것은 일본의 잠복기 기리시탄에게서 뚜렷하게 나타나는 현상이다. 일본 막부의 그리스도교 금지 정책으로 기리시탄들은 탄압을 피해 지하로 숨어들어 그들의 신앙을 250여 년 동안 이어갔다. 일본 기리시탄들은 막부와 다른 종교인들의 눈에 띄지 않게 관음보살의 모습을 한 '마리아 관음'을 만들었다. 이것이 탄압을 피해 불상으로 위장된 마리아 관음상이다. 마리아 관음상은 불교와 그리스도교의 융합을 잘 보여 준다.

일본 기리시탄들은 나가사키, 고토五島 등의 지역에서 불상의 관음상을 성모 마리아의 이미지로 형상화하여 존경의 대상으로 삼

일본의 마리아 관음상

아 기도해 왔다. 이를 후세의 사람들이 '마리아 관음' 또는 '관음 마
리아'라고 불렀다. 마리아 관음상은 일본 지역별로 다르게 나타나
는데 주로 시골의 엄마가 어린아이를 안고 젖을 먹이는 형태로 토
속적인 친밀감이 강하게 나타나고 있으며, 불교의 관음상, 아미타
상, 보살상 등을 이용하여 만들어졌다.[95]

　　일본 기리시탄들은 천주교도들이기 때문에 숭배의 대상인 마리
아의 이미지를 불상에 각인시켰다. 이렇게 천주교가 불교와 동화되
어 버렸지만, 일본 기리시탄들은 천주교의 기본 교리는 지키고 있
었다. 신라의 성모 마리아상 또한 마리아 관음상의 변형으로 이해
할 수는 없을까? 이것이 사실이라고 한다면 신라에 천주교 또는 동

불국사에서 만난 예수

천주天主가 새겨진 기와

방 정교회가 전래되었다는 또 다른 가설을 제시하게 되는 것이다.

그러나 천주교와 동방 정교회가 중국과 한반도에 8세기를 전후로 전래되었다는 서양과 동양의 기록은 찾아보기 힘들다. 뒤에서 설명하겠지만 2세기 전후에 중국에 그리스도교가 전래되었다는 문헌 기록이 있지만, 이 기록으로 신라의 성모 마리아상에 대한 의문을 완전히 풀지는 못한다. 그래서 신라의 성모 마리아상은 관음상이 다른 종교에 의해 시대가 흐름에 따라 어떤 형태로 변형되어 가느냐에 대한 더 깊은 연구를 필요로 한다.

2007년 남한산성 터에서 발견된 신라 시대의 초대형 기와는 신라의 그리스도교 전래설에 또 하나의 의문을 더 한다. 이 초대형 기와의 길이는 64cm, 두께 5cm, 무게가 19kg이 되는 것도 상당수 있었다. 그중에 '천주'天主라는 글자가 새겨진 기와가 있었다. 이 기와가 발견되고서 신라의 경교 전래설에 대한 논의가 증폭되고 있다. 그러나 경교는 천주라는 말을 거의 사용하지 않았다. 천주라는 말이 어떻게 해서 신라 시대의 기와에 새겨져 있었을까?

한국 고문헌에 천주라는 말이 등장하는 것은 주로 17, 18세기에 조선에 그리스도교가 알려지고 나서이다. 그런데 어떻게 1천여년 전 신라에서 천주라는 용어를 사용했을까? 만약 천주를 하느님이라는 뜻으로 신라 사람들이 사용했다면 신라의 그리스도교 전래설을 뒷받침할 수 있는 근거가 될 수 있다.

중국에서는 한漢나라의 역사서인 『한서』漢書에 '천주'라는 말이 사용되었다. 이규경은 『오주연문장전산고』에서 천주라는 말의 유래에 관해 『한서』를 인용하여, 천주교가 이미 한나라 시대에 있었다고 하였다.

> 『한서』「곽거병전霍去病傳의 찬贊」에 "김일제金日磾는 본래 휴도왕이 금인金人을 만들어서 천주天主를 제사했으므로 이를 따라서 김씨라는 성姓을 내린 것이다" 하였으니, 천주라는 명칭은 한나라 때부터 이미 그렇게 불렸던 것이다. 또 손오孫吳 때에 땅을 파다가 십자철十字鐵을 얻었으니, 이 또한 한漢나라 때부터 천주교가 있었다는 증거이다. 오吳나라 대제大帝 손권孫權 적오赤烏 10년(247) 무오에 땅을 파다가 쇠로 만든 십자비十字碑를 얻었다. 『오주연문장전산고』「사교의 배척에 관한 변증설」

이규경의 인용과 주장에는 잘못된 점이 있다. 『한서』는 후한 시대의 반고班固(32~92)가 썼고, 천주에게 제사를 하였다는 김일제(기원전 134~기원전 86)는 기원전의 사람이기에 그리스도교가 창설되기 이전에 중국에서는 천주에게 제사를 지내는 다른 종교가 있었던 것이다. 그리고 김일제의 이야기는 「곽거병전의 찬」에 있는 것이 아니고, 『한서』 「곽광김일제전 제38」霍光金日磾傳第三十八에 나오는 것이다. 그리스도교의 기원에 대한 정보가 부족했던 그 당시의 이규경으로서는 『한서』에서 사용된 천주라는 말이 천주교와 관련되었을 것이라고 생각했을 수도 있다.

그러나 오吳나라 때에 십자철과 십자비가 발견되었다는 이규경의 주장은 경교가 당나라에 전래된 것 보다 400여 년 더 앞서는 것이라고 할 수 있다. 중국의 그리스도교 기원설은 불교가 중국에 전래된 1~2세기까지 거슬러 올라간다. 중국에서는 그리스도교 이전에 유대교가 전래되었으며, 3세기 전후 한나라 때 시리아의 선교사가 중국에 방문했고, 한나라가 망한 후 오나라 때에는 그리스도교가 전래되었다는 기록이 전해지고 있다.[96]

중국에 그리스도교 이전에 유대교가 있었다면 천주를 제사했다는 김일제는 유대교와 관련 있는 것은 아닐까? 그러면 김일제는 누구일까? 김일제는 한나라의 관리를 지낸 흉노족이다. 흉노족은 중국 북부와 몽골 지역에 있던 유목민족이었다. 김일제는 흉노족 장수 휴도왕休屠王의 아들로 태어났으며, 한 무제와의 전투에서 패하면서 중국으로 끌려왔다. 휴도왕이 금인金人을 만들어 천주에 제사를 지낸다고 하여 한 무제가 김일제에게 김씨 성을 하사했다.

금인을 만들어 제사를 했다는 것은 이스라엘 백성들이 이집트를 탈출하는 이야기를 다루는 『구약성경』의 「출애굽기」에 나오는 금송아지 숭배와 유사하다. 이스라엘 백성들은 이집트를 탈출한 후, 하느님의 형상을 알 수가 없어 금송아지를 만들어 하느님에게

제사를 지냈다.

그리스도교가 창설되기 이전에 유대인들이 실크로드를 타고 중
국 대륙으로 나아가, 그들이 믿던 유대교 야훼 하느님 사상을 유목
민인 흉노족에게 전하고, 이로 인해 김일제의 아버지인 휴도왕이
금인을 만들어 천주에게 제사를 지냈을 것이라는 가능성도 충분히
있을 수 있다. 종교 문화의 상관성은 수용과 모방에 의해 시공을 초
월할 수 있기 때문이다.

김일제는 신라와 관련된 인물이기도 하다. 신라 문무왕릉비에
"하늘에 제사를 지내는 투후의 후손이 7대를 전하여"(秅侯祭天之胤傳七
葉以), 15대조 성한왕星漢王은 하늘에서 신라로 내려왔다는 구절이
있다. 김일제는 한나라로부터 투후秅侯라는 관직을 받았는데, 문무
왕릉비의 '투후'라는 말이 곧 김일제를 뜻하며, 성한왕은 신라 김씨
왕조의 시조인 김알지金閼智(65~?)라는 주장이 제기되었다. 2008년

11월 KBS의 〈역사추적〉에서는 김일제와 김알지의 관계를 추적하면서 신라 김씨 왕조는 김일제의 후손이라고 주장한 바 있다.

김일제의 아버지 휴도왕이 천주에게 제사를 지냈다는 사실은 흉노족의 천신 사상에서 비롯된다. 흉노족의 천신 사상은 기원전 605년에 시작된 이스라엘 백성들의 강제 이주인 바빌론 유수幽囚로 인해 북동 아시아로 유대교가 전파되면서 영향을 받은 것은 아닐까?

'천주'라는 말은 불교의 대장경에도 자주 등장하는 용어이다. 불교에서는 천주가 제사의 대상이 아닌 부처와 수행자들을 방해하는 마귀로 나타난다. 욕계欲界의 주인인 천마天魔가 제육천第六天의 천주라고 한다. 부처가 보리수 아래에서 도를 닦을 때, 천주인 천마가 방해를 했지만 이를 이기고 성불했다.[97]

불교에서의 천주라는 의미는 그리스도교나 유대교의 하느님이라는 의미와 완전히 다르다. 그래서 천주를 제사의 대상으로 삼았다면 이는 하늘에 있는 신을 말하는 것이다. 한국 그리스도교에서 천주는 하느님을 뜻한다. 한국종교사에서는 하느님의 어원을 '흐늘＋님'과 '흐ᄂ＋님' 두 가지로 풀이하고 있다. 하느님의 어원은 몽골어 'tengri'에서 유래되었으며, 하늘·인격신·단일신·최고신의 뜻을 지니고 있다. 20세기 초 한국 그리스도교가 토착화되는 과정에서 천주와 상제라는 용어는 '하늘＋님'의 의미를 지니면서 여기에 유일성을 강조한 '하나＋님'의 의미가 첨가된 '하느님'이 되었다.[98]

하느님의 어원을 풀이해 보면 김일제의 아버지 휴도왕은 그리스도교의 유일신 하느님에게 제사를 지낸 것이 아니라 하늘에 있는 님인 천주에게 제사를 지냈던 것이다. 그러면, 김일제 아버지가 천

경주 서봉총 금관 장식 위에 붙은 새(좌)와 흉노 추장의 금모자에 장식된 새(우)

주에게 제사를 지냈고, 김일제와 신라 김씨 왕조의 관련성이 역사
적으로 사실이라면 천주 기와의 의문은 풀릴 수 있지 않을까?

　신라에서 발견되는 금관이나 황금 유물들이 김알지의 후예들인
김씨 마립간麻立干들이 통치하던 5～6세기 무덤에서 집중적으로 발
굴되고 있는데,[99] 이러한 유물들이 금인을 만들어 하늘에 제사를 지
냈던 흉노족의 유물과 흡사하다는 사실에서 흉노족 김일제와 '쇠
금'金 자를 쓰는 신라 김씨와의 상관성을 엿볼 수 있다. 9～12세기의
아랍 사람들이 신라를 황금의 나라라고 부른 것도 김일제와 신라 김
씨의 성에서 영향을 받았을 것이다. 12세기 아랍의 지리학자 알 이드
리시al-Ldrisi는 황금의 나라 신라를 이렇게 묘사한다.

　그곳(신라)을 방문한 사람들은 누구나 정착하여 다시 나오고 싶어
하지 않는다. 그 이유는 그곳이 매우 풍요롭고 이로운 것이 많은 데

　　　　　　　　　　　　　　불국사에서 만난 예수

있다. 특히 금은 너무나 흔한 바, 심지어 그곳 주민들은 개의 쇠사슬
이나 원숭이의 목테도 금으로 만든다.[100]

그러면 황금의 나라 신라에서 흉노족 김일제의 후손인 신라 김
씨가 금인을 만들어 천주에게 제사를 지냈기 때문에 천주라는 한자
가 새겨진 기와가 발굴되었다고 추측해 볼 수도 있다.

이러한 추측은 아직 우리 역사에서 풀지 못한 고대 그리스도교
의 전래설을 더 어렵게 만든다. 과거의 수수께끼를 푸는 작업은 현
재와 미래를 향해 새롭게 쓰일 우리 역사가 당당한 정체성을 찾는
길임은 자명하지만, 고대에 전래된 종교는 유물과 문헌의 부족으로
유추와 상상력에 의존할 수밖에 없는 한계를 지니고 있다. 신라의
유물이라는 성모 마리아상과 천주 기와가 발굴되어도 이에 대한 추
적이 더 이상 어려운 이유가 여기에 있다.

동방 그리스도교의 신라 유입설을 받아들인다면 불국사의 돌십
자가, 경주의 십자가 무늬 장식, 김대성의 불국사와 석굴암 창건에
관한 설화, 성모 마리아상, 천주 기와 등은 불교와 그리스도교의 만
남을 푸는 단서를 제공한다. 불국사에 있던 승려들이 그리스도교를
차용하면서, 그리스도교는 불교 속으로 들어갔다는 상상을 해 볼
수 있다. 즉, 그리스도교가 불교와 융합되면서 본연의 교리가 불교
에 흡수되어 버리고, 십자가만 달랑 남아서 불국사에 파묻혔다고
할 수 있다. 석굴암에 비친 헬레니즘 속의 그리스도교 문화와 마찬
가지로 불국사도 예수와 그가 남긴 그리스도교를 1,300여 년 전에
만나고 있었던 것이다.

동방 그리스도교의 재조명

서양 중심의 그리스도교

가톨릭과 개신교는 서양에서 들어온 종교다. 가톨릭과 개신교가 조선에 공식 창설되기 1,100여 년 전에 그리스도교는 이미 동방을 향하고 있었다. 이것이 당나라에 전래된 경교라 불린 네스토리안교이다. 네스토리안교는 로마를 중심으로 한 서방 그리스도교에 의해 이단으로 낙인찍혀 수난과 박해를 당했다.

서방 그리스도교는 서양 중심적 사고를 낳았다. 로마를 중심으로 한 가톨릭 신앙에 위배되면 모든 것이 정죄定罪되었다. 서양 중심적 사고는 서양의 문화와 종교가 절대적으로 우월함을 강조한다. 그러나 엄밀히 말하면 그리스도교는 서양의 종교가 아니라 동양의 종교다. 서구 중심적 사고로는 동양의 종교인 그리스도교의 본질을 이해하기 어렵다. 서구 중심으로 그리스도교를 바라보면 2천 년 전 동양의 서쪽 끝인 예루살렘의 골고다 언덕 위에서 십자가 처형을 받았던 동양인 예수는 서양인이 된다.

서양인 얼굴을 한 예수는 서양 중심적 그리스도교 사고의 산물이다. 그러나 이러한 사고를 송두리째 바꾸어 버린 사건이 발생했다. 2001년 영국의 맨체스터 대학 연구팀은 첨단 법의학과 컴퓨터 기술을 이용해서 유대인 예수를 그려냈다. 예수의 얼굴은 1세기 유대인들의 두개골을 바탕으로 얼굴 윤곽과 턱수염 등을 복원한 것이었다. 복원된 예수의 모습은 그동안 우리가 보아 왔던 하얀 피부, 긴 머리카락, 마른 체구를 지닌 전형적인 유럽 백인 예수가 아니었다. 연구팀은 예수의 두개골을 이용한 것이 아니기에 예수의 얼굴은 아

불국사에서 만난 예수

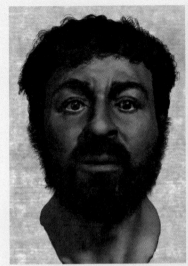

맨체스터 대학 연구팀이 복원한 동양인 예수(왼쪽)와
워너 살만Warner Sallman이 그린 서양인 예수(*The head of Christ*, 1941)

니지만 실제 모습을 추정하는 출발점은 될 수 있을 것이라고 했다.[1]

예수는 이제 서양인이 아닌 동양인으로 다시 태어났다. 그러나 아직도 서양 중심적 사고는 그리스도교를 서양의 종교로 만들고, 서양 종교가 우월하다는 생각으로 동양에서 발달한 불교, 이슬람교, 마니교, 힌두교 등을 우상을 섬기는 미개인의 종교로 여긴다. 이러한 서양 중심적 사고는 오늘날 한국에 들어와 있는 개신교에도 팽배해 있다. 개신교도 중에는 어느 정도 토착화를 시도한 가톨릭조차도 이단이라고 생각하는 사람들이 있다.

미국을 중심으로 조선에 전파된 개신교는 미국 중심적 사고방식을 심화시키고 있다. 오늘날 미국 교회는 시장 자유주의를 외치면서 시장으로 가고, 교회 부흥을 추구하면서 자본에만 집중한다고 비판을 받는다. 그래서 '시장으로 간 교회'라는 말도 나온다. 한국 개신교회 중에도 이와 같이 시장 자유주의를 외치고, 미국 교회의 마케팅을 본받아 이를 닮아 가는 교회가 많다.

신라와 발해가 불교와 그리스도교를 융화했다면, 오늘날 한국 개신교는 미국 개신교를 받아들이면서 김치 냄새 나는 그리스도교가 아니라 버터 냄새 풍기는 교회로 변해 가고 있다. 시대에 따라 종교는 변화한다. 힘 있는 종교가 힘 없는 종교를 흡수한 예는 역사를 통해 충분히 확인할 수 있다. 지금의 한국 개신교 또한 미국화되면서 교회의 '소망'은 천국에 있는 것이 아니라 '자본'에 있는 것처럼 혼동하고 있다. 소망과 자본이 일치하는 교회는 예수의 소망이 있는 교회가 아니라 부와 탐욕을 숭배하는 맘몬Mammon 교회이다.

동양인 예수의 소망은 이 땅의 가난한 자들에게 울려 퍼지는 천국의 선포에 있었다. 동양인 예수의 소망이 서양 중심적 사고로 인해 종교화되면서 동방으로 갔던 네스토리안교는 서방 그리스도교에 의해 핍박을 받아야 했다. 오늘날 맘몬 교회가 작은 교회를 무시하고, 타 종교를 우상으로 몰아붙이고, 교리가 다르면 이단시하는 것처럼 네스토리안교는 오랜 세월 동안 서양 중심적 사고로 말미암아 이단의 굴레에서 벗어날 수 없었다.

일반적으로 이단異端이란, 정통 이론에서 많이 벗어난 교리, 주의, 주장 등을 총칭하는 말로 사용된다. 조선 후기에 천주교가 들어와서 조정에서 이를 사교라고 탄압한 것처럼 이단의 굴레를 쓰면 멸시와 박해가 따랐다. 그러나 이단의 본래 뜻은 교회 내의 분파를 의미한다. 교리, 주의, 주장이 다르다는 의미의 개념은 2차적인 것이다.

그리스도교의 정통 교리가 혼합, 전이, 동화, 변형, 확장 등을 통해 다양화되는 동안 정통과 이단의 의미도 시대 상황에 따라 변해 갔다. 역사를 볼 때, 한때의 이단이 영원한 이단이 되는 것은 아니다. 마치 1970년대 순복음교회가 이단시되었다가 지금은 정통 교회로 변한 것처럼, 정치적 고려로 정통 교회가 이단자와 손을 잡고 정통으로 선포되기도 하였다. 어떻게 보면 이단은 소외된 자들에게 붙여진 또 다른 이름이라고 할 수 있다.[2] 그들은 서방 그리스도교 역사 속에 비주류의 삶을 살아야 했다.

영원한 이단자 네스토리우스

서방 그리스도교에 의해 이단으로 낙인찍혀 소외되었던 그리스도교의 분파 중에 네스토리안교가 있었다. 네스토리안교는 콘스탄티노폴리스의 대주교였던 네스토리우스Nestorius(386~451)의 사후, 그를 추종하는 자들에 의해 탄생되었으며, 동방 그리스도교의 주요 교파로 성장했다.

콘스탄티노플로의 수도 이전으로, 콘스탄티노플의 대주교 자리는 항상 정치적 음모가 도사리고 있었으며, 그 자리에 있던 네스토리우스도 음모에서 자유로울 수 없었다. 그 자리는 동방 그리스도교 내의 안디옥 교파와 알렉산드리아 교파 사이에 분쟁의 씨앗이 되었다.

마침내 콘스탄티노플 주교회는 로마의 대주교가 서양에 대해

네스토리우스

우선권을 가지는 것처럼 콘스탄티노플의 대주교가 동양에 대해 우선권을 가진다고 선포함으로써, 동방 그리스도교 내의 분쟁은 절정으로 치달았다. 콘스탄티노플이 동로마 제국의 수도가 되었기 때문에 이 선포는 어떻게 보면 현실의 단순한 반영이었다.

　이 정치적 게임에서 콘스탄티노플의 주교들 대부분이 안디옥 교파 출신이었기 때문에 안디옥 교파는 알렉산드리아 교파보다 더 성공적일 수밖에 없었다. 그러나 알렉산드리아 교파에 소속되었던 주교들은 자신들이 제2의 지위로 하락하는 것을 받아들일 수 없었다. 이로 인해 알렉산드리아 교파는 안디옥 교파를 적으로 간주하게 되었다. 그래서 안디옥 교파의 대표이자 콘스탄티노플의 대주교였던 네스토리우스의 자리는 안전할 수 없었고, 알렉산드리아 교파

불국사에서 만난 예수

는 네스토리우스의 실수만 찾고 있었다.[3]

　네스토리우스는 안디옥 교구가 있던 유프라테스 강 상류 지방에서 태어났다. 그는 수려한 외모와 뛰어난 언변으로 유명한 설교자가 되었다. 그의 명성이 알려지자 428년 4월 동로마의 황제 테오도시우스 2세Flavius Theodosius(재위 408~450)는 그를 콘스탄티노플의 대주교로 임명했다. 네스토리우스가 대주교 자리에 오르기 위해 콘스탄티노플에 갈 때, 그는 스승이었던 테오도르Theodore(350~428)를 찾아갔다. 스승은 네스토리우스의 앞날에 먹구름이 끼고 있음을 직감이나 한 것처럼, 그에게 조심하고 겸손하며 다른 사람들의 의견을 존중하라고 충고했다.

　콘스탄티노플에 도착한 네스토리우스는 황제를 알현하고 대주교에 올랐다. 그 자리에서 네스토리우스는 황제에게 "황제 폐하, 이단자들에게 빠져 있는 세상을 제게 주십시오. 그러면 저는 폐하께 천국을 드리겠습니다"라고 힘차게 말했다.[4]

　네스토리우스는 이단에 물든 세상을 평정하려 했지만, 그와 반대로 이단자라는 평생의 낙인이 그를 기다리고 있는 줄은 상상조차 하지 못했다. 네스토리우스의 권위를 단번에 추락하게 만든 것은 성모 마리아를 '하느님의 어머니'가 아닌 '그리스도의 어머니'라고 부른 말이 결정타였다. 네스토리우스가 크리스마스 설교에서 예수의 탄생을 축하할 때, 그는 안디옥 교파에서는 주목하지 않고 서방 교회에서 사용하고 있던 '동정 마리아'에 초점을 맞추고 있었다.

　그 당시 콘스탄티노플에서는 마리아를 예수의 '신성'神性을 반영한 '하느님의 어머니'로서 '하느님의 잉태자'라고 부르고 있었다.

'하느님의 잉태자'는 그리스어로 '테오토코스'Theotokos라 불렸다. 그러나 안디옥 교파는 이 용어 사용에 문제가 있다고 생각했다. 안디옥 교파는 예수의 '신성'보다 완전한 '인성'人性을 더 강조했기 때문이다. 다른 교파에서도 '테오토코스'라는 용어 사용에 의문을 제기했다. 네스토리우스는 이 논쟁의 중재자로 나섰다.[5]

> 내가 여기에 왔을 때, 사제들 사이에 논쟁이 있음을 알았다. 어떤 이들은 하느님의 축복받은 동정을 지닌 어머니라고 부르는 반면, 다른 이들은 그녀를 '사람의 어머니'라고 부르고 있다. 이들을 소집해서 나는 그녀를 '그리스도의 어머니'로 불러야 된다고 제안했다. 『성경』에서 사용되고 있는 것처럼, 그리스도의 어머니라는 말은 하느님과 인간을 동시에 나타내는 것이다.

네스토리우스는 예수 그리스도가 마리아에게서 태어난 것은 신성이 아니라 인성이기 때문에 마리아를 '하느님의 어머니'라고 부르는 것보다 '그리스도의 어머니'라고 부르는 것이 예수 그리스도의 두 가지 본성인 신성과 인성을 동시에 나타내는 것이라고 보았다. '그리스도의 어머니'는 그리스어로 '크리스토코스'Christokos, 즉 '그리스도의 잉태자'로 불렸다. 그러나 네스토리우스의 '크리스토코스'라는 말은 그의 실수만 기다리고 있던 알렉산드리아 교파의 사냥감이 되고 말았다.

429년 부활절 일요일, 네스토리우스의 경쟁자인 알렉산드리아의 주교 키릴루스Cyril(375?~444)는 네스토리우스가 그리스도의 신

불국사에서 만난 예수

마리아 테오토코스(좌)와 크리스토코스(우)

성을 부정하는 이단자라고 선언했다. 키릴루스는 네스토리우스보
다 더 수완이 뛰어난 정치인이자 신학자였다. 키릴루스는 동로마
황제 테오도시우스에게 네스토리우스를 파면할 것을 요청했다. 황
제가 이를 거부하자, 키릴루스는 로마 대주교를 시켜 네스토리우스
의 이단성을 조사할 것을 요구했다.

　키릴루스는 네스토리우스의 이단성을 열거한 열두 개 항목의
비판서를 공포했다. 네스토리우스도 이를 반박하는 열두 개 조문을
썼다. 그리고 그는 황제에게 교회의 평화를 위해 공의회를 개최해
줄 것을 요청했다. 이 공의회가 431년 6월 7일 터키 에베소서의
'테오토코스' 성당에서 열린 에베소서 제3차 공의회였다. 공의회는

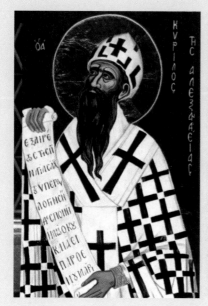

키릴루스

테오토코스 성당의 이름처럼 마리아를 '하느님의 어머니'로 부르는 성당에서 개최되었다. 네스토리우스는 절대적으로 불리한 상황에 처했다.

공의회는 아시아와 아프리카 각지에서 주교들이 도착하기만을 기다렸다. 네스토리우스도 자신을 지지하는 주교들을 기다렸다. 그러나 키릴루스는 더 이상 시간을 지체할 수 없다며, 6월 22일 154명의 주교들이 참석한 가운데 공의회를 개최하도록 요구했다. 네스토리우스는 참석을 거부하고, 공의회는 키릴루스와 그를 지지하는 에베소서의 주교인 멤논에 의해 일사천리로 진행되었다. 드디어 공의회는 네스토리우스를 이단으로 낙인찍고, 그를 파문하는 결정을 내렸다.

파문 결정이 내려진 후, 뒤늦게 도착한 네스토리우스를 지지하던 안디옥 교파의 주교들은 별도의 회의를 소집하고 키릴루스와 멤논을 파문했다. 교회의 분열이 심화되자, 이를 지켜본 동로마 황제는 회의에서 결의된 모든 내용을 받아들여 네스토리우스, 키릴루스, 멤논 세 사람을 직위해제했다. 네스토리우스는 이로 인해 대주교 직을 박탈당하고 고향으로 돌아갔다. 네스토리우스의 경쟁자였던 키릴루스는 에베소서에 구금되었다가 알렉산드리아로 도주했다.

433년 동로마 황제는 더 이상의 분열을 막기 위해 네스토리우스를 파문하는 결정을 내렸다. 그리고 네스토리우스를 추종하는 자들이 예수는 인성과 신성이라는 두 가지 본성과 두 가지 인격체를 지녔다는 양성양체론兩性兩體論을 주장한다고 하여 이단으로 규정하고, 그리스도교도라고 불리는 것조차 금지시켜 버렸다. 이렇게 해서 네스토리우스와 그의 추종자들은 교리 논쟁으로 인해 정치적으로 이단이라는 굴레를 쓰고 말았다.

그리스도교의 동서 분열

예수 그리스도의 신성과 인성에 대한 교리 논쟁은 여기서 멈추지 않았다. 어떤 이는 예수의 신성만을 강조하는 단성단체론單性單體論을 주장했다. 이를 주장한 사람은 네스토리우스를 반대했던 유티케스였다. 이로 인해 제4차 공의회가 451년 터키의 칼케돈에서 열리게 되었다. 칼케돈 공의회에서는 예수 그리스도의 본질은 서로

상이한 그러나 뒤섞이지 않은 채 통합된 두 개의 본성을 지닌 하나의 인격체라고 규정했다.

이로써 그리스도의 신성과 인성은 분리되지 않는다는 신조가 탄생하게 되었으며, 이 신조가 오늘날 그리스도교의 가장 근본적이고 핵심적인 교리가 되었다. 그러나 칼케돈 공의회의 결정은 로마를 중심으로 하는 서방 그리스도교와 아시아를 중심으로 하는 동방 그리스도교의 결별을 뜻하는 것이었다. 이 결정으로 서방 교회는 로마 가톨릭으로, 안디옥 교파는 네스토리안교로, 알렉산드리아 교파는 단성론을 주장하는 이집트의 콥트 교회로 분열되었다. 이런 과정을 거쳐 역사 속에서 탄생한 그리스도교 분파를 도표로 나타내면 아래와 같이 정리될 수 있다.[6]

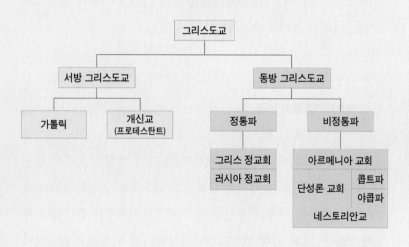

참조: 김호동, 『동방 기독교와 동서문명』, 98쪽.

불국사에서 만난 예수

화해와 용서

이단으로 정죄되어 파문당한 네스토리우스는 어떻게 되었을까? 그를 추종하던 사람들 또한 어떤 길을 걸어야 했을까? 네스토리우스는 파문을 당하고 나서 안디옥으로 향했다. 그곳에서도 그를 반대하는 이들의 탄압이 격렬해지자 그는 아라비아의 페트라로 갔다. 그러나 그곳도 그의 영향 때문에 다른 희생자가 생길까봐 더 이상 머물 수 없었다. 마침내 그는 아무도 없는 이집트 사막으로 가서, 그곳에서 여생을 마감했다.

네스토리우스는 서방 교회에서 영원한 이단자였지만, 안디옥 교파가 중동 지역으로 넘어가 세운 페르시아 교회는 그를 영웅이자 순교자로 치켜세웠다. 그러나 네스토리우스의 마지막은 쓸쓸했다. 죽음이 다가오자 그는 한 편의 글을 남겼다. 유배 아닌 유배를 떠난 네스토리우스는 그의 이름으로 된 책과 글들이 서방 교회에 의해서 모두 불태워진 것을 잘 알고 있었다. 그래서 그는 마지막 글조차도 네스토리우스라는 본명을 사용하지 못하고, 헤라클레이데스라는 필명으로 남길 수밖에 없었다.

세상 것에 나는 관심이 없도다. 나는 세상을 향해서 죽어 갔고, 주를 위해 사노라. ……네스토리우스여, 그를 절대 반대하여라! ……그리고 하느님이시여, 나를 파문시킨 모든 이들이 하느님과 함께 화해를 이루도록 하소서. 사막이여, 나의 친구여 잘 있거라. ……그리고 유배지여, 나의 어머니여 잘 있거라. 내가 죽은 뒤 부활 때까지 내

육신을 지켜 줄 나의 어머니여. 아멘.

네스토리우스는 자신을 파문한 사람들이 자신이 아닌 하느님과 화해하기를 빌었다. 그는 서방 교회에 의해 비록 1,500여 년 동안 이단으로 내몰렸지만, 그가 남긴 글에서는 어떤 이단성도 엿볼 수가 없었다. 네스토리우스는 그의 반대자들보다 더 정통적이었다. 가톨릭의 부패에 반대하고 종교혁명을 일으켜 프로테스탄트를 만들었던 마틴 루터는 네스토리우스가 남긴 글을 엄밀히 조사하고 나서 그는 이단자가 아니라고 단언했다. 네스토리우스는 『성경』에 입각한 정통주의자에 더 가까웠던 것이었다.[7]

네스토리우스가 이단자가 아니었다고 후세에 알려졌지만 네스토리우스를 추종하는 안디옥 교파의 사제들은 박해를 피해 페르시아로 향했다. 그들은 페르시아에 신학 센터와 교회를 건립했다. 서방 교회에서는 이들을 네스토리안교라고 불렀다. 이때부터 그리스도교의 분파인 네스토리안교가 페르시아에 정착하고, 네스토리안 교도들은 아라비아, 인도, 그리고 중국을 향해 전교를 시작하게 되었다. 당나라에 부흥한 경교는 이러한 배경에서 전파되었다.

1994년 11월 11일, 네스토리안교의 이단성은 교황 요한 바오로 2세Papa Giovanni Paolo II(재위 1978~2005)와 아시리아 동방 교회의 총주교 마르 딘카 4세Mar Dinkha IV(1935~)의 그리스도론에 관한 대화합 공동 선언으로 대단원의 막을 내렸다. 네스토리우스가 이단으로 낙인찍혀 파문당한 지 1,561년 만에 이단의 굴레에서 벗어날 수 있었다.

불국사에서 만난 예수

아시리아 교파는 네스토리우스파 혹은 동방 성사도聖使徒 가톨릭교로 불리우며 현재 이라크, 레바논, 시리아, 이란과 구소련 및 북미 등에 40만 명의 신도를 갖고 있는 가톨릭 교파로서 예수와 마리아의 신격에 관한 해석 차이로 이단으로 선포됐다. 로마 가톨릭과 아시리아 가톨릭교는 이날 성명에서 성모 마리아에 관한 양측의 차이가 동일한 신앙에 대한 언어 표현상의 차이였다고 결론지었다.[8]

서방 교회와 동방 교회는 예수 그리스도의 신성과 인성으로 분열되었던 뼈아픈 과거의 상처를 화해와 용서로 봉했다. 공동 선언에서 교황 요한 바오로 2세와 마르 딘카 4세는 예수 그리스도의 신성과 인성에 대해 다음과 같이 강조했다.

천지가 창조되기 전 성부께로부터 나신 하느님이신 그 말씀은 인성에 따라, 아버지 없이 한 어머니에게서 태어나셨습니다. 복되신 동정 마리아께서 세상에 나게 하신 그 인성은 언제나 하느님 아들의 인성이었습니다. 바로 그러한 이유로 아시리아 동방 교회는 '하느님이시며 구세주이신 그리스도의 어머니'이신 동정 마리아께 기도드리는 것입니다. 이와 똑같은 신앙의 빛 안에서 가톨릭 전통은 동정 마리아를 '하느님의 어머니'이시며 또한 '그리스도의 어머니'라고 칭합니다. 우리 서로는 같은 신앙으로 이 표현들의 정당성과 정통성을 인정하며, 또한 전례 생활과 신심에서 양 교회의 전통을 존중합니다.[9]

로마 가톨릭 교회는 자신들이 과거에 네스토리안교에 가했던 박해에 대해 용서를 빌고, 화해의 길을 열었다. 그러나 네스토리안교는 아직도 개신교에 의해 이단으로 여겨지고 있다. 그래서인지 개신교는 당나라를 통해 발해와 신라에 전해졌던 네스토리안교라고 불리는 경교에 대해 한국 그리스도교의 역사로 바라보지 않는다. 당나라에서 부흥하고 발해와 신라에 신앙의 숨결을 남긴 경교는 아직도 서양 중심적 색안경을 끼고 있는 사람들에게 동양 중심적 안경으로 그리스도교를 재조명해 보라고 충고하고 있다.

주

서장 한국 그리스도교의 뿌리를 찾아서

1_ Justo L. Gonzalez, *The Story of Christianity: Volume I The Early Church to the Dawn of the Reformation*, HarperOne, 1984. p.66.

2_ 김교신, 『김교신전집 5: 일기』, 도서출판 부키, 2002. p.29.

3_ 『세종실록』 9년 4월 4일.

4_ 정수일, 『한국 속의 세계 (상)』, 창비, 2005. p.123.

5_ Justo L. Gonzalez, 앞의 책, p.66.

6_ 위의 책, p.29.

7_ 위의 책, pp.121~128.

8_ 위의 책, p.251.

9_ 이장식, 『아시아고대기독교사: 1~16세기』, 기독교문사, 1990. p.353.

10_ Justo L. Gonzalez, 앞의 책, p.250.

11_ 다블뤼 지음, 최석우 옮김, 『조선순교자역사비망기』, 『교회와 역사』, 357호, p.3.

12_ 최석우, 「Dallet가 引用한 丁若鏞의 韓國福音傳來史」, 『이해남 박사 회갑기념 사학논집』, p.209.

13_ 샤를르 달레 지음, 안응렬 옮김, 『한국천주교회사』, 한국교회사연구소, 1979. p.17.

14_ 최석우, 앞의 책, p.206.

1장 야소교 신드롬

1_ 다블뤼, 앞의 책, p.7.

2_ 이이화, 『이이화의 한국사 이야기 17: 조선의 문을 두드리는 세계 열강』, 한길사, 2003. pp.124~127 참조.

3_ 메디나 신부 지음, 박철 옮김, 『한국천주교전래의 기원(1566~1784)』, 서강대학교 출판부, 1993. p.108.

4_ 박지원 지음, 김혈조 옮김, 『열하일기 2』 「곡정필담」, 돌베개출판사, 2009. 이하 『열하일기』 인용은 모두 이 책을 따랐다.

5_ 박지원 지음, 신호열·김명호 옮김, 『연암집』 상 「순찰사에게 답함 1」, 돌베개출판사, 2007. p. 312. 이하 『연암집』 인용은 모두 이 책을 따랐다.

6_ 샤를르 달레, 앞의 책, pp. 300~302.

7_ 김성태(외), 『한국천주교회사 1』, 한국교회사연구소, 2009. p.238.

8_ 샤를르 달레, 앞의 책, pp.307~308.

9_ 다블뤼, 앞의 책, p.8.

10_ 위의 책, p.8.

11_ 박양자, 『일본 키리시탄 순교사와 조선인』, 도서출판 순교의 맥, 2008. pp.22~23.

12_ 『寬永正保之度耶蘇宗門御嚴禁 ᆖ付朝鮮國御往復御書翰寫』, 東京大學史料編纂所所藏, 請求番號: 宗家史料-4-5.; 신동규, 「근세일본의 그리스도교 禁制政策과 珍島 표착 異國船의 처리」, 『日本文化硏究』, 제24집, 2007에서 재인용.

13_ 김강일, 「전근대 한국의 해난구조와 표류민 구조시스템」, 『동북아역사논총』 28호, 2010. 참조.

14_ 메디나 신부, 앞의 책, p.89.

15_ 위의 책, pp.89~90.

16_ 김성태(외), 앞의 책. ; 배현숙, 「17, 8세기에 전래된 천주교서적」, 『교회사연구』 제3집, 1981.; 조광, 「조선 후기 서학서의 수용과 보급」, 『민족문화연구』 제44호, 2006. 참조.

17_ 조광, 위의 책, p.217.

18_ 서종태, 「이익과 신후담의 서학논쟁: 〈遯窩西學辨〉의 '紀聞編'을 중심으로」, 『교회사연구』 제16집, 2001. p.182.

19_ 이이화, 『세상을 위한 학문을 하라』, 김영사, 2008. p.85.

20_ 유몽인 지음, 신익철(외) 옮김, 『어우야담』, 돌베개출판사, 2006. p.215. 이하 『어우야담』 인용은 모두 이 책을 따랐다.

21_ 마테오 리치 지음, 송영배 역주, 『교우론, 스물다섯 마디 잠언(二十五言), 기인십편畸人十篇: 연구와 번역』, 서울대학교출판부, 2002. p.21.

22_ 박성순, 「우정의 구조와 윤리: 한·중 교우론에 대한 문학적 사유」, 『한국문학연구』 제15권 2호, 2005.; 김태준, 「교우론의 18세기적 전개」, 동국대학교 일본학 제12회 국제학술회의, 1991.; 김문용, 「북학파 교우론의 사상적 함의」, 『한국실학연구』 10, 2005. 참조.

23_ 이이화, 앞의 책, p.208.

24_ 이덕무 지음, 강국주 편역, 『깨끗한 매미처럼 향기로운 귤처럼』, 「지기를 얻는다면」, 돌베개출판사, 2008. p.163.

25_ 김성남, 『이야기로 읽는 한중 문화 교류사』, 도서출판 Project 409, 2004. pp.234~250.

26_ 박제가 지음, 정민(외) 옮김, 『정유각집 하』, 「관헌 서상수에게 주다」, 돌베개출판사, 2010. p.316. 이하 『정유각집』 인용은 모두 이 책을 따랐다.

27_ 박제가, 위의 책, 「병오년 1월 22일 조회에 참석했을 때, 전설서 별제 박제가를 품었던 생각」, p.199.

28_ 고을희, 「정조대正祖代 서양선교사와 양박洋舶 영입시도」, 『교회사연구』 제25집, 2006. pp.300~302.

29_ "mar per ben capirle bisognerebbe aver letto cio, che sette o otto anni fa, fu mandato in Europa La lettera de Re di Corea conferma tutto cio che fu detto della fermezza de(i) nuovi Cristiani, del zelo e dei sorprendenti progressi della Religione.", 『사복자료집』 5, pp.120~123. ; 고을희, 위의 책, p.301에서 재인용.

30_ 김성남, 앞의 책.; 정은주, 「연행사절의 서양화 인식과 사진술 유입: 북경 천주당을 중심으로」, 『명청사연구』 제30집, 2008. 참조.

31_ 정은주, 위의 책, pp.184~187.

32_ 홍대용 지음, 김태준·박성순 옮김, 『산해관 잠긴 문을 한 손으로 밀치도다』, 돌베개출판사, 2001. p.162.

33_ 장경남, 「조선 후기 연행록의 천주당 견문기와 서학 인식」, 『우리문화연구』 26, 2009. 참조.

2장 길리사단과 임진왜란

1_ 『정조실록』 1797년 9월 6일.

2_ 『인조실록』 1638년 3월 13일.

3_ 『인조실록』 1640년 9월 19일.

4_ 마한문화연구원, 「강진 전라병영성지 원형복원을 위한 문화유적 발굴조사: 지도위원회의 및 현장설명회 자료」, 2009. pp.16~22.

5_ 김문자, 「朝鮮時代 나막신에 對한 硏究: 하멜과의 關係를 中心으로」, 『한국패션비즈니

스학회』, 제7권, 2003. p.85.

6_ 메디나 신부, 앞의 책, pp.83~84.

7_ 『국조보감』 제38권 효종조 24년.

8_ 『승정원일기』 효종 6년 3월 15일.

9_ 『효종실록』 6년 4월 25일.

10_ 신동규, 「日本國立國會圖書館 소장 『阿蘭陀人朝鮮江漂着之一件』에 대한 考察」, 『대동문화 연구』 제59집, 2007. 참조.

11_ 지명숙, 「하멜 일행의 한국 체류, 적응 및 이해」, 『東方學志』, 2003. pp.68~72.

12_ 김대호, "휴전회담 북측대표 남일이 하멜 일행의 후손? 병영성에 남긴 네덜란드 흔적 400년을 찾아서", 『오마이뉴스』, 2003. 10. 3.

13_ 김문자, 앞의 책, pp.84~85.

14_ H. 하멜 지음, 신복룡 역주, 『하멜 표류기』, 집문당, 2005. p.29.

15_ 위의 책, p.31.

16_ William Elliot Griffis, *Corea, Without and With: Chpaters on Corean History, Manners, and Reliion with Hendrick Hamel's Narrative of Captivity and Travels in Corea, Annotated*, Westcott & Thomson, Philadelphia, 1885. p.107.

17_ 국립제주박물관, 「하멜 제주도 표착 350주년 기념 항해와 표류의 역사 특별전 개요」, 국립제주박물관, 2003. p.10.

18_ 김문자, 앞의 책, p.87.

19_ H. 하멜, 앞의 책, pp.62~64.

20_ 나가사키 네덜란드 상관 일지(Dagregister Japan, 1666년 9월 14일). 하멜기념관 웹사이트(www.hamel.go.kr) 재인용.

21_ 이민식, 「17세기 조선에 도착한 네덜란드인 하멜」, 『한국사상과 문화』 제44집, 2008. p.221.

22_ 윤행임, 『석재고』 권9. 하멜기념관 웹사이트 하멜 사료(http://www.hamel.go.kr/index_new.html) 재인용.

23_ 메디나 신부, 앞의 책, pp.77~78.

24_ 이익태 지음, 김익수 옮김, 『지영록』, 제주문화원, 1997. p.92.

25_ 편집부 엮음, 『사외이문비화』史外異聞秘話, 조광사, 1946. ; 박기현, 『네덜란드인들이 조선 초기 선교에 미친 영향에 대한 고찰 – 하멜의 기록에 나타난 벨테브레를 중심으로 -』,

안양대학교 신학대학원 석사논문, 2008. 재인용.

26_ 신동규, 「17世紀 네덜란드의 朝鮮貿易企圖에 관한 고찰」, 『사학연구』, 1998. pp.55~
56.

27_ 다블뤼 주교의 『조선순교자역사비망기』와 달레 신부의 『한국천주교회사』는 임진왜란
이후부터 조선에 천주교가 유입된 것을 기록하고 있는데, 이들의 책이 인용한 내용의 대부
분은 정약용의 『조선복음전래사』라고 한다.

28_ 박화진, 「일본 그리스챤 시대 규슈지역에 대한 고찰」, 『역사와 경제』 54, 2005. p.216.

29_ 김성태(외), 앞의 책, p.48.

30_ 위의 책, p.53.

31_ Neil Fujita, *Japan's Encounter with Christianity: The Catholic Mission in Pre-
morden Japan*, Paulist Press, 1991. pp.54~55. ; 김상근, 「예수회의 초기 일본 선교정
책 비교: 프란씨스꼬 데 까브랄과 알레산드로 발리냐뇨를 중심으로」, 『한국기독교와 역
사』 제25호, 2006. p.130 재인용.

32_ 김상근, 위의 책, p.132.

33_ 위의 책, p.152.

34_ 박화진, 앞의 책, p.198.

35_ 위의 책, p.99.

36_ 김상근, 앞의 책, pp.139~140.

37_ 위의 책, p.145.

38_ 국립진주박물관 엮음, 오만·장원철 옮김, 『프로이스의 〈일본사〉를 통해 다시 보는 임
진왜란과 도요토미 히데요시』, 부키, 2003. p.190.

39_ 박화진, 앞의 책, p.204.

40_ 국립진주박물관 엮음, 앞의 책, pp.196~197.

41_ 메디나 신부, 앞의 책 p.175.

42_ 위의 책, p.47.

43_ 위의 책, p.182.

44_ 이이화, 『이이화의 한국사 이야기 12: 국가 재건과 청의 침입』, 한길사, 2000. p.332.

45_ 오타 쥴리아를 기리기 위하여 1972년 10월 26일 코즈시마 섬에 있던 그녀의 묘토墓
土 일부가 절두산 성지 순교자 기념관 광장(야외전시관)에 안장되어 가묘가 만들어졌으
나, 2000년대 말 가묘는 없어지고 말았다. 절두산 성지 유물관리부 측에서는 가묘가 사라

진 이유에 대해 명확하게 밝히지 못했다.

46_ 박화진, 앞의 책, p.217.

47_ 박양자, 『일본 키리시탄 순교사와 조선인』, 도서출판 순교의 맥, 2008. p.88.

48_ 메디나 신부, 앞의 책, p.169.

49_ 김성태(외), 앞의 책, p.115.

50_ 박양자, 앞의 책, pp.88~91.

51_ 오기선, "한국인 성인 세 분을 찾았다: 일본에서 순교한 루도비꼬, 레오, 바오로 성인", 『경향잡지』, 1982년 9월호, pp.81~83.

52_ 박화진, 앞의 책, p.213.

53_ 박양자, 앞의 책, p.107.

54_ 위의 책, p.123.

55_ 위의 책, p.193.

56_ 위의 책, pp.234~240.

57_ 위의 책, p.252.

58_ 메디나 신부, 앞의 책, pp.75~77.

59_ 위의 책, p.49.

60_ 위의 책, pp.218~219.

61_ 박양자, 앞의 책, p.306.

62_ 위의 책, p.206.

63_ 김성태(외), 앞의 책, p.111.

64_ 위의 책, pp.111~115. 이 명단은 『한국가톨릭대사전』 제9권(한국교회사연구소, 2002, p.7182)에 수록되어 있다. 이 중 형벌에 따라 재인용하였다.

65_ "전남 대흥사에서 기이한 십자가 발견", 『매일신보』, 1927. 11. 20.(대원사 홈페이지) 참조.

66_ 김양선, 「임진왜란 종군신부 세스페데스의 내한활동과 그 영향」, 『사학연구』 제18호, 1964.

67_ 이덕일, 『정약용과 그의 형제들 2』, 김영사, 2008. pp.238~248.

68_ 메디나 신부, 앞의 책, p.90.

69_ 위의 책, p.53.

70_ 위의 책, p.55.

71_ 위의 책, pp.242~243.

72_ 위의 책, p.59.

73_ 위의 책, p.252.

3장 까울리의 십자가

1_ P. Y. Saeki, *The Nestorian Monument in China*, The Macmillan Co., 1928. p.90.

2_ 마르코 폴로 지음, 김호동 역주, 『마르코 폴로의 동방견문록』, 사계절, 2008. p.11, pp.417~420.

3_ 위의 책, pp.417~418.

4_ 오윤태, 『한국기독교사: 한국경교사편』, 혜선문화사, 1978. pp.296~297.

5_ 마르코 폴로, 앞의 책, p.422.

6_ 위의 책, pp.222~223.

7_ 위의 책, p.225.

8_ 위의 책, pp.225~226.

9_ 위의 책, p.226.

10_ 위의 책, pp.226~227.

11_ Morris Rossabi, *Khubilai Khan: His Life and Times*, University of California Press, 2009. p.229.

12_ 마르코 폴로, 앞의 책, p.227.

13_ 『고려사』高麗史 권63 지志 권제17 예禮5 길예소사吉禮小祀 잡사雜祀.

14_ Samuel Hugh Moffett, *A History of Christianity in Asia Volume I: Beginnings to 1500*, Orbis Books, 2008. p.461.

15_ 홍대용 지음, 김태준·박성순 옮김, 『산해관 잠긴 문을 한 손으로 밀치도다: 홍대용의 여행기 〈을병연행록〉』, 돌베개, 2004. p.34.

16_ 이덕주, 『한국 교회 처음 이야기』, 홍성사, 2006. pp.24~26.

17_ *United Presbyterian Missionary Record*, Nov. 1. 1882. p.332.; 이덕주, 위의 책, p.26 재인용.

18_ 김호동, 『동방 기독교와 동서문명』, 까치, 2002. p.237.

19_ 위의 책, p.226.

20_ 마르코 폴로, 앞의 책, pp.162~206, p.319, p.317, p.404.; 김호동, 앞의 책, pp.233~236.

21_ 마르코 폴로, 앞의 책, p.405.

22_ 위의 책, pp.228~229.

23_ 위의 책, p.460.

24_ Samuel Hugh Moffett, 앞의 책, p.499.

25_ 위의 책, p.24.

26_ 크레이그 키너Craig S Keener 지음, 정옥배(외) 옮김, 『IVP 성경배경주석 신약』, 한국기독학생회, 1998. pp.400~401.

27_ Samuel Hugh Moffett, 앞의 책, p.504.

28_ 한영우, 『다시찾는 우리역사』, 경세원, 1997. pp.175~176.

29_ 정수일, 『한국 속의 세계(하)』, 창비, 2006. p.84.

30_ Marco Polo, The Travels of Marco Polo, Barnes & Noble, 2005. p.36.

31_ 김호동, 「고려후기 색목인론의 배경과 의의」, 『역사학보』, 200호, 2008. p.297.

32_ Christopher Dawson, Mission to Asia, University of Toronto Press, 1998. p.12.

33_ Samuel Hugh Moffett, 앞의 책, pp.401~402.

34_ 위의 책, pp.400~404.

35_ 라시드 앗 딘 지음, 김호동 역주, 『칸의 후예들: 라시드 앗 딘의 집사 3』, 사계절, 2005. p.359.

36_ Samuel Hugh Moffett, 앞의 책, p.410.

37_ Morris Rossabi, 앞의 책, p.13.

38_ 위의 책, p.12.

39_ Juvayni, Ata Malik, Genghis Khan: History of the World-Conqueror, J. A. Boyle 번역, 1958.: new edition, Manchester University Press, 1997. p.552.; 김호동, 『동방 기독교와 동서문명』, p.192에서 재인용.

40_ 김호동, 위의 책, p.196.

41_ 이장식, 『아시아고대기독교사: 1~16세기』, 기독교문사, 1990. pp.306~307.

42_ Christopher Dawson, 앞의 책, p.30.

43_ Ernest Budge, The Monks of Kublia Khan Emperor of China or The History and the Life and Travels of Rabban Sawma, Envoy and Plenipotentiary of the Mon-

gol Khans to the Kings of Europe, and Markos Who as Mar Yabballaba III Became Patriarch of the Nestorian Church in Asia, Religious Tract Society, 1928. p.174.

44_ 라시드 앗 딘, 앞의 책, pp.275~281.

45_ 이븐 바투타 지음, 정수일 역주, 『이븐 바투타 여행기 2』, 창비, 2007. pp.327~328.

46_ Samuel Hugh Moffett, 앞의 책, p.407.

47_ Christopher Dawson, 앞의 책, p.83.

48_ 위의 책, p.34.

49_ 김호동, 앞의 책, pp.226~235.

50_ 김호동, 「蒙元帝國期 한 色目人 官吏의 肖像 : 이사 켈레메치(Isa Kelemechi, 1227~1308)의 생애와 활동」, 『중앙아시아 연구』 제11호, 2006. pp.75~111.

51_ 『원사』元史 「백관지」百官志 ; 김호동, 『동방 기독교와 동서문명』, p.234 재인용.

52_ 김호동, 위의 책, p.201.

53_ 『고려사』 권115 열전 제28 이색.

54_ 김호동, 「蒙元帝國期 한 色目人 官吏의 肖像 : 이사 켈레메치(Isa Kelemechi, 1227~1308)의 생애와 활동」, p.107.

55_ "1307년 이전의 세계 고본", 『동아일보』, 1973년 5월 28일.

56_ 마르코 폴로, 앞의 책, p.405.

57_ 김호동, 『동방 기독교와 동서문명』, pp.213~214 재인용.

58_ Christopher Dawson, 앞의 책, pp.163~164.

59_ 마르코 폴로, 앞의 책, p.228.

60_ Morris Rossabi, 앞의 책, p.41.

61_ 위의 책, p.19.

62_ H. Okada, "The Chakhar Shrine of Eshi Khatun", *Aspects of Altaic Civilization* III(ed. D. Sinor, Bloomington), Indiana University, 1990. pp.180~181.; 김호동, 『동방기독교와 동서문명』, p.298에서 재인용.

63_ 김호동, 위의 책, pp.239~240.

64_ 『고려사절요』 제22권.

65_ 『고려사』 충렬왕 26년.

66_ 이강한, 「征東行省官 闊里吉思의 고려제도 개변 시도」, 『韓國史硏究』 139, 2007. pp.104~107.

67_ 『고려사』충렬왕 26년.

68_ 『고려사절요』제22권.

69_ 샤를르 달레, 앞의 책, p.79.

70_ 위의 책, pp.67~69, pp.224~226.

71_ 위의 책, p.226.

72_ 『고려사』권89 열전 제2 후비 2 제국대장공주.

73_ 위의 책.

74_ Christopher Dawson, 앞의 책, pp.225~226.

75_ 김호동, 앞의 책, p.229.

76_ 정수일, 앞의 책, pp.139~140.

77_ 이이화, 『이이화의 한국사 이야기 7: 몽골의 침략과 30년 항쟁』, 한길사, 1999. 참조.

4장 발해와 신라에 핀 그리스도교

1_ 박노자, 『거꾸로 보는 고대사: 민족과 국가의 경계 너머 한반도 고대사 이야기』, 한겨레출판, 2010. p.85.

2_ 이이화, 『이이화의 한국사 이야기 4: 남국 신라와 북국 발해』, 한길사, 1998. p.213.

3_ 위의 책, p.211.

4_ 위의 책, p.212.

5_ 김부식 지음, 이병도 역주, 『삼국사기(상)』, 을유문화사, 2008. p.265.

6_ 하마다 고사쿠濱田耕策 지음, 신영희 옮김, 『발해국 흥망사』, 동북아역사재단, 2008. p.14.

7_ 동북아역사재단 편, 『발해의 역사와 문화』, 동북아역사재단, 2007. pp.228~232.

8_ KBS역사스페셜, 『역사스페셜 4: 북한의 문화유산』, 효형출판, 2002. pp.303~306.

9_ 윤재운, 「8~10세기 발해의 문물교류」, 『발해사 연구 학술총서 54권』, 도서출판 월드, 2006. p.386.

10_ 송기호, 『발해를 다시 본다』, 주류성, 1999. pp.153~154.

11_ É. V. 샤브꾸노프 지음, 송기호·정석배 옮김, 『러시아 연해주와 발해 역사』, 민음사, 1996. p.253.

12_ KBS역사스페셜, 앞의 책, pp.298~302.

13_ I. A. 똘스또꿀라꼬프 지음, 정석배 역, 「발해와 이웃들의 문화·정치적 접촉」, 『고구려연구』, 제25집, 2005. pp.278~284.

14_ 류연산, 『발해 가는 길』, 도서출판 아이필드, 2004. p.6.

15_ É. V. 샤브꾸노프, 앞의 책, p.245.

16_ 위의 책, pp.234~235.

17_ 윤재운, 앞의 책, p.383.

18_ 김창석, 「8세기 발해의 대일 항로와 에미시」, 『아시아문화』 제26호, 2010. pp.112~113.

19_ 정수일, 『한국 속의 세계(상)』, 창비, 2009. pp.139~140.

20_ 류연산, 앞의 책, p.295.

21_ 위의 책.

22_ 강신극, 「발해의 역사와 민속」, 『발해사 연구 학술총서 39권』, 도서출판 월드, 2006. pp.387~388.

23_ 정수일, 앞의 책(하), pp.46~47.

24_ 이병섭, 『고대 한반도에 전래된 초기 그리스도교에 관한 연구: 해상 실크로드와 육상 실크로드를 중심으로』, 협성신학대학원 석사논문, 2000.; 『발해사 연구 학술총서 29권』, 도서출판 월드, 2006. p.266.

25_ 박시형 지음, 송기호 해제, 『발해사』, 이론과 실천, 1991. p.53.

26_ 위의 책, p.53.

27_ 『속일본기』 권32 옥구 3년 2월 을유.: 김창석, 앞의 책, p.128 재인용.

28_ 서영수, 「동아교섭사에서 본 발해의 국제적 위상」, 『문화사학』 21호, 2004. p.571.

29_ 정수일, 앞의 책(상), p.141.

30_ 위의 책(상), p.155.

31_ É. V. 샤브꾸노프, 앞의 책, pp.123~138.

32_ E. V. Shavkunov., L. E. Semenichenko 지음, 송기호 번역, 「소련 연해주의 발해 문화 연구」, 『발해사 연구 학술총서 39권』, 도서출판 월드, 2006. p.370.

33_ É. V. 샤브꾸노프, 앞의 책, p.123.

34_ 정수일, 앞의 책(상), p.162.

35_ 위의 책(하), p.47.

36_ 위의 책.

37_ 요시미즈 츠네오 지음, 오근영 옮김, 『로마문화 왕국, 신라: 방대한 유물과 사료로 파

헤친 신라문화의 비밀』, 씨앗을 뿌리는 사람, 2002. 참조.

38_ 조현미, 『알렉산드로스: 헬레니즘 문명의 전파』, 살림, 2004. p.92.

39_ 박용숙, 『지중해 문명과 단군조선: 수메르 신화에서 알타이 신화까지』, 집문당, 1996.

40_ 정수일, 앞의 책(하), p.21.

41_ 김부식, 앞의 책, pp.90~92.

42_ Justo L. Gonzalez, *The story of Christianity volume I*, pp.244~246.

43_ 한영우, 『다시찾는 우리역사』, 경세원, 1997. p.145.

44_ 신형식(외), 『신라인의 실크로드』, 백산자료원, 2002. pp.116~121.

45_ 무함마드 깐수, 『신라·서역교류사』, 단국대학교출판부, 1992. pp.7~15.

46_ 신형식(외), 앞의 책, pp.120~121.

47_ 무함마드 깐수, 앞의 책, p.18.

48_ 정수일, 앞의 책(하), p.26.

49_ 이주형, 『간다라 미술』, 사계절, 2003. p.25.

50_ 정수일, 앞의 책(하), pp.26~27.

51_ 위의 책(하), p.45.

52_ 일연 지음, 리상호 옮김, 『신편 삼국유사』, 신서원, 1994. p.399.

53_ 위의 책, p.397.

54_ Justo L. Gonzalez, 앞의 책, p.100.

55_ 위의 책, p.107.

56_ Jack Tresidder, *The complete dictionary of symbols*, Chronicle Books, 2005. pp.130~131.

57_ 위의 책, pp.86~87.

58_ 『오주연문장전산고』 경사편 3 석전류 3 서학.

59_ 김호동, 『동방 기독교와 동서문명』, p.120.

60_ 김상근, 「네스토리안 기독교는 왜 중국에서 사라졌는가? 소수 신앙공동체의 종교적 생명력에 대한 연구」, 『조직신학 43집』, 2005. p.733.

61_ 정수일, 『문명교류사 연구』, 사계절, 2002. p.104.

62_ 위의 책, p.79.

63_ 안재은, 「경교와 가톨릭이 한국 기독교 선교에 끼친 영향」, 『신학지남』 제297호, 2008. pp.358~359.

64_ 이장식, 앞의 책, p.220.

65_ 김호동, 앞의 책, p.127.

66_ 정수일, 앞의 책, pp.94~95.

67_ 위의 책, p.100.

68_ 위의 책, p.95, p.127.

69_ 이장식, 앞의 책, p.219.

70_ 황정욱, 「경교지현안락경에 나타난 중국 종교의 영향 연구」, 『한국교회사학회』 제14집, 2004. p.186.

71_ 안재은, 앞의 책, p.357.

72_ 정수일, 앞의 책, p.91.

73_ 『續日本書記』736年 11月 戊寅 및 李家正文.; 『天平の客. ペルシア人の謎: 李密翳と景教碑』, 東方書店, 1986. pp.3~5.

74_ Christopher Dawson, *Mission to Asia*, p.161.

75_ Justo L. Gonzalez, 앞의 책, p.125.

76_ 김호동, 앞의 책, pp.125~126.

77_ 이장식, 앞의 책, p.265.; 정수일, 앞의 책, p.100.

78_ 이장식, 앞의 책, p.265.

79_ 김호동, 앞의 책, p.126.

80_ 백유선, 『우리 불교 문화유산 읽기』, 두리미디어, 2004. pp.68~69.

81_ 정수일, 앞의 책, pp.79~80.

82_ 김호동, 앞의 책, p.145.

83_ 위의 책, p.148.

84_ 이장식, 앞의 책, p.232.

85_ 황정욱, 앞의 책, pp.184~187.

86_ 위의 책, p.191.

87_ 위의 책, p.184.

88_ 김호동, 앞의 책, p.152.

89_ 정수일, 앞의 책, p.95.

90_ 김호동, 앞의 책, p.136.

91_ 위의 책, pp.142~143.

92_ 이장식, 앞의 책, p.243.

93_ 위의 책, p.230.

94_ 조승우, 「당대 경교 교단의 활동과 그 성격: 외래 종교에 대한 당의 태도와 관련하여」, 『중국고중세사연구』, 1998. p.208.

95_ 박양자, 『일본 키리시탄 순교사와 조선인』, pp.287~289.

96_ Yang Sen-Fu, *A history of Nestorian Christianity in China*, Commercial Press, 2007. pp.1~5.

97_ 『한글대장경』 「광홍명집」廣弘明集 제1권 서문 귀정편歸正篇.

98_ 옥성득, 『초기 한글 성경 번역에 나타난 주요 논쟁 연구(1877~1939)』, 장로회 신학대학 대학원 석사학위논문, 1993. pp.38~81.

99_ 정수일, 앞의 책, p.168.

100_ 위의 책, p.242.

보론 동방 그리스도교의 재조명

1_ 『한겨레신문』, 2001년 3월 28일, 8면.

2_ 황정욱, 「경교지현안락경에 나타난 중국 종교의 영향 연구」, 『한국교회사학회』 제14집, 2004. pp.187~189.

3_ Justo L. Gonzalez, *The story of Christianity volume I*, HaperOne, 1984. pp.253~254.

4_ Samuel Hugh Moffett, *A History of Christianity in Asia Volume I: Beginnings to 1500*, Orbis Books, 2008. pp.172~173.

5_ 위의 책, p.173.

6_ 김호동, 『동방 기독교와 동서문명』, pp.92~98.

7_ Samuel Hugh Moffett, 앞의 책, pp.175~180.

8_ 이병섭, 『고대 한반도에 전래된 초기 그리스도교에 관한 연구: 해상 실크로드와 육상 실크로드를 중심으로』, 협성대학교 신학대학원 석사논문, 2000.; "교황 '교회범죄 내 탓이오'", 『조선일보』 1994. 11. 13. 제3면 재인용.

9_ 교황 요한 바로오 2세와 총주교 마르 딘카 4세, 「가톨릭 교회와 아시리아 동방 교회의 그리스도론에 관한 공동 선언」, 『교회 일치 문헌 제1권』, p.444.